大宮司朗

霊術伝授

増補改訂版

太玄社

序

神通自在《じんつうじざい》、一切不可思議なことを思いのままに成し得るところの霊妙な術が、霊術《れいじゅつ》だ。それは古神道《こしんとう》、密教《みっきょう》、修験道《しゅげんどう》といった宗教的なものに属するもの、あるいは霊的なものに限らない。昭和戦前の霊術界においては、ありとあらゆる不可思議術は霊術の範疇《はんちゅう》に属していた。

本書はそうした霊術の中でも、どちらかといえば、その上級の部門に属するものを主として紹介する。逆に言うと、霊術の基礎となる吐納《とのう》法（一種の呼吸法）とか、霊気の発動によって身体に震動を起こす霊動法などは基本中の基本として入れたが、暗示によって相手を支配する催眠術、人体のツボなどを刺激する指圧、気合を以て相手を制する気合法、現在でいうテレパシーに相当する伝想法、危険術と呼ばれる身体の各所に太い針を刺す刺針法、炭火などを食べる喰火法、真っ赤に焼けた鉄棒などを握る熱鉄法、真剣を手で握って手が切れない刃止めの法などといった、あまりにありふれた霊術は解説しなかった。

これは、霊術家・松原皎月《こうげつ》の「神伝霊学を修得すれば、他の霊術はスラスラ進む」という言葉を踏まえたもので、まず核心をつかんでから、他の霊術に移るのが捷径《しょうけい》だからだ。雑多なその他の霊術にも興味のある人は、本書中に関連の書名が記されているので、それを読まれるとよい。

本書を読んでゆかれたならば次第に理解されると思うが、霊術というものは、その範囲が極めて広く、すべてを書こうとするならば膨大なものになり、わずか本書一冊の中には到底収めきれない。よってその中核となるところ、また奥秘《おうひ》のものをとりあえずは収めることにしたのである。

そうしたわけで霊術の歴史にしても、霊術家があまりに多いところから、霊子術《れいしじゅつ》で知られる太霊道《たいれいどう》の田中守平《もりへい》、気合術の浜口熊嶽《ゆうがく》、甲賀流の忍者にして修霊鍛身会会長の藤田西湖《せいこ》、催眠術の帝国神秘会会長の田宮馨など、解説すべき人物は多々ありながらも、ほとんど触れることなく、霊術という語と一体化して用いられた語である「霊学」に深い関わりのある、平田篤胤《あつたね》、本田親徳《ちかあつ》、出口王仁三郎《でぐちおにさぶろう》、友清歓真《ともきよよしさね》、そして霊術界に大きな影響を与えた、松本道別《ちわき》、桑田欣児《きんじ》、松原皎月らに焦点を絞って紹介した。

ちなみに平田篤胤は、その思想が明治維新の原動力となったとされる人物で、しかもその学問の基本となるものは霊の行方を探求するものであり、心霊研究とか神仙道の、魁《さきがけ》をなすものであった。霊学中興の祖とされる本田親徳は篤胤のところに出入りし、その霊的方面の実践として、鎮魂帰神《ちんこんきしん》の霊学（霊術）を確立した。

その高弟に長沢雄楯《かつたて》という神職がおり、王仁三郎、歓真、道別は、この雄楯の指導を受けている。そして道別の弟子が欣児であり、その欣児の弟子が霊術を集大成した皎月なのである。

じつのことを言えば、松本道別の弟子としては桑田欣児よりも、整体協会を作った野口晴哉《はるちか》とか、神仙道本部を発足きせた清水宗徳《むねのり》などのほうが現在では有名であり、当然そうした人物についても触れたい。ところがそれだけの紙幅はない。誰を選ぶか迷うところだ。

その中であえて欣児を選んだのは、欣児は戦前の療術師（医者ではなく、霊的に心理的に、あるいは生理的、物理的方法を以て治療を施した人々）に大きな影響を与えた人物で、しかも霊術を集大成した天才児・松原皎月の師匠ということにある。霊術史を書く場合において、どうしても欠くことのできない人物なのであった。またそうであるにもかかわらず、他の人物とは違い、こうした公刊の書物に紹介されることのなかった人物であったからでもある。

ともあれ、松本道別、桑田欣児、松原皎月の師弟は、戦前の霊術界における巨星でありながら、出口王仁三郎とか友清歓真ほどには世に紹介されてこなかった。この三者の伝記とその師弟関係を知るだけでも、霊術に興味がある人にとっては本書を一読する価値があるものと思う。

また俗霊術にはあまり触れていないが、その分だけ他の内容はかなり充実させ、霊的な修練をしなくてもすぐに実行できる危険予知法の三脈法《さんみゃくのほう》、また簡単に吉凶を占える神手法ならびに神光法、火や水や風によって穢《けが》れを祓《はら》う清め・祓いの秘法、息によって魔や災や病気を祓う伊吹《いぶき》の法、自らの手を神の手として病や悪霊を去らしめる神手秘法、魂を鎮めて宇宙の大霊に帰一《きいつ》する鎮魂《ちんこん》法、神霊を身体に降ろして神機をうかがう帰神《きしん》法、自らの魂を異界に自在に飛ばす使魂法、永遠不死の霊的な胎を結成する霊胎凝結《れいたいぎょうけつ》秘法、言葉を発すればそれが実現するところの言霊《ことだま》秘法、一切を占い、宇宙の秘機をも探る天津金木《あまつかなぎ》占法、伊勢の斎宮《さいくう》に伝えられたとされる神道究極の奥秘たる太古真法《たいこしんぽう》など、盛り沢山《だくさん》である（なお、各種神典・霊術書からの引用文は、現代の読者に配慮して、歴史的な仮名遣いを現代仮名遣いに改め、適宜漢字を開くなどの調整を行ったことを、お断りしておく）。

ちなみに霊術とは密接不離な関係にある霊符術も紹介し、今回はとくに某神仙が現界にもたらされた「求仙縁符《ぐせんえんふ》」という非常に貴重な霊符をも特別に公開することにした。これは不可思議な術を縁にして、しかもその不可思議に心を奪われることなく、読者がより一層、霊的に高い境涯に進まれる一つの機縁にもなればと思ったからだ。

願わくば、本書を繙《ひもと》かれた読者が、これを機縁として本書に記された霊術諸法を日常の生活に活用し、その寿福を増大なされることはもちろんであるが、さらには天より賦与《ふよ》された一なる霊性や大宇宙の幽玄《ゆうげん》な真理を悟っていただけたら、と思う。

霊術伝授

目次

序　1

第一章　霊術史講義　21

1　霊術入門 ── 霊学を基礎にした実践秘術　22

「霊術」とは何か　22

「霊術」はただの病気治しではない　26

霊術の根底にある霊学とは　29

霊学・霊術は奇跡を見せることが目的ではない　33

2　霊術家の源流 ── 平田篤胤・本田親徳・出口王仁三郎　36

霊学の先覚・平田篤胤　36

「霊魂の行方」を追究した篤胤　37

篤胤の霊学研究　43

霊学中興の祖・本田親徳　48

本田霊学を広めた出口王仁三郎　51

3 友清歓真と秘教霊学——霊学・神仙道と太古神法 54
古神道復興につくした半生 54
日本神仙道の祖・宮地水位との邂逅 58
太古神法の継承 61
友清と霊術家との交流 63
4 孤高の霊術家・松本道別——人体ラジウムの発見 65
独学で霊術の新境地を拓く 65
「人体ラジウム」研究に取り組む 68
大著『霊学講座』を完成させる 72
霊学を通して『古事記』の真義を悟る 73
『霊学講座』に影響を受けた霊術家たち 76
5 異才の人・桑田欣児——治病霊術・霊能開発法の発展 79
壮絶な生い立ち 79
上京して霊術を学び、父の難病を治す 81

霊能開発法を体系化する　85

6 霊術界の鬼才・松原皎月――総合霊術の展開　91
霊術の天才児　91
十五歳で霊道研究会を立ち上げる　96
『霊術大講座』を出版する　97
霊術秘義を公開し、講習会を開いて霊術を直接伝授　102
霊術の天才児の早逝　108

第二章　霊術伝授　入門編　111

1 鎮魂法――霊魂を充実させる　112
鎮魂法とは　112
鎮魂の秘義　114
本田流鎮魂法の実際　117
自修鎮魂法　118

2 帰神法——神界に感合する至尊の法 122
記紀にも記された古法 122
帰神法の実際 123
王仁三郎による審神実録 125
3 吐納法——丹田を鍛える 129
霊術修練の基礎法 129
神仙・河野至道寿人 130
吐納法の実際 133
胎息術による奇跡 136
4 霊動法——霊気を発動させる 138
霊術の基礎 138
座式霊動法・第一式 138
座式霊動法・第二式 140
霊動法のメカニズム 142

5 清め・祓いの霊術──悪霊退散・招運開福の秘法 145
人間は本来、清明 145
塩──古代から神聖視されてきた塩の神秘力で浄める 146
火──損なわれた身体の陽気を切火祓いで再生する 148
水──天の真名井の水を使った切水清祓法 150

6 伊吹の法──魔を吹き払う 152
風は地球の大いなる息 152
穢れを吹き払う風の祓い 153
魔を吹き払う伊吹の法 155
伊吹の法の実際 156

7 神手秘法──手からオーラを出す 159
神手秘法とは 159
神手秘法の実際 159

8 神光法—まぶたの裏に映る霊光で占う 163
吉凶を映す神光 163
神光法の実践 163

9 危険予知法—古伝の災厄回避術 166
危険は予知できる 166
三脈法 168
三脈法で難を逃れた名医 169
神手法 172
天海の災厄予知の口伝 173
義経秘伝の危険予知法 175

第三章 霊術伝授 奥伝編 179

1 使魂法――魂を宇宙の極みに飛翔させる 180

神妙至枢の秘法 180
欲を捨て、俗を離れる 181
童子法 183
想満法 184
長全感一法 185
感根法 186
空玄想感法 188
通谷法 189

2 霊胎凝結法――身外に霊妙な胎を生じさせる 192

霊胎とは何か 192
霊胎凝結の玄義 193
霊胎凝結法の実践 194

山形老仙伝霊胎凝結秘法　197
秘息真法秘伝――気息を流通させる　198
凝結本法秘伝――霊玉を霊体化する　201

3 言霊秘伝――言葉に宿る神秘パワー　203

『古事記』に見る言霊の奇跡　203
空海が操った言霊パワー　205
言霊の達人・出口王仁三郎　206
よみがえる言霊秘法　209
山口志道の言霊学　209
中村孝道の言霊学　210
言霊発声法の基礎練習　211
一言霊修法　214
三言霊修法　215
五言霊修法・七言霊修法　216
言霊神感法（言霊占法）　217
言霊五十音秘義　218

言霊解釈法　222
言霊神咒法の理論　224
言霊神咒法の実践　226
オールマイティの秘言　229
霊障を祓う咒詞　230

4　太古真法・神折符——幸運を呼ぶ折り紙　231

神人一体を悟る真法　231
蒼古の神伝真法　233
折り・包み・結びの秘義　234
折りの心得　235
神折符の例　236

5　天津金木占法——大宇宙を見通す秘占術　246

大石凝真素美の探求　246
天津金木の秘奥の解明　247

宇宙を見透かす神器 249
大宇宙の霊体を顕す天津金木 250
物質的文明から霊的文明への架け橋 252
神秘の扉を開く三大皇学 254
天津金木の基本構成 255
天津金木の謹製法 256
天津金木観想法 259
天津金木秘占法 265
天津金木神事法 276
人類破局を回避する神鍵 278

第四章 霊術霊符秘法 281

1 霊符の作法――秘符を開眼する 282

霊術における霊符とは 282
略式霊符書写作法 283

霊符の開眼法　285
霊符の使用法　287

2 厳選・霊術秘伝霊符——願望成就の神図　288

願望符　288
吉祥符　289
強運符　290
祈願符　291
男女和合符　292
中吉符　293
除一切不浄符　294
諸病平癒神符　295
病気平癒符　296
延寿符　297
勝事吉祥符　298
商売繁盛符　299

除邪夢符 300
悪夢を吉夢に転ずる符 301
解呪詛符 302
除生霊符 303
祟り除け符 304
屋敷祟り除け符 305
除仏罰符 306
気弱の人に用いる符 307
霊悟符 308
求仙縁符 309

第五章 龍鳳神字 311

霊的天才・宮地水位が現界にもたらした神字 312
神仙界の秘事を現界に漏洩した罪 314
数ある龍鳳神字の中から厳選した十二字を公開 316

富榮　318
奇増　319
神縁　320
勝運　321
壽福　322
靈発　323
龍鳳神字の霊験をより大きくする方法　324
あとがき　329

第一章
霊術史講義

1 霊術入門

霊学を基礎にした実践秘法

「霊術」とは何か

霊術《れいじゅつ》とは何であろう。一言では言い難いのであるが、とりあえずは「霊妙な術」をいうと理解してほしい。本書を読むうちに次第にその内実がわかってくることと思う。

この言葉が使われるようになったのはいつ頃からか定かではないが、明治時代以降のことかと思われる。広汎《こうはん》な意味にとれるせいか、かつて霊術家つまり霊術を行う人々は、神道、仏教、修験道《しゅげんどう》、陰陽《おんみょう》道《どう》の術法、あるいは巷間《こうかん》流布した禁厭《まじない》、民間療法、手当て、また指圧、鍼灸《しんきゅう》などをも霊術の一つに組み入れていた。

霊術といえば、霊的な術との連想が働き、物理的、生理的、心理的なものは除外されると思いがちであるが、必ずしもそうではなく、不可思議と見えるものを多くの霊術家はその中に取り込んでいたのだ。

その取り入れ方は広範囲にわたっており、かつては香具師《やし》が行っていたような術をも霊術家は自家薬《じかやく》籠《ろう》中の物として用いていた。

一例をあげれば、蝦蟇《がま》の油売りというものがある。蝦蟇の油とは、江戸時代に傷薬として売られていた軟膏《なんこう》で、止血、やけどなどに効果があるとされた。

縁日や祭りで、行者風の装いの香具師たちが、筑波山などの霊山で作られたとする蝦蟇の油を売って

「鉄身硬直術」により“人間橋”になった人の上に乗る、霊術家の江間俊一（右）と松本道別（左）。

いた。彼らは、蝦蟇ガエルから油をとる奇妙な方法や蝦蟇の霊力を語り、「一枚が二枚、二枚が四枚、四枚が八枚、八枚が十六枚……」と口上し、和紙を二つに折って、徐々に小さく切ってその刀の切れ味を見せる。

そして、その切れ味のよい刀をわずかに肌に当てると、それだけで血が滲み出てくる。ところが不思議、蝦蟇の油を塗ると立ちどころに止まり、それだけではない、蝦蟇の油を塗った腕にいくら強く刀を押しつけても、今度は少しも切れることはない。蝦蟇の油の霊力にびっくりした人々が、我も我もと買ってゆくという次第だ。

刀を身体に押しつけても切れることのないこの方法は、霊術家たちが刃止めの法として、その霊術の中に取り入れている。

また修験者が、屋外で焚く柴灯護摩《さいとうごま》の残り火などを使用して、その上を呪文《じゅもん》や経文《きょうもん》を唱えつつ歩く、火渡りという行事がある。これは、修験者が山岳修行などによって体得した霊力を示すための一つの方法で、正式には火生三昧耶法《かしょうさんまやほう》といい、本尊の不動明王と合体したと修験者は観じ、真っ赤な火の上を裸足で平気で渡り、また一般の人々をも渡らせる。

これによって修験者は、自分が不動明王の力を得たことを、またその力によって治病・除災を行うのだから、当然応験《おうけん》があるものと人々に納得させたのである。

同じような目的で、熱湯の中に手を入れたり、熱した火箸《ひばし》を素手で扱ったり、太い針を身体に刺したりといったことを、その霊力を人々に信じさせるために多くの霊術家は行った。

その代表的な人物が、明治・大正時代に活躍した江間《えま》俊一である。

江間は元代議士で、東京市会議長まで務めた弁護士であったが、そうしたものを一切なげうって霊術

霊術家・松本道別が行った「人体ラジウム研究」での実験の様子。顔面や腕に大きな針を指す者、日本刀の上に立ちながら素手で日本刀を握る者などが写っている。

家となり、金剛不壊身法《こんごうふえしんぽう》、気合術治療法などを教授し、『江間式心身鍛錬法』という本なども著述し、自らが作り上げた心身鍛錬法によって、同胞ならびに人類が精神上、健康上に大いに益せられるものと自負していた。

「霊術」はただの病気治しではない

もっとも、そうした霊術と一線を画そうとするものも存在した。なかでも昭和戦前において世によく知られていたのは大本教《おおもときょう》の霊術である。大正時代、同教に属していた友清歓真《ともきよよしさね》（後に脱退して天行居《てんこうきょ》を創立）は次のように記している。

「世間にもいろいろの霊学霊術というものがあって、桃李芳を競うの有様でありますが、皇道大本《こうどうおおもと》の鎮《ちん》魂《こん》法と同日に論ずべき性質のものはありませぬ。太霊道《たいれいどう》、哲理療法、催眠術、真言天台や法華の修法、弘法大師観音稲荷《かんのんいなり》などを看板にせる諸法、その他幾多の現代流行の諸術を忠実に比較研究した人には判っているはずであるが、鎮魂法はそれらの諸術よりも比較的優秀なるものであるというようなものでなく、根本的に絶対にその性質を異にしておる天下無双の神法である」（『皇道大本の研究』）

つまり大本教の鎮魂法（これは当時、鎮魂帰神《きしん》法とも言われていた）が、世間一般で言われているような霊学霊術とは根本的に違うというのである。当時の霊術の多くは病気治しということを主眼にしているものが多かったのだが、大本教で用いられていた霊術・鎮魂帰神法というものは、神霊の存在を証明し、大宇宙の真実の姿を解明しようとする霊学と密接に関連するものであった。

真正な霊学を根底として、鎮魂し、帰神法を行う。そして悪しき霊が懸《かか》ってきた場合にはその改心を

元弁護士で衆議院議員でもあった江間俊一。政治家として苦学生のための奨学金制度をつくったり、鉄道会社社長も務めた。多芸多才で知られ、柔道、相撲、馬術に長じ、書や絵画、三味線などの才もあったという。

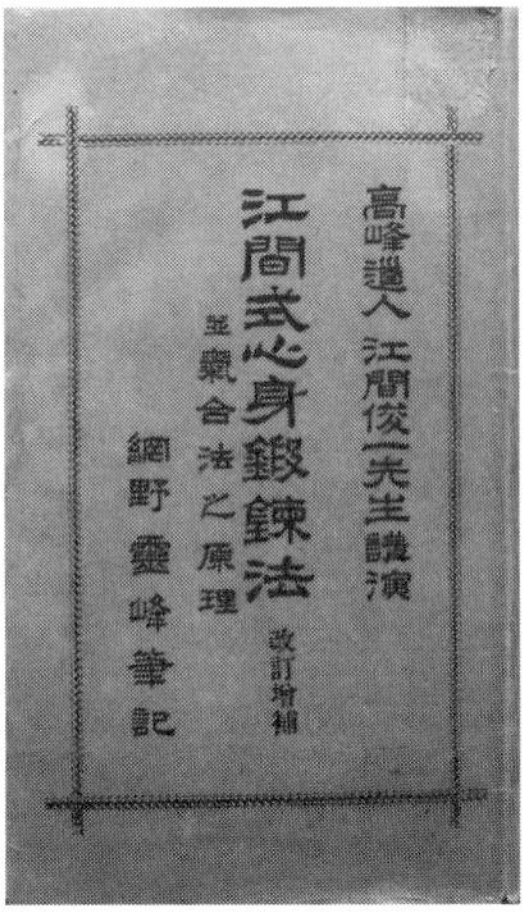

高峰道人　江間俊一先生講演
江間式心身鍛錬法
並氣合法之原理
改訂増補
網野靈峰筆記

江間が著した『江間式心身鍛錬法　並気合法の原理』。腹式呼吸と静座法を基本とした。

迫り、改悟帰順《かいごきじゅん》せしめる。すると、その結果はただちにその憑依《ひょうい》されていた人の日常生活に現れ、心身ともに健全となり、日々向上進歩する。そればかりではない。ついには顕幽一貫《けんゆういっかん》の理を悟り、真正無垢《しんせいむく》の正神と感合し、その天賦《てんぷ》の性能を発揮し、必要に応じて神通力《じんつうりき》を発揮することができる。これが大本教の主張であった。

また友清歓真と親交があり、「本道宣布会」を開教した九鬼盛隆《くきもりたか》（『断易精蘊《だんえきせいうん》』の著書で知られる）は、『本道霊術講義』という書を著しているが、そこで霊術に関して次のように記している。

「本会の霊術は、すべて大神あるいは神仙の御霊たちより直接秘法を授けられたものであって、現今《げんこん》世間に行わるる霊術のごとく、古来の伝法書や、または口碑《こうひ》に伝われる支那《しな》の仙道の諸法や、印度婆羅門《いんどばらもん》の瑜伽《ゆが》や、真言の密教、禅の止観《しかん》、法華の加持《かじ》や、我が国神道の鎮魂、気吹《いぶき》、息長《おきなが》、祈禱《きとう》、修祓《しゅばつ》、禁厭などの諸法を錯綜《さくそう》し、各自が種々工夫を凝らして作り上げたり、また欧米の催眠術的心霊諸術などとは、全然趣《おもむ》きを異にしたものである」

そして、世間一般の霊術とは違い、その書に記された「身浄め魂鎮め神法」などの霊術は、少彦名神《すくなひこなのかみ》、天鈿女命《あめのうずめのみこと》などの神、またその配下の神々、あるいは神仙たちが神懸《かみがか》りの場に降臨されて、大神行《だいしんぎょう》を世に広めるために幽秘の扉を開いて、直授《じきじゅ》したものであるよしを記している。

このように霊術を行う人々は、同じ霊術という範疇《はんちゅう》に属するとはいえ、その立場立場で己《おのれ》の成すところの霊術の優越性を強調していた。ちなみに昭和三年（一九二八）に『霊術と霊術家』という本が出版されているが、そこには三百人以上霊術家の名が連ねられている。実際のところ、そこに記されていなくとも有名霊術家は他にもおり、霊術家全員について、またその霊術のよってきたるところなどを記すことは、紙幅《しふく》の関係で到底できるものではないのである。

したがって本書では、あとで紹介する総合的霊術家・松原皎月《こうげつ》が「世の霊術と称するものは、なにかれの別なく、神伝霊学を土台とした、純真の愛に立脚する大霊術建設に努め、共存共栄つまり弥栄《いやさか》の本領に力強い歩みを進めたい」とし、「神伝霊学を修得すれば、他の霊術はスラスラ進む」としていることを一つのよりどころとして不可思議を見せ、病気を治すといったことを主眼とする、いわゆる俗霊術ではなく、主として宇宙の真理を探究しようとする神伝霊学というものを土台とした、皎月が言う大霊術について記すこととする。

また本書では、霊術の範疇に神仙道の神法道術とか太古真法《たいこしんぽう》の神折符《かみおりふ》なども紹介しているが、人によっては（とくにその方面の関係者）俗霊術と一緒にされたとして違和感や不満を持つ方もいるかもしれない。一応もっともとも思うが、霊術の定義を霊妙な術とするとき、当然そうしたものも霊術の範疇に入るし、また戦前において霊術といった場合においては、そうしたものをも含んでいたというのが実際なのである。

霊術の根底にある霊学とは

「霊学とは、霊の研究及び正しき霊術修行の方法を究明するのが本領」（友清歓真『霊学筌蹄《せんてい》』）といった考えなどもあり、霊術の根本原理を闡明《せんめい》するという意味合いで、霊術の根底には体系化された知識がなければならない。霊術を霊妙な術と定義したが、実際のところその霊妙な術とはどんなものかということは、それに付随している体系化された理論の如何《いかん》によって変化せざるを得ないのだ。

もっとも、じつのことを言えば、少なくとも霊術という言葉は、霊学という言葉が先に使われて、その後にできたもののようである。

では、霊学という言葉を最初に用いた人物とは誰であろうか。

それは本田親徳《ちかあつ》という人物である。しかもこの人が霊学という場合においては、霊学と、霊術である鎮魂帰神法は不離一体のものであった。親徳が弟子に伝授した霊学の伝書『神伝秘書』（一八八三年）の冒頭には「皇国固有の霊学は、鎮魂、帰神、太占《ふとまに》の三にして、禁厭は鎮魂の作用の一なり」となっており、明らかに霊学と実践的な霊術（鎮魂、帰神、太占）とはイコールだったのである。現代において、深層心理学においては自然科学系の学問と違い、理論と応用を分けることができないといわれているのと、ちょうど同じであったのだ。

それでは霊学という言葉が使われるようになったのはいつかというと、少なくとも明治十六年（一八八三）三月以前からと思われる。というのは、この年『道の大原』という本田親徳の霊学の中核をなす書が記されており、そこにかの有名な「霊学は浄心を本とす」という言葉が記されているからだ。

もっとも、もっと遡って親徳三十五歳の安政三年（一八五六）と考えられないこともない。というのは、親徳の著書『難古事記』には「この神懸りのこと、本居《もとおり》・平田を始め、名だたる先生たちも、明らめ得られざりし故に、古事記伝、古史伝ともにその説々みな誤れり。親徳十八歳、皇史を拝読し、この神法の今時に廃絶したるを慨嘆《がいたん》し、岩窟に求め、草庵に尋ね、ついに三十五歳にして、神懸《かみがか》りに三十六法あることを悟り」とあるからだ。「神懸り三十六法」とは、神懸りの体系であり霊学そのものである。とすれば、このときに霊学という語が作られていた可能性も高いのだ。

ちなみに、親徳が神懸り（神憑り）を「神法」とか「霊法」などと呼んでいたことはその著作から確認できるが、霊術という語を用いていたかどうか定かではない。多分、大本教あたりから用いられるよ

催眠法、心理療法で知られた清水芳州(英範)が発行していた霊術雑誌『精神統一』に掲載された著名な霊術家たち。上段一列目は左から清水芳州(東京心理協会会長)、松本道別(霊学研究所所長)、田中守平(太霊道主元)、江間俊一。二列目左から二人目に藤田西湖(甲賀流忍術第十四世)の顔も見える。

うになったのではないかと思う。

もっとも、それより以前、また本田親徳が使うよりも前に、霊学もしくは霊術という言葉が用いられていた可能性がないではないが、今のところ筆者は未見である（もし、読者で知る人があれば教示してくださるとありがたい）。

さて、この本田親徳の説によれば、世間の学問を大きく分けると三つの部門に分けることができるという。一つには物知学《ものしりのまなび》、二つには事知学《ことしりのまなび》、三つには霊知学《ひじりのまなび》である。

物知学というのは、物理学とか化学の類である。

事知学というのは、政治、経済、法制、芸術の類である。

そして霊知学というのは、神霊、人霊、万霊を研究し、宇宙の真相、神界の経綸《けいりん》を窺《うかが》うものである。

これこそ今私たちが問題にしようとしている、いわゆる霊学である。

明治の頃に黒岩周六（涙香《るいこう》のペンネームで、デュマの『巌窟王《がんくつおう》』やユゴーの『ああ無情』などを翻訳している）というジャーナリストが宇宙、人生、宗教について、唯心的一元論の立場から『天人論』という本を著し一世を風靡《ふうび》したが、その中で「人生の三大疑問」として次の三つをあげている。

第一に「我々人類はいかなる理由にて、いずこより現世に生まれたるや」

第二に「現世に生を享《う》けた我々人類は、生存中に何をなすべきや」

第三に「現世に生を享けた我々人類の死後は、いかようになるのであるか」

これらの問題を解決しなくとも人は生きることもできる。だが、ややもすれば、その生き方はときとして方向違いの大きな過ちをしでかすことになりがちである。せっかく人として生まれてきていながら、ただたんに立身出世や栄耀栄華《えいようえいが》を求め、意味もなく酔生夢死《すいせいむし》の生涯を送り、あの世などはないつもりが、極楽ならまだしも地獄に落ち、あとで後悔することもなくもなかろう。

「人生の三大疑問」を解決することは、人の生き方を決めることである。人として生まれてきたからには、まず最初に解決しなければならない重要事項である。だが実際には、現在ある学問で、霊学以外に真に「人生の三大疑問」について解決を与えてくれると思われるものはない。ここに本田の言う霊知学、すなわち神道霊学とか、神伝霊学といわれているものの万学を越えた存在意義がある。

霊学・霊術は奇跡を見せることが目的ではない

さてこの霊学（霊知学）は、親徳によれば、さらに神霊学、人霊学、万霊学の三つに分類される。

神霊学とは、諸神の神告、教示により、宇宙の真相、神界の経綸を窺うものである。

人霊学とは、人の霊魂を研究するものである。

万霊学とは、その他の動物、植物、鉱物などに宿る霊魂を調べるものである。

俗にサイキック・サイエンス（心霊学）といわれるものは、このうちの主として人霊学、万霊学であって、高貴な神々がご降臨になり、それを研究するということはほとんどないようである。

霊学の最終的目標は真物の闡明であって、不可思議、奇妙なことをすることではない。ただ霊物との接触もある関係上、透視、念動、予言など自然と奇異なことも生じる。とはいえ俗霊術のようにそれにとらわれ、そこに止まることはない。あくまで天より授けられた自分の霊性を磨き、森羅万象の背後に働いている宇宙を貫く大玄理を探究し、自由自在、神通自在の境涯にいたることが霊学の目的である。

霊性発揮の方法として巷間にも各種の俗法が存在している。しかし、俗臭芬々《ふんぷん》たる俗智、俗学の徒がいくらさまざまの方法を考え出し、名称だけ立派なものを付けてもそれだけのことだ。霊知を備えた古人が長い期間かかって工夫してきた道術とか、いわゆる正神界から出伝される神法にはおよばない。古来より伝わる道術とか神伝の神法は、たんに自分の念力だけで何事かを成そうとする他の俗法とは違って、大宇宙の根源的なものにつながるものを有している。よって、その作用、効果には信じがたいものがあるのだ。

とはいえ神法道術も霊学も、日本においては人（霊止《ひと》）が神にいたるまでの一つの筌蹄《せんてい》（手立て、道具）であって、そのことにこだわることなく、人、神に格《いた》れば無用の長物として放棄されるのである（我々凡人には望むべくもないことではあるが）。

古神道の確立者・平田篤胤《あつたね》は、惟神《かむながら》の修行は「魂を大きくするためだ」と言い、またこのあとで紹介する霊学者・松本道別《ちわき》も「霊学一切の修養は、霊魂を磨いて薫習《くんじゅう》の垢を拭い落し、知・情・意を高等な智・仁・勇に進め、以て生きながら神人合一《しんじんごういつ》の境に入るのが目的で、これが惟神の大道であり、また地上天国の建設である」と、その著書『霊学講座』において記している。

言い換えれば、天より付与された一なる霊性をいよいよ発揮し、万学の研鑽、さらには鎮魂、帰神、使魂《しこん》、玄胎結成《げんたいけっせい》、神折符の実修（つまり霊術の実践）によって大宇宙の幽玄なる真理を闡明し、霊悟することが霊学の目的なのである。

もちろん付随的に奇跡的な現象が生ずることもあるが、それは人、神に等しきものを内に存しているがゆえであって、天地を揺り動かすほどの言霊《ことだま》の威力を発揮し、ここに居て彼処《かしこ》のことを知るという通力を生ずることも、そこに何の不思議もないのである。

2 霊術家の源流

平田篤胤・本田親徳・出口王仁三郎

霊学の先覚・平田篤胤

霊学の道統を見てゆく場合、その先覚とすべきは江戸時代後期の国学者・平田篤胤《あつたね》（一七七六〜一八四三年）であろう。

篤胤は安永五年（一七七六）に出羽（秋田県）の下谷地町に生まれた。父は大和田祚胤《さちたね》、母は那珂《なか》氏で、代々佐竹《さたけ》侯に仕えた。幼名正吉、通称大壑《だいがく》、初め真菅屋《ますげのや》と号したが、後に気吹屋《いぶきのや》と改めた。

家庭における教育は、後の古道研究につながるもので、八歳の頃から垂加《すいか》神道を唱導した闇斎《あんさい》派の学者、中山菁莪《せいが》にしたがって漢学を修め、十一歳のとき、叔父柳元にしたがって医術を学んだ。寛政七年（一七九五）、大志を抱いて江戸に出た。齢《よわい》二十であった。

江戸では大八車《だいはちぐるま》を引いたり、商家の飯炊きをしたりして生活し、そうしたなかでも寸暇《すんか》を惜しんで学問の研鑽に励んだ。寛政十二年、備中国《びっちゅうのくに》松山藩士・平田藤兵衛篤穏《あつやす》に認められ、その養子となり板倉侯に仕えた。享保元年（一八〇一）、初めて国学者・本居宣長《もとおりのりなが》の著書に接し、その内容に感銘し、入門しようとしたが、すでに宣長は没したあとであった。しかし、篤胤は宣長没後の門人として宣長の学問を受け継ぎ、古を明らかにし、皇道をあまねく天下に広めることをもって自分の使命とした。

以来、着々として著述を進め、かつ門人を集めて盛んに古道を唱導した。文化五年（一八〇八）には神祇伯《じんぎはく》白川家から諸国の神職への神道教授を嘱託され、神祇管領長上《じんぎかんれいちょうじょう》吉田家からも学師の重職を委託された。文政六年（一八二三）には天皇家より「天覧叡感《てんらんえいかん》」の印章を著書巻頭に用いてよいという勅許《ちょっきょ》を得た。

しかし天保十二年（一八四一）、幕府の忌諱《きき》に触れ、その著述を差し止められ、江戸にはおられず秋田の親戚の家に落ち着いた。そのまま江戸に出る機会もなく、「思ふこと一つも神に勤め終へず今日や罷《まか》るかあたらこの世を」という辞世《じせい》の歌を遺して、六十八歳を一期として天保十四年に没した。

神に対して、思うことの一つも成し得なかったと歌った篤胤であるが、その遺された学問は古今を貫き、東西を兼ねる非常に広く深いものであり、しかも独創のものが多い。逆に独創のものを独断と考え、それを批判するものも少なからずいたが、博学な篤胤に対しては、堂々と論陣を張れる人はいなかったという。その門人も非常に多く、矢野玄道《はるみち》、権田直助《ごんだなおすけ》、佐藤信淵《のぶひろ》、大国隆正《おおくにたかまさ》など、錚々《そうそう》たるものがある。

また周知のごとく、荷田春満《かだのあずままろ》、賀茂真淵《かものまぶち》、本居宣長と並ぶ国学四大人《しうし》の一人であり、神道史上に偉大な足跡を残し、その思想は徳川幕府を倒し、王政復古するという明治維新の指導原理となったことで知られている。

「霊魂の行方」を追究した篤胤

だが、それは表の顔である。およそ物には表があれば裏もある。じつは篤胤は、霊的なものの研究に関する日本における大いなる先駆者でもあった。

篤胤は天狗小僧といわれた寅吉《とらきち》を長年の間、気吹舎に住まわせる。鳥の鳴き声を聞き分けるという忠兵衛を出入りさせる。また、自分が生まれ変わる前の記憶をもつという勝五郎《かつごろう》を近づけたりもしている。これらは隠された世界の研究の一端としてそうしたのである。

また、医術を生計の基としていたにもかかわらず、今でいうスピリチュアル・ヒーリングとでもいうべき禁厭《まじない》によって、自らの痔疾《じしつ》や歯痛をまじなったり、腕が痛いからといって願掛けなどもした。しかも、それなりの成果もあがっていたようなのである。

ときにはこのようなこともあった。

秋田藩主佐竹侯が病気で倒れたときのことである。お側の者がいろいろと手を尽くしたが一向に軽快しない。そこでさまざまな詮議《せんぎ》のうえ、篤胤に医薬の処方を命じた。すると篤胤は薬を処方すると同時に、藩公の許可を得て、御病気平癒の祈禱《きとう》を執行したのである。篤胤の薬方がよかったのか、祈禱の霊《れい》験《げん》かはわからないが、藩公は日一日と快方に向かったという。

一般の人の考えからいえば、医薬による治療とともに祈禱をするなど奇妙に思うであろうが、篤胤のこうした行動も篤胤自身にとっては当たり前のことで、彼によればわが国の古医方《こいほう》においては医薬と禁厭とが併用されていたのである。

篤胤は頼まれて自ら雨乞《あまご》いの祈禱をもしたことがある。出羽国の秋元侯の領地が下総《しもうさ》の中山辺にあった。ところが、文政四年（一八二一）の夏、旱魃《かんばつ》のために田の植えつけができない。そこで、神様ともうわさされる篤胤ならばと、秋元但馬守《たじまのかみ》の用人が篤胤のところに来て、雨乞いの祈禱をしてくれと頼んだ。学者ではあれ、祈禱師ではない。その任ではありませんと一度は断ったのだが、その願いがあまりに熱心だったので、篤胤は已《や》むを得ず中山にでかけて祈禱をした。すると不思議なことに翌日には大雨が沛然《はいぜん》と降りだし、その功績に対して秋元侯から丁重なあいさつがあった。そのことは篤胤の『気吹舎

霊学の先覚者・平田篤胤の肖像画。幽冥界について論じた『霊能真柱』、仙童寅吉からの聞き書きをまとめた『仙境異聞』の他、暦学、易学、道教、儒学、インド学など多岐にわたる膨大な著書を遺した。

平田篤胤の『五岳真形図説』に掲載されている五岳図の一つである、異本五岳図（『五嶽眞形圖集成』八幡書店より）。

印を結ぶ仙童寅吉像。師匠の杉山僧正に連れられ、仙界に出入りしていたという寅吉は三白眼が特徴だった。

日記』に記されている。

篤胤がこうした霊的なことにかかわったのは、じつは霊的なことの研究、隠された世界の探究は篤胤の学問の基盤となるものであり、中枢をなすものだったからである。篤胤の説く古道学は、何よりもまず「霊魂の行方」を探究する学問であった。篤胤は、六十八歳で没するまでに多くの書物を著したが、その中で篤胤の神道説の中心をなすとされているのが、『霊能真柱《たまのみはしら》』と『古史伝《こしでん》』である。

『霊能真柱』では、人が神の道を実践するためにはまず大和心を固めなければならず、そのためには死後の霊魂の行方を明らかにすることが根本であると説く。そして霊魂の鎮まりゆくところを知ろうとするならば、まず天地の形成過程を知り、天地を天地たらしめる神の功徳を認識する必要がある。さらには日本が万国の本の国であり、すべてにおいて優れた国である由縁を知る。そして顕明《けんめい》は天照大御神《あまてらすおおみかみ》の子孫である天皇が、幽冥《ゆうめい》は須佐之男大神《すさのおのおおかみ》の子孫の大国主神《おおくにぬしのかみ》が主宰するという真理をよくよく知らなければならないとする。書中においてその理を諄々《じゅんじゅん》と説き、俗説にいうような地獄や極楽や黄泉《よみ》の国に行くのではなく、大国主神の支配する幽界に行くことを明らかにする。

『古史伝』は、自ら「あわれ篤胤を知るもの、それ唯《ただ》この成文なるかも、篤胤をそしるもの、それ唯この成文なるかも」というほどの自負をもって、古伝をまとめた『古史成文《こしせいぶん》』の注釈書である。『霊能真柱』の考えを発展させたもので、篤胤における古道の真意はすべてこの一書に尽くされているとされる。とすれば、まさに篤胤はその研究の中核に「霊魂の行方を知ること」を置いているのである。

篤胤が古道研究の根底に「霊魂の行方を知ること」を定めたのは、もちろん、それまでの古道研究の結果として導き出されたということもある。しかし、霊的存在への関心はそれ以前からあったかと思われる。それは古道研鑽に入る以前に出会った「異人」の存在が大きいのではないかと思う。その異人に

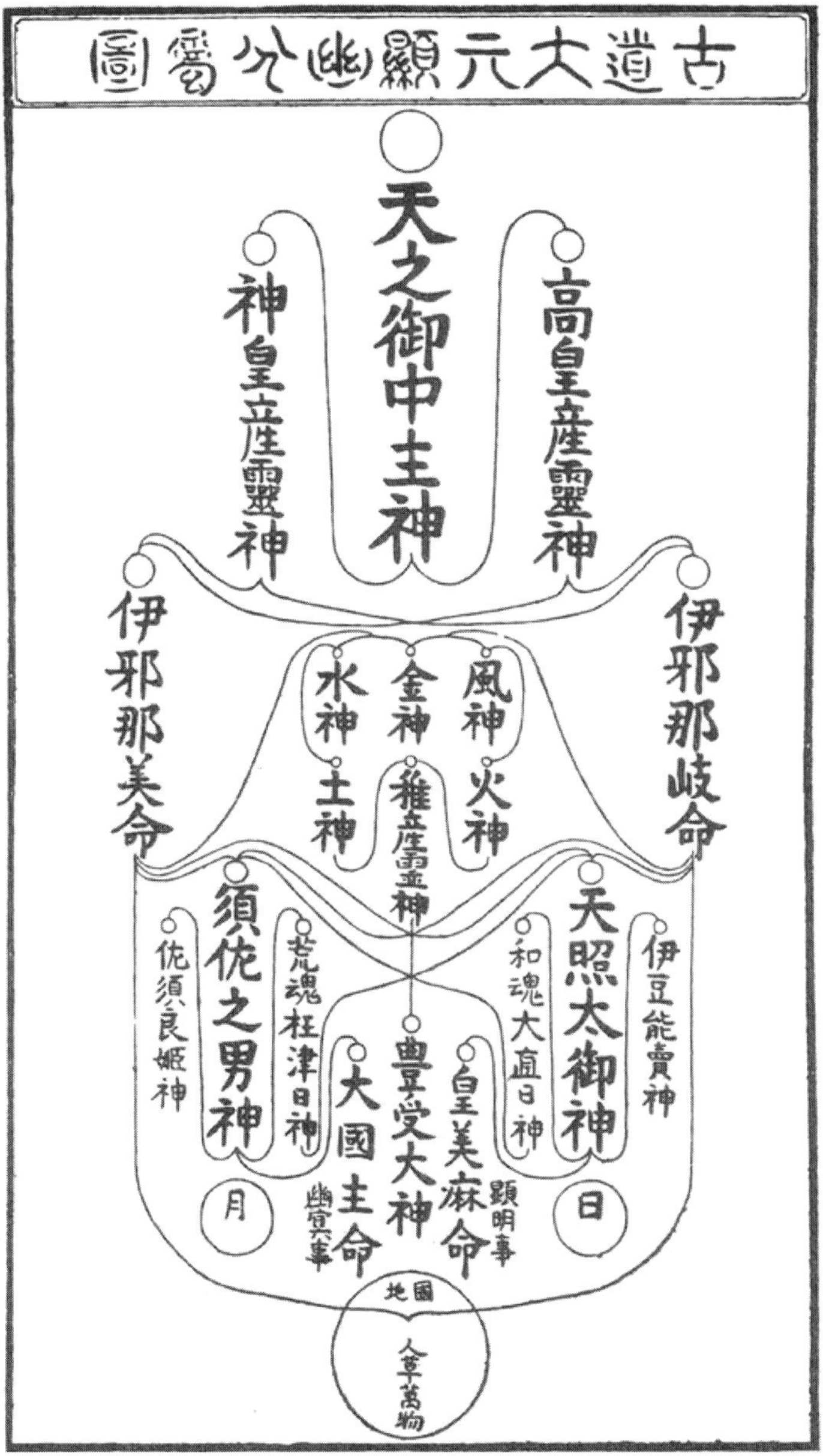

平田霊学の真髄が示されている「古道大元顕幽分属図」。篤胤自らが描いたもので、目に見える世界である「顕」と、目に見えない世界「幽」を司る神々の系譜が図解されている。

会ったのは、篤胤が郷里の秋田を離れ、江戸に向かうときのことであった。

後に博学多識で知られた篤胤であるから、幼少の頃からその才能の芽生えが見られたかというと、どうもそうではないらしい。十八歳くらいになってもまだ四書五経《ししょごきょう》、つまり『論語』とか『易経《えききょう》』などという当時の武士の基本的な教養書も呑み込めず、ついには親から武士の子どもとして失格とされ、武士の子どもであれば当然である袴《はかま》をつけ、大小の刀を腰にさすことを禁じられ、下男《げなん》同様に扱われたのである。

そこで一念発起し、親をみかえそうと江戸に出たのが一月の寒い頃であった。その途中、道を失い、食べ物もなく、雪の山中で遭難しかかったところを、はるか樹木上の謎の異人から道を教えられ、一命を得たのである。篤胤は道を指示されたとしか人に語ってないが、それればかりではなく、このとき篤胤はその異人に何か特殊な霊法（後に篤胤が秘伝として伝授していた、自らが天下のことをことごとく知る神、久《く》延毘古神《えびこのかみ》となる「久延毘古の伝」のようなもの）を伝えられたのではないかと思われるのだ。

というのは、江戸に出てからの篤胤は以前の彼とはうって変わっていたからである。古今東西のあらゆる本を読み解き、それを記憶する。ときには、著述に入ると二十日、三十日になっても昼夜寝ることなくそれを成し遂げる。忽然《こつぜん》、通常の人には考えられないような能力を発揮し始めたからだ。

もちろん大器晩成という言葉もあり、また往々にして天才はかえって身近な人々から理解されないこともある。だが篤胤の変身には目を疑うようなものがあるのである。そんなところから、篤胤を雪の山中で救った異人、それがそれ以後の篤胤を変えるような体験をさせ、人間界とは違った世界、霊的な世界への目を向けさせたのではないかとも思われるのである。

篤胤の霊学研究

篤胤の霊的な世界に対する研究は次のようなものである。

まず、一般の儒者の無神論を批判し、儒教の真意は鬼神の有なることをいっていることを悟らしめようと『鬼神新論』を文化二年（一八〇五）に脱稿している。また文化三年には『稲生物怪録《いのうもののけろく》』四巻を著す。これは寛延二年（一七四九）、備後《びんご》の三次《みよし》郡（広島県三次市）に住む稲生平太郎の屋敷に、山本《さんもと》五郎左衛門と称する魔王が現れて、さまざまな妖怪変化《ようかいへんげ》を現して平太郎を脅したが、産土《うぶすな》の神の助けもあり、平太郎が少しも恐れることなく相対したので、魔王もその強勇《ごうゆう》に感嘆して退散したという話で、篤胤はこの話を事実談として疑うことなく記している。

また文政五年（一八二二）には、古今の記録から、妖魅《ようみ》や天狗などのさまざまな邪神の行状を研究した『古今妖魅考』を著す。この頃、篤胤の幽冥界に対する直接実証的研究の端緒となったのが、仙童寅《せんどうとら》吉《きち》との出会いであった。寅吉は杉山僧正《すぎやまそうしょう》という仙人に導かれて、さまざまな幽真界を実見してきたという少年である。篤胤は寅吉の語る仙界の事柄が理路整然として一貫しており、自らの研究にも一致していることに驚愕《きょうがく》し、熱心に質問を繰り返し、『仙境異聞《せんきょういぶん》』なる書物をものすのである。

次の年には、生まれ変わりをしたという勝五郎という少年を研究している。武州多摩郡程窪《ほどくぼ》村（現在の東京都日野市程久保）の百姓久兵衛《きゅうべえ》の子ども藤蔵という者が、文化二年に生まれ、同七年に六歳で死亡。それから六年後の文化十二年に同郡中野村（現在の八王子市東中野）の百姓源蔵《げんぞう》の子どもに生まれ変わって、名を勝五郎といった。篤胤が研究した文政六年には、九歳になっていたが、その前世の藤蔵時代のことを詳細に物語るという不思議な少年であった。

勝五郎は祖母と夜は寝ていたが、夜な夜な「程窪に連れて行って彼方《あっち》の両親にも会わせてくれ」とせがんだ。そして、自分が六歳になるまでの久兵衛の家のこと、六歳で死んだときのこと、埋葬された後のこと、白髪の老翁《ろうおう》に誘われて花畑で遊んだこと、七月の霊迎《たまむか》えのときに家に帰ったこと、また老翁の指図で源蔵の妻の腹に入ったことなどを詳細に話したのである。

源蔵の家ではあまりに不思議な話なので、それとなく程窪村の久兵衛のことを調べてみたら、まったく言う通りであった。そのことを聞き知った篤胤は勝五郎を呼び寄せ、いろいろと問いただして『勝五郎再生記聞《さいせいきぶん》』を著した。そしてここに出てくる老翁こそ、その土地土地の人間の霊魂を宰《つかさど》り支配する産土の神であったろうと断じたのである。

寅吉出現の二年後、さらには同様の目的のために鳥忠兵衛を迎えている。この人は野州《やしゅう》（下野国《しもつけのくに》、現在の栃木県）の人で、気吹舎門人帳には、「下野国福知忠兵衛典則」と厳めしい名前を記している。忠兵衛は鳥の鳴き声を聞き分ける特殊な能力があった。そのうえ、鳥の言葉から類推して他の鳥の鳴き声まで聞き分けるというのであった。この人物を呼んでいろいろな質問をしているが、これは残念ながらあまり篤胤の学問の参考にはならなかったらしい。

また注目すべきは、篤胤の著述の中に一貫する、古代史の研究にもとづいた日本本源論、皇国尊厳論である。中国の医術は日本の少彦名神《すくなひこなのかみ》などが創始して、それが日本に逆輸入されたものであるとか、易《えき》を作ったとされる伏羲《ふっき》もじつは日本の大国主神であったとか、インドの帝釈天《たいしゃくてん》は日本の皇産霊神《みむすひのかみ》であるとか、すべての起源が日本にあるとし、日本が世界で一番尊い神国であるとするのだ。こうした考え方は、後に大正の世になって世間を騒がした偽書とも超古代文献ともされる『竹内文献』に共通するものなのである。

備後国・三次に実在した稲生平太郎が十六歳の時に体験した、物怪・妖怪退治の物語である『稲生物怪録』に掲載されている「炭部屋老女の怪」の挿絵。（『平田篤胤全集』第八巻より）

その他、晩年には深く道教《どうきょう》（神仙道《しんせんどう》）をも研究し、『五岳真形図説《ごがくしんぎょうずせつ》』『神仙方術編《ほうじゅつ》』『神仙行気編《ぎょうき》』『玄学得門編《げんがくとくもん》』など多くの著作を残し、弟子のうち、その道奥に達したものには「三皇内印《さんこうないいん》」「長生符《ちょうせいふ》」「古五岳真形図」「九老僊都《きゅうろうせんと》」「六甲祭式」など霊符、霊的祭式の執行法などをも伝授している。

このように霊的な事柄や隠された世界について深く研究し、また行法をも実践して、神界と現界の関連、霊物、神仙の存在に関する書物を多く書き著して、その後の霊とか神仙とかにかかわる研究や修行をする人々に篤胤は大きな影響を与えたのである。

たとえば、鎮魂帰神法《ちんこんきしんほう》で知られる本田親徳《ちかあつ》、現在の神道系諸宗教の系譜の源となった大本教《おおもと》の出口《でぐち》王《お》仁《に》三郎《さぶろう》、肉身をもって神仙界に出入したとされる宮地水位《みやじすいい》、あるいはその道友、宮地厳夫《いづお》、また古神道を説き、霊的国防を主張した友清歓真《ともきよよしさね》などなどだ。

ちなみに、宮地水位が幽冥界に出入したときのことを記したという『異境備忘録《いきょうびぼうろく》』という稀書《きしょ》によれば、篤胤は「羽雪大霊寿真仙《うせつだいれいじゅしんせん》」という神名で、幽真界の中枢である神集岳大永宮《しんしゅうがくたいえいきゅう》の内衆議官の仙職に座しており、もともとある重大な使命をもって人間界に生を享《う》けた人物だったという。まさに霊学・玄学研究の先駆者としてふさわしい人物だったというわけである。

そうした意味で篤胤の著述には随所に神界における秘密が漏洩している。たとえば、篤胤が仙童寅吉を介して得た情報を記した『仙境異聞』には、そのご本身は「〇〇〇〇神」（水位の『幽界記』による）という高貴な神に坐《まし》ます杉山僧正などの言葉が記され、『神字日文伝《かむなひふみのつたえ》』なども、そこに集められた文字は、じつは神界で使用されている文字ということであるし、『五岳真形図説』などにもかなり筋のよい神仙道における五岳図が収載されている。

霊学中興の祖と仰がれる本田親徳も大いに篤胤のところに出入りし、その著『難古事記』などでは篤胤の説を徹底的に叩いているが、常々「説き誤りもあるが、大体において筋の良い点において彼の右に出るものはない」といって篤胤を認め、弟子には篤胤の本を読むことを勧めていたという。

親徳が篤胤の著述を深く研究したという話はあまり聞かないが、その著述を批判しながらも、他の国学者などよりも高く評価していることから推察して、かなりのところまで篤胤の書いたものを読みとき、その影響を受けていたであろうことは疑えないところである。

ちなみに本田親徳は鎮魂帰神に際して琴に変えて石笛《いわぶえ》を用いたが、これは平田篤胤が神授《しんじゅ》のものとして石笛を大切にし、また息を吹き込み吹き鳴らし、その屋号をも気吹舎としていたことと、かかわりがなかったとは思いづらい。その石笛は、篤胤が文化十三年、鹿島、香取神宮などを参拝の折りに得たもので、大いに喜んで「その名をば、皇国に著《つ》く、石笛の、音を大空にあげむとぞ思ふ」という和歌を作り、これから号を気吹屋としたのである。

また鎮魂帰神において、親徳は天《あめ》の数歌《かずうた》、つまり「ヒト、フタ、ミ、ヨ、イツ、ムユ、ナナ、ヤ、コノタリ」を用いているが、これなども篤胤の大著『古史伝』において帰神法の祖とされる天鈿女命《あめのうずめのみこと》が唱えたと記していることに影響されてのものかとも推測される。

こうしたことが平田篤胤を以て、霊学研究の先覚とする所以《ゆえん》である。このことは、本田霊学を継承した形になっている大本の出口王仁三郎、天行居《てんこうきょ》の友清歓真にしろ、篤胤の説を推挙《すいきょ》し、かつまた己の説を立てるうえでの重要な根拠としていることからも、いえることである。

霊学中興の祖・本田親徳

次に鎮魂法、帰神法を復活させ、審神《さにわ》の学を大成したとされる本田親徳（一八二二〜八九年）について触れてみよう。

親徳については友清歓真の『鎮魂帰神の原理及び応用』、三五教《あなないきょう》の中野与之助の『霊学の学統』などに述べられているが、よく研究されているものに鈴木重道の『本田親徳研究』がある。それらをベースにして親徳について記すこととする。

本田九郎親徳は薩摩《さつま》（鹿児島県）の加世田《かせだ》に文政五年（一八二二）正月十三日、地頭職の子として生まれた。幼少から漢学と剣道を学ぶ。才能に富み、剣の動きは俊敏かつ気魄《きはく》に満ちていたという。

十九歳のとき、志を立てて国を出て、水戸の碩学《せきがく》、会沢正志斎《あいざわせいしさい》に師事し、三年の間師弟の礼を尽くす。

その後さらに皇漢《こうかん》の学を研鑽し、ことに『古事記』『日本書紀』などの古典を深く究めるにしたがい、宇宙に働く、玄々妙々な存在を意識するようになる。

親徳二十二歳、京都にあるとき、市中のうわさに「十三歳の少女に狐が憑依《ひょうい》し、よく和歌を詠ずる」ということを聞く。親徳は人間に獣の霊魂が懸《かか》って人語を語るのは訝《いぶか》しいと一旦は思った。だが宇宙に働く霊妙な存在に薄々気づいていた親徳は、理外の理もあることと考えたのである。

その少女を訪問したのは晩秋のシトシトと時雨《しぐれ》の降る日であった。親徳は「お前には狐が憑依して和歌を詠むというが本当か？」と尋ねた。少女は忽然《こつぜん》と神懸りになって「どのような題でも出すがよい」と答える。親徳が「庭の紅葉の散る様を詠んでもらおう」というと、少女は間髪を入れず筆を取り、さらさらと手跡《しゅせき》も鮮やかに短冊に「庭もせに散るさへ惜しき紅葉《もみじば》を朽ちも果てよと降る時雨かな」と記し

神道霊学中興の祖ともいわれる本田親徳。帰神法、鎮魂法を復活させ、本田霊学を確立。出口王仁三郎や友清歓真らに大きな影響を与えた。

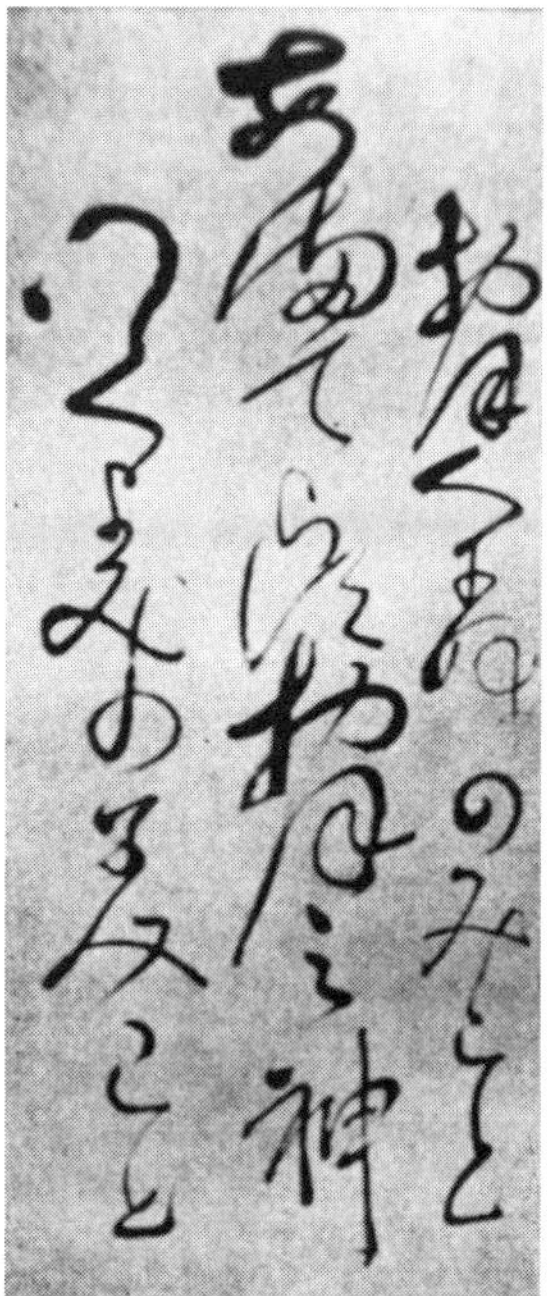

本田親徳、直筆の書。

て、元の状態に戻った。

このような和歌が教養もない、わずか十三歳の少女に即座にできるはずのものではない。この霊的存在を確信させるような体験に強い感銘を受けた親徳は、これ以後霊的作用の研究に没頭し、神人交通の道としての鎮魂法、帰神法を体得し、審神の学を確立した。その重要著作である『道の大原』『神伝秘書』などは息女薫子《かおるこ》に富士浅間《せんげん》神社に鎮まる木花咲姫《このはなのさくやひめ》が懸って教示されたもので、かくてこそ神伝霊学とも呼称されるのである。

親徳の霊力はたいしたもので、鎮魂法を行うことで空中に大音声を発生させ、高野山という霊山を汚している当時の生臭坊主を驚愕させたり、弟子の乞いによって、天気穏やか、波も静かな海を行く漁師の小舟を転覆させたりしている。また一種の予知力も備え、高弟の一人、長沢雄楯《かつたて》にその教えを広めるものが丹波《たんば》よりやって来ることを予言している。この丹波から来ると予言された人物こそ、出口王仁三郎で、じつに王仁三郎によって本田霊学は天下にその名を轟かしたのである。

ここで親徳の弟子のことに少し触れてみよう。その門弟約三千人ともいわれているが、現在までその名の残っているのは、長沢雄楯、鈴木広道、佐曽利清《さそりきよし》、武栄大夫などである。出口王仁三郎、友清歓真などもその謦咳《けいがい》に接したようであるが、言霊彦《ことだまひこ》と親徳が神界名を受けたあとであって、つまり神界の親徳よりいろいろと啓示を受けたようではあるが、現界的にはその教えは雄楯より受けており、親徳の孫弟子ということになる。

佐曽利清は、歓真が言うところの音霊《おとだま》法のはじめを成した人である。清は鎮魂帰神のとき、石笛を「ユーユー」と吹き鳴らし、その助けとするところに着目して、一定のリズミカルな音に専心注意することによって神我一体の境地に入ることを発明した。この方法を歓真はその著『霊学筌蹄《せんてい》』『天行林《てんこうりん》』

などで奇霊《くしび》なる妙法として紹介している。とくに『天行林』では神伝の「天御柱伝《あめのみはしらでん》」という観法と対にして、この二つの方法が車の両輪のように相補って霊学修行を助けるものであると明言している。

本田霊学を広めた出口王仁三郎

出口王仁三郎（一八七一～一九四八年）に関しては、彼自身の自叙伝が彼のライフワークである『霊界物語』の中に詳述されており、孫の出口京太郎著の『巨人 出口王仁三郎』、また出口和明著の『大地の母』など、普通に入手しやすいものに詳しいので、そうしたものを参照していただくとして、ここでは簡略に説明する。

王仁三郎は明治四年（一八七一）、丹波の農業家、上田吉松の長男として生まれ、幼名は喜三郎という。また、その祖母宇能《うの》は言霊学の大家、中村孝道《こうどう》の妹（あるいは姪）であるといわれ、子どもの頃より言霊学の手ほどきを宇能より受けていたと伝えられている。明治三十一年、神仙に導かれ、郷里の高熊山《たかくまやま》での一週間の修行により、霊力を得る。同じ年、霊学中興の祖とされる本田親徳の高弟、長沢雄楯を尋ね、「あなたが来ることは、十年前に本田先生が予言しておられ、これを渡すように言っておられた」として、霊学の秘伝書である『神伝秘書』を手渡される。

その後、運命の糸に操られて、艮《うしとら》の金神《こんじん》の憑る大本教祖・出口直《なお》に出会い、これを助ける。艮の金神の語る、この世の立替え、立て直しの予言と、王仁三郎が信者に伝授する親徳伝の鎮魂帰神法、大石凝《おおいしごり》真素美《ますみ》の三大皇学（言霊、天津金木《あまつかなぎ》、天津菅曾《すがそ》）等はその衝迫性と異様な魅力によって衆目を集める。

また、王仁三郎の霊力は素晴らしいもので、第一次世界大戦とか関東大震災など多くの予言を的中させたばかりではなく、言霊の力によって雨を降らせたり、人を呼び寄せたり、帰神法によって憑霊に悩まされている人を救ったり、鎮魂法によって病人を治癒させたりしている。私もそうしたことは直接聞いたことがあり、医者もさじを投げた重病人をわずか一回の鎮魂で治してもらったので、大本教を深く信じるようになったとは、ある地方の名家の当主の談であった。

そうした奇跡とか大本の教義に惹かれて、霊学を語るうえで重要な人物が続々と参集した。その中でも注目すべき人々は、心霊研究会を創立した浅野和三郎、生長の家の谷口雅春《まさはる》、天行居の友清歓真、明道会《めいどうかい》の岸一太《かずた》、天明居の岡本天明、救世教の岡田茂吉《もきち》、三五教の中野与之助、霊相道の宇佐見景堂、神政龍神会を作った矢野祐太郎、合気道《あいきどう》の創始者・植芝盛平《うえしばもりへい》らである。

この中でとくに本田霊学の道統を引き継いでいるのと思われるのは天行居と三五教で、どちらも現存する。しかし、どちらの団体も大本において帰神法がいろいろと弊害を生じて禁止されたのにならってか、鎮魂法が主体になっているようである。

出口王仁三郎(左)と本田親徳の高弟だった長沢雄楯(右)。

3 友清歓真と秘教霊学

霊学・神仙道と太古神法

古神道普及につくした半生

次には霊学の発展に大功のあった友清歓真《ともきよよしさね》（一八八八～一九五二年）について述べる。友清は古神道の普及に大きく寄与した天行居《てんこうきょ》を創立した人物である。

この天行居という団体の中核となるものには三つある。第一には、これまで説明してきた霊学中興の祖とされる本田親徳《ちかあつ》の鎮魂帰神《ちんこんきしん》学。第二には幕末から明治にかけて肉身をもって幽真界に出入したとされる宮地水位《みやじすいい》が神界からもたらしたと伝えられる各種神法道術類。第三が紀州の神人・沖楠五郎《おきくすごろう》より堀《ほり》天龍斎《てんりゅうさい》を経て、師資相承《ししそうしょう》されたと伝承せられるところの太古神法《たいこしんぽう》である。

友清歓真は明治二十一年（一八八八）十月九日、山口県佐波《さば》郡防府《ほうふ》町大字佐波山に友清祐蔵とむめの次男として生まれる。戸籍名は九吾である。幼少の頃から神界出入を体験するが、とりわけ明治四十二年頃より数年にわたり、しばしば鳥取県の西部や岡山県の北部の山中異界に踏み入って霊的修行を積み重ねながら、神道のみならず密教や易学などをも研鑽する。この頃の霊的体験は、その後の友清歓真の生きざまに大きな影響を与えることになる。

大正二年（一九一三）、蒙古《もうこ》王・佐々木照山《しょうざん》と中国問題の解決に尽くすつもりで下関に日刊新聞「六連報社」を設立し、編集長に就任したのが二十六歳のときであった。当時、日本全国の話題の中心となった下関築港問題が起きたときは、日々官憲攻撃の記事を紙面一杯に掲載し、連日連夜、激しい糾弾の演説会を開き、ついには市会が決議していた築港案を撤回せしめた。

佐々木照山は異色の政治家で、その奇書『二千九百年前 西域探検日誌』を見ればわかるように、古代遺跡より発掘されたとされる『穆天子伝《ぼくてんしでん》』の神秘的再編を通じて、中央アジアを根源人種の霊的聖地とする壮大な秘教的ビジョンを提示した。友清歓真の初期の著書には濃厚にその影響の跡が見られる。しかし、この人物との交際も同氏を大正四年の総選挙に当選せしめると同時に不和を来し、六連報社を退社するにいたる。

このことをきっかけとして熊本県の山中に入って、朝は渓流に口を漱《すす》ぎ、夜は山猿の声を聞きながら、ひたすら兵法と易《えき》の研究に一人励んだ。ところが一旦は俗界から離れたはずの友清歓真であったが、その翌年の大正五年の六月には、中国問題に東奔西走していた法学士・水野秀という人物と東亜協会を設立し、門司において雑誌『東亜評論』を発行した。しかも運命の悪戯《いたずら》であろうか、翌大正六年の春の総選挙には友人某の立候補を助けて、先の友人佐々木照山とほとんど同じ地盤で争うこととなり、双方共倒れとなってしまう。

そのとき、全国の開票結果を見て、政治による世の中の改革など到底無理であると諦観《ていかん》し、世を救い、一国の運命を支配するものは神明の冥助《みょうじょ》しかないと考えるにいたる。よって単身、英彦山《ひこさん》に登り、国の内憂外患を憂いて神明に祈り、山上における神秘体験を得る。古神道復興の霊的使命を自覚したのは、この頃であったと伝えられる。

目に見えぬ何者かの命のままに、俗霊術等も漁り、また大和の山中で密教の高僧に師事することを得て、日々修行に励み、吹雪に吹かれる大師堂で瞑想にふけっているとまたもや突然霊感に打たれ、山を下り、京都綾部《あやべ》にある皇道大本《こうどうおおもと》を尋ねることになる。

大正七年三月、皇道大本の機関誌『神霊界』の編集陣に参加、『神霊界』九月号に発表した論文「一葉落ちて知る天下の秋」は、その激烈な終末予言で当時の大本運動の新局面を切り開き、『神と人との世界改造運動』という題名で冊子にまとめられるや、ただちに七版を重ね、多くの信徒を獲得した。

また大正八年五月には、大正七年の初秋より大正八年の初春にかけて『神霊界』『綾部新聞』に執筆したものをまとめた『皇道大本の研究』が発行され、これまた版を重ねるが、これより先、忽然《こつぜん》と友清は大本より姿を消し、静岡に居を移す。これは出口王仁三郎の師、長沢雄楯《かつたて》から正式に本田流の鎮魂帰神法を受伝し、また本田に関する資料を収集するためであったらしい。

鎮魂帰神の霊術はともかく、大本の霊的内実に相容れないものを感じた友清は、『乾坤一擲《けんこんいってき》』『事実第一』を発表し、大本攻撃の火蓋《ひぶた》を切る。同時に自宅に「汲古書屋《きゅうこしょおく》」という看板を掛けて『鎮魂帰神の原理及び応用』（大正八年十月）、『鎮魂帰神の極意』（大正九年五月）、『神仙霊典』（大正九年九月）などの霊学書を刊行する。これによって、教団には属したくないが、鎮魂法、帰神法など霊学を学びたく思っていた人々を結集することに成功する。

また大正九年十月二十六日には『断易精蘊《だんえきせいうん》』の著者であり、後に「本道宣布会」を創設した九鬼盛隆《くきもりたか》と同道して宇都宮の霊学研究家・松川勇宅《まつかわいさむ》を訪れる。これは松川宅で行われている帰神法の実験会の依代《よりしろ》、本田亀治《かめじ》に懸ってくる神の審神《さにわ》を松川から九月十四日付けで依頼されていたからである。友清の厳密な審神の結果、これは高級神の神懸《かみがか》りであることが判明する。その後いろいろな経緯を経て、本田亀治は牛込若松町の九鬼家に引き取られ、ここで多くの神誥《しんこう》がだされ、やがて「本道宣布会」の成立となる。

神道霊学の発展、および古神道の普及に尽くした友清歓真は三十歳頃、大本に入信するも、その後脱退し、長沢雄楯から本田霊学を学んだ。

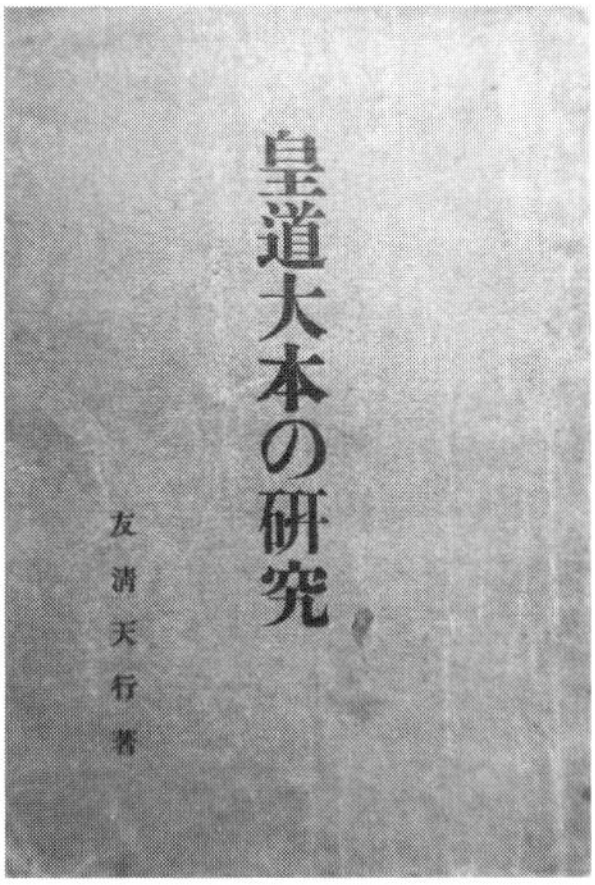

友清歓真の代表作の一つ『皇道大本の研究』（著者蔵）。

友清は昭和八年、中国吉林省と北朝鮮国境にそびえる白頭山頂上の天池で「太古神法」の神事を行った（『友清歓真全集』より）。

友清は本田亀治の神懸りを信じていたらしく、その著書『神機鈎玄《しんきこうげん》』（大正十一年九月）にも亀治に懸る神が伝えた「浄身鎮魂法」を紹介しているし、『霊学筌蹄《せんてい》』に収録された本田親徳幻の書『夢感』も亀治を伝人《つて》とした脱魂法により、某所に秘蔵のものを写さしめたものである。

この静岡時代において特筆すべきは、大正八年のある時期からは本田親徳の霊啓を受け始めたことである。このことは友清歓真が昭和二十三年（一九四八）に還暦を迎えてメモした『周甲《しゅうこう》回顧』に記されているが、友清歓真の神道霊学の基礎的な部分は主として本田親徳のものによることはすでに知られていることであり、霊啓以後、正統本流としての自覚を深め、ついには大正九年二月の、天行居の前身である格神会《かくしんかい》の結成にいたったものと思われる。

日本神仙道の祖・宮地水位との邂逅

大正十一年には格神会を発展的に解消し、神道天行居《しんどうてんこうきょ》を創立する。この頃より幽真界の宮地水位（一八五二〜一九〇四年）から直接的に霊的指導が始まったといわれる。

宮地水位とは、日本における神仙道の開祖ともいうべき人物で、幼名は政衛《まさえ》、二十一歳のとき堅磐《かきわ》と改名。水位は道号。四国土佐郡潮江村（高知市）の潮江天満宮《うしおえてんまんぐう》の祠官《しかん》の家に生まれた。

水位は幼少の頃より神仙界に霊魂を飛翔させ、少彦名神《すくなひこなのかみ》の啓導を受けて、霊魂のみならず肉身のままで幽冥界に出入するという破格の立場を許される。そして神界に厳封せられていた地上開闢《かいびゃく》以来のさまざまな秘事を現界にもたらし、ついには千古秘せられていた最高神界の実消息までも神霧を開いて人間に伝え、顕幽一如《けんゆういちじょ》なる、霊魂千万年の真道を闡明《せんめい》した不世出の神人として、その関係の人には尊敬せ

宮地家が代々神主を務めてきた、潮江天満宮（高知市）。伝承では、菅原道真の嫡男・高視から授けられた道真の遺品である鏡と剣を御霊代とする。

高知市筆山にある宮地水位の奥津城（神道式における霊を祭ってある所）。「再来」とは水位が晩年に改名した名（著者撮影）。

高知市の桂浜龍王岬にある浦戸龍王宮(海津見神社)。水位が出入りしていた海宮神界に通じているという(著者撮影)。

られている。

ちなみに宮中《きゅうちゅう》掌典《しょうてん》を務め、『本朝神仙記伝』を著した宮地厳夫《いずお》、また高名な神道学者の宮地直一《なおかず》などはその親族である。水位の父、宮地常磐《ときわ》は平田篤胤の没後の門人で、厳しい修行の結果、大山祇神《おおやまずみのかみ》の啓導を受けて、四国の神山・手箱《てばこ》山を開き、また天狗界のものをも使役するようになったといわれている。

水位は、父の導きで使魂法によって手箱山の神仙界に遣わされて以来、ほとんど日常的に異界と往復するようになり、青真少童君《せいしんしょうどうくん》（少彦名神）の寵愛を受け、川丹《せんたん》先生という二千数百歳の仙人を師匠とし、神法道術などをも授けられ、ときには仙童寅吉《せんどうとらきち》、またその先生であった杉山僧正《すぎやまそうしょう》などから、さまざまな異界の知識を学んだ。そして幽真界にはいくつもの階層があり、その中心となる重要な神界として、神《しん》集岳神界《しゅうがくしんかい》、また万霊岳《ばんれいがく》神界などが存在することを知り、その有様を詳細に自分の異境交通の記録『異《い》境備忘録《きょうびぼうろく》』の中に記した。

この神集岳神界、万霊岳神界などの概念は先人未発のものであり、友清歓真は、このような神界の機密に属する重大情報をもたらしたところに宮地水位出現の第一の意義があり、じつは神集岳神界の地上における宗教的機関こそ天行居であるとし、『異境備忘録』を秘教的文書として神聖視した。

太古神法の継承

大正十四年（一九二五）頃よりは現在の天行居の中枢をなす太古神法《たいこしんぽう》が京都の人、堀天龍斎より伝授せられるようになり、昭和二年（一九二七）の十月十九日には太古神法の極意を紹統するにいたる。

太古神法の継承について、友清歓真はこう記している。

「今より約四十年ばかり前に、紀州から昇天せられたところの沖楠五郎先生という大神人がありまして、この方は今より二千年前において、太古の神法を継承せられたところの倭姫命《やまとひめのみこと》の伝えられた正しき神ながらの神法を伝えられて秘して来られたるものでありまして、これを沖先生より継承せられた人は、堀天龍斎翁という先生であります。しかして堀天龍斎翁が神示のまにまに一切を挙げて私のようなものへ伝えられるにいたったのであります」（『神道古義』昭和八年）

そして沖楠五郎、堀天龍斎のこの世の中への出現は神々の経綸《けいりん》であることが、あとになって明瞭になってきたことが述べられている。

昭和二年の十一月二十二日、周防《すおう》（山口県）の石城山《いわきさん》を斎庭《ゆにわ》、つまり神を祭るために斎《い》み浄めた聖地とし、地下に御霊代《みたましろ》を鎮座せよとの天啓を受ける。この地下の御霊代は太古神法の秘奥《ひおう》のものの一つで、沖楠五郎がこれを堀天龍斎に伝え、天龍斎は太古の神法に依って三十七の年から四十歳まで一千日の潔《けっ》斎《さい》をなし修したもの。組み立てるばかりにして、別々の檜《ひのき》の箱に納めて時を待つこと三十年であった。

その御霊代は、堀天龍斎自らが神示を得て、天行居に鎮まるべきものであることがわかり、友清四十歳のときにそれを受け継ぎ、同年七月厳重なる身清めのあと、太古神法によって慎んで組み立て鎮祭したのである。これにより太古神法の奥秘を知らない人であっても、石城山神境を拝することでその神恵を受けることができるようになったという。

友清は昭和六年の六月から神命によって山口県防府町宮市の自宅（鳳凰寮）に籠居《ろうきょ》し、以後昭和二十七年（一九五二）二月十五日に昇天する日まで鳳凰寮から一歩も出ず、太古神法を核心とする天行居・古神道の真義を闡明にすることに余生を捧げ、神明奉仕と幽真界との交流の内にその日々を過ごした。

友清と霊術家との交流

ここでは友清と戦前の霊術家たちとの交流を知るために、『神感録』（大正十三年発行）の一部を紹介する。『神感録』は、かつて天行居より発行されたパンフレットで、それには当時の霊術家、霊学者との交流を示す書簡が掲載されている。

それによれば、あとになって『鎮魂法の実修』を著した田中治吾平《じごへい》からの書簡には、こう認められている。

「拝啓、時下、いよいよ御清適、大慶に存じ奉り候《たてまつりそうろう》。のぶれば、貴著、『鎮魂帰神の原理及び応用』、当館学生の講学上の好参考と存じ候間、当館に備え付け置きたく……」

本田親徳《ちかあつ》の高弟、長沢雄楯からも、こう書き送られている。

「去る十六、十七の両日、本県神職会の通常会が県庁の議事堂で開かれ、小生も出席候ところ、議事の休みには、帰神と鎮魂の質問にて立切り、両日とも、この説明のみに費し申し候。県下神職の多数が霊学に注目するにいたり候を見ても、全国の概況を察するに足り候。御出版が、学術界、思想界に貢献せしことは実に偉大なるものに御座候」

また、後に霊相道を率いた宇佐見景堂からは、こうある。

「拝啓、その後は意外の御不沙汰をいたしましたが、小生は御蔭様にて先生の御高著のもとに研究の歩を進め、ただ今にては自分も驚くほどの霊力を得られ、全く先生の御指導によることと、蔭ながら日夜感謝いたしております」

また当時、清水式催眠術で名を高めていた清水芳州《ほうしゅう》からは、

「拝啓、小生事、今度、格神会へ入会いたしたく、切望にこれあり候ところ、日常の業態多忙のため申込み期日を失し、本夕、心付きたるも、明日は日曜日にて手続も了し難く、遺憾限りなく、特別の御詮議を以て入会御許容下されまじく候哉」

他にも、『霊学講座』著者である松本道別《ちわき》からは、こうある。

「御高著拝見、大いに敬服仕《つか》まつり候。御高著は実に我が日本の霊界、否世界の霊界に革命の炬火《きょか》を投ぜるものと深く確信仕まつり候。小生もこの程、江間俊一、田中守平《もりへい》両氏と発起して、東京に霊界倶楽部を創立候えども、そのじつ東都に真の霊的研究の存在せるや否を疑う者に候。

御高著により初めて多年の迷蒙《めいもう》を啓発せられ、お蔭にて真の霊的研究に入るの端緒を得申し候。御高著により大本教その他俗神道のごとき迷信の一掃せられ、真実至高な霊的研究の普及せられて、現今、動揺せる思想界、学術界に確乎《かっこ》たる針路の与えられんことを熱望仕まつり候」

このように友清歓真は当時の霊学霊術に係わる人々多数と交遊があり、その影響力もさすがにたいしたものであった。とはいえ天行居創立初期、またそれ以降も未だ完全に内部の統一はできていなかった。天行居に属し、同時に他の霊学霊術団体に所属するという人物もおり、天行居の枢要《すうよう》な地位にある人物でも他の団体に出入りしていたからである。その大きな理由は帰神法の実習の欠如にあったとは、天行居古参の道士の言である。ただ、今でも年一回は帰神法を行っており、その頃はもう少し回数も多かったと思われるので、友清が顕の帰神よりも幽の帰神を重視していたことで、人によっては食い足りない思いがあってそうなったかとも考えられる。

4 孤高の霊術家・松本道別

人体ラジウムの発見

独学で霊術の新境地を拓く

明治から大正・昭和初期にかけて、帰神《きしん》法を行い、十人中十人が神懸《かみがか》りを体験できることを誇っていた団体がある。その団体は『霊学講座』の著者、松本道別《ちわき》（一八七二～一九四二年）の主宰する霊学道場であった。

そこには友清歓真《ともきよよしさね》率いる格神会《かくしんかい》（天行居《てんこうきょ》の前身）の師範代を勤めていた武田玄雷（本名賢逸）とか、二代目天行居宗主となった井口寅二なども関係していた。道別（大祓詞《おおはらえのことば》よりとった道号と思われる）の経歴は、おもしろいことになんと友清歓真のそれに似ている。

伊勢国（三重県）に、明治五年（一八七二）に生まれ、順吉と名付けられた。身体は弱いほうで、少年時代、青年時代はほとんど病弱で通し、壮年時代であっても、いろいろと病気があって、強くはなかった。そのかわり若い頃より思想的には早熟で、中学時代には自由民権思想にかぶれ、次には仏教の修行を思い立ち、京都相国寺《しょうこくじ》の禅堂に入ったこともある。しかし、もともと家が国学の系統を引く家柄であったせいか、自然と最後には国粋主義に傾いていったようである。その伯父、内藤賢樹は伊勢神宮の神官でもあった。

県立中学を経て、早稲田大学の前身である東京専門学校では英語を専修していたが、卒業後は深く感ずるところがあって、もっぱら独学主義で上野の図書館に立て籠もり、国学を専攻し、そのかたわら漢学を修めること十年であった。その結果、和漢の学においては、そこらの大学教授や文学博士ぐらいには負けない自負をもっていた。

彼の思い出によれば、小学校は村の寺の畳をあげて教室とし、先生がたった一人で教え、その先生が病気になると何カ月でも閉校するといういい加減さであった。それでも漢文は『蒙求《もうぎゅう》』『十八史略』『小学』『日本外史』などを読ませていたが、早熟な道別はすでにその頃、『蒙求』や『小学』などは諳《そら》じていた。しかし情けないことに、浅学《せんがく》な先生は読みくだしで書かれている『国字解』を唯一のたよりに教えていたそうである。

道別の小学校時代の教育は設備も教員も整わない不完全な教育であったようだが、ただ卒業試験は一郡内のすべての児童を郡役所所在地に集め、部長までが出席して厳めしく行ったもので、凡庸なものにはその高等科の卒業も難しかったという。

道別に言わせると、学校教育で頭に残ったものは、その不完全な小学校教育ばかりで、中学で苦しめられた数学など少しも残っていない。すべて自分の頭脳に合わない学問は入り難く抜けやすい。また社会に出ても専門家以外には少しも役に立たず入用《いりよう》ではない。常識としての学問は小学校程度で充分。それ以上、中学・高等学校と青春の生き血を絞るのは、じつに愚の骨頂であるという。これは図書館に通って独学で国学・漢学を修めた体験がそうしたことを言わしめたと思われる。

道別にとって独学が苦にならなかったのは、「我輩は若い頃から何でも古いものが好きで、古書古器物を収集するのが一道楽であり、古写本の研究をすれば、また漢文の校訂訳釈も長らく従事した」(『延《えん》年益寿《ねんえきじゅ》秘経《ひきょう》』)と述べているように、好きなことであったからだろう。ちなみに当時の弟子の一人に話を聞いたことがあるが、道別の家には和漢の古書と古器が紛然と置き積まれ、まるで図書館か博物館のようで、古器には古銅器・石器・土器・化石などがあり、また鏡・剣・璽《じ》の収集には最も力を入れており、古鏡・名刀もかなりあったようである。

東京専門学校卒業後、明治三十年頃には婦人雑誌の記者をしていたこともある。この頃、旧一橋家の御家人の娘ひで子と結婚する。道別二十八歳、ひで子二十三歳であった。『東京名物志』『東京名勝志』などの予約出版などをして、羽振りのよかった時期もあったが、日露戦争が勃発したことで挫折し、少しやけくそになって、明治三十八年には猛烈な社会運動を起こす。

どんなものかというと、屈辱的な日露講和条約に憤慨して、吊旗《つりはた》を携えて外務省に迫り、焼き打ち事件を招来し、電車賃の値上げに反対して、市民大会を上野および日比谷で開いて大騒擾《だいそうじょう》を引き起こした。太霊道《たいれいどう》の田中守平《もりへい》とはこのころからの付き合いで、ともにその筋の注意人物として警察のブラックリストに載り、本郷署の高等刑事が道別の家を廻っては、守平の家に日参するというような毎日が続いたことがある。その後、守平は朝鮮満州を歴遊して霊術でその名を高め、大正五年（一九一六）には東京麹町で旗揚げし、大盛況を呈した。

道別は守平の広告の誇大さと、その見過ごすことのできない振る舞いに憤慨し、大正七年の春には太霊道撲滅運動を起こしたこともあったが、翌八年、江間式心身鍛錬法の江間俊一の仲裁で仲直りし、その後三人で発起して、東京に霊界倶楽部を組織した。友清歓真の項で紹介した『神感録』に掲載された書簡は、この頃のものである。

その後、催眠術の清水芳州がその機関誌『精神統一』で守平を攻撃したのを、道別と江間俊一が後ろで唆《そその》かしたと疑って、そうした人物のいる東京を嫌い、守平は故郷である岐阜の恵那に居を移した。

「人体ラジウム」研究に取り組む

明治三十九年（一九〇六）には、旧来の友人で、ギリシャと日本の関係を説く新史学で有名な木村鷹太郎の淀橋柏木の寓居で、心理学者にして『学理応用催眠術自在』の著者、竹内楠三に初めて対面し、以来三人鼎座《ていざ》して飲み明かすことが往々であった。

その年の九月、電車事件に関して兇徒聚衆罪《きょうとしゅうしゅうざい》の首魁《しゅかい》に問われ、未決監《みけつかん》にあること四カ月。翌四十年は保釈されて社会にあったが、明治四十一年四月にいたって有罪が確定して、二年半の星霜《せいそう》を巣鴨ならびに小菅《こすげ》監獄の鉄窓《てっそう》の下に呻吟《しんぎん》した。

小菅監獄では仏教書を読み、一心不乱に観世音菩薩《かんぜおんぼさつ》の慈悲救済に帰依《きえ》していたが、入獄後すぐに郷里の父君に死なれ血の涙を流し、その後仮出獄の申請なども却下され、何一つよいことがないので、どうも仏様も怪しいものだと冷静になって仏教を見直してみると、大乗仏教の嘘八百が判然と見え、それから唯物的進化論の研究に入った。その頃、文学の友、大町桂月《けいげつ》からは獄中を見舞う手紙が来ている。

そうした獄中生活をしているうちに、人間は一日も早く人為的不自然な生活を改め、自然的生活に帰らなくては人類の滅亡は必然であることを悟った。明治四十三年秋に出獄した後、大町桂月の推薦で、当時新進の出版社・至誠堂の編集長となり、なんとか生活の安定を得たのも束の間、持ち前の短気と毒舌と癇癪《かんしゃく》が災いして、半年ばかりで社長とあっけなく喧嘩別れをした。

ちなみに出獄後すぐのことであるが、獄中で工夫修養した、「生ものを食べ深呼吸を励行するという健康法」を神田橋の和強楽堂《わきょうらくどう》（入獄前、道別は毎月ここで文芸講演会を催しており、友人の催眠学者・竹内楠三もここで外国語の心理的速成講習会を開いていた）の演壇で絶叫した。また自らも実行し、道別自身は入獄前でもその体重は十三貫（約五十キロ）ぐらいしかなかったのであるが、三年も経たないうちに十八貫（約七十キロ）の強健な身体になる。

また、息子の影響で岡田式静座法、いくつかの神道の団体、友人田中守平の太霊道などを研究していたが、大正五、六年（一九一六、一七）頃に、ふと「人体ラジウム」という概念が道別の頭の中に葦芽《あしかび》の如くに角《つの》ぐみ始めた。これは人体から放射されていると思われる不可思議な存在（気とか、オーラとか、プラーナとか呼ばれているもの）の属性が、当時一般の目を引き始めたラジウムから放射されるアルファー線などの特性に近似していることからの発想であった。

そうした名称の付け方は、現代の科学的見地からいえば必ずしも正しいとはいえないものである。事実、後に道別は人体ラジウムを人体放射能と改称する。ただ当時の道別は、まだ唯物論者的思考が抜け切らず、世間の迷信を打破し、霊の存在云々などという迷妄を覚醒しようとしていた。つまり無神、無霊論を主張するのが人体ラジウム研究の発端であった道別にとって、それは止む得ない命名であった。

だが、その研究がさらに解剖学、生理学、漢方医学、カイロプラクティック、ヨガ、骨相、手相、禁厭《まじない》、祈禱《きとう》、神法道術にまでもおよび、さらに西洋の心霊研究書などがきっかけとなり、交霊や帰神の研究が進み、加うるに清水の長沢雄楯《かつたて》などの指導を受けるにいたって、ついに憑物《つきもの》、神霊、幽界、神界などの存在を確信するにいたった。

神懸りで発言すると、よく原音や古音が出ることがある。道別が雄楯のところで口が切れたときもそうであった。道別が神様に願って発声の練習をさせてもらうと、H音の「ハヒフヘホ」が出ず、F音の「ファフィフゥフェフォ」が出たという（チェンバレンや上田萬年《かずとし》の、「日本のH音のハヒフヘホの古音は、F音のファフィフゥフェフォである」という説を、とんと道別は信じていなかったのであるが）。

その後彼自身、神伝によって独自の境涯を開いてゆき、時に大正八年六月、講師の一人として江間式心身鍛錬法の講習会で講義したことを契機として、これより毎月二回、紀州の那智の滝、武州御岳《みたけ》の七代の滝、また二見浦《ふたみがうら》などで鎮魂帰神の講習会を開催した。

大正十年には『人体ラジウム療法講義』を出版した。第一冊「修養篇」、第二冊「伝想篇」、第三冊「学理篇」、第四冊「治療篇」、第五冊「催眠篇」、第六冊「帰神交霊篇」、第七冊「科外篇」として出版の予定であったが、第一冊、第二冊を出し、そのあと「学理篇」がどうも進まない。書くのにふさわしい静かな環境を求めて、大正十年の秋には武州御岳山に行き、連日、山谷を跋渉《ばっしょう》して、夜は帰神法に没頭したが、どうしても一枚も書けずに山を下りる。翌年盛夏の頃、野州塩原に幽居して、谷川の音に耳を傾けつつ、日夜沈思黙想《ちんしもくそう》したが、書けたのは数枚。そんな有様であったが、ともあれ日夜苦心して、霊学の基礎である学理編を完成させようと努力していた。

ところが大正十二年九月、東京に大惨事を引き起こした関東大震災に遭遇した。これにより『人体ラジウム療法講義録』の既成紙型とまだ本にしていなかった原稿などが、すべて烏有《うゆう》に帰した。すべてを焼失した道別は、それまで住んでいた東京小石川から、この年、東京淀橋の柏木に移り住んだ。

そこでも講習会は続けていたので、テキストとして、ぜひともその再刊を、またその続きのものを出してくれとの切なる要望があった。だが結局は経済上の困難と起稿の難渋とにより、なかなかその気になれず、のびのびとなったまま月日が過ぎ去っていた。

松本道別は、「野口整体」の野口晴哉や「神仙道本部」の清水宗徳、「帝国心霊研究会」の桑田欣児ら、後の多くの霊術家に大きな影響を与えた。

人體ラヂウム療法の栞
東京市小石川區林町七〇
人體ラヂウム學會本部
（電車上野大塚線丸山町下車左折半丁）
振替口座東京五〇〇四三番
人體ラヂウム療法講習會記念寫眞

『人体ラジウム療法の栞』の表紙に掲載された講習会での記念写真。中央が松本道別。

大著『霊学講座』を完成させる

しばらくの期間、道別は前人未踏の原稿を書くことの困難から逃げて、もともと好きな骨董や刀剣などを集め、閑《ひま》を過ごしていた。ところが、そうした態度は結局は許されなかった。昭和二年（一九二七）の御岳山帰神修霊会において、御岳大神から厳しい神示が下されたのである。

「汝、刀剣の研究は止め、霊学講座の完成に一切をささげよ」との厳命であった。

よって恐れ畏《かしこ》んで山を下り、刻苦奮励して旧稿を整理し、また新たに原稿を書きたして、骨董なども売り払って出版の資として、その年の十一月と十二月に第一冊「修養篇・伝想篇」、第二冊「催眠篇」を刊行した。さらに苦心して第三冊「学理篇・治療篇」を翌年七月に出版し、十二月には第四冊「帰神交霊篇・観念応用実験篇」を刊行し、その任を終えた。このように道別が神命を畏み、苦心惨憺《さんたん》して書き上げ発行したものが『霊学講座』なのである。

昭和四年八月、霊学研究の専門誌『霊学春秋』の第一号を発行し、その後順調に発行される。その内容は、一霊四魂を否定し、三魂論を説く霊魂の研究、天鈿女命《あめのうずめのみこと》とか、思兼神《おもいかねのかみ》とか、素戔嗚神《すさのおのかみ》とかの神教、不老長生秘法（房中法《ぼうちゅう》）、また霊術界について歯に衣着せぬ鋭い筆鋒で、江間式心身鍛練法の江間俊一、あるいは明道会《めいどうかい》の岸一太《かずた》、西式健康法の西勝造などを批判し、興味深く読める内容の雑誌になっていた。

しかし、昭和六年九月に『霊学春秋』第七号を出してから休刊すること一年半となった。その理由は、第六号で大本教《おおもときょう》、第七号で法華、真宗などをこっぴどく批判したせいであった。というのは、さすがにこうしたところでは、その教団を守護する霊団の力は侮れないもので、その守護の、道別に言わせると悪霊に祟られて、道別のところの幹部は逃げ出し、会員はさっぱり集まってこず、道場は閑散とし、困窮したせいであるという。

そうしたことで当然、新宿などに住んで高い家賃を払っていることも難しくなったので、昭和六年の初夏に、当時東京の最西南端にあたっていて畑が大部分で武蔵野の面影を残した、尾花が楚々《そそ》としてそこら一面にそよいでいる世田谷に瀟洒《しょうしゃ》な貸家を見つけ、そこに移ったのである。家賃の安さを求めて移った場所であったが、その閑静さが道別は気に入り、読書、思索に耽り、訪う人があれば霊学を講義した。

もっとも、そんなことでは到底、道場維持の方法がない。そこで神許を得て、仙家秘中の秘である房中術の研究に昭和六年十一月から没頭した。そして、翌年の三月に神伝の口伝をも交えた道書の研究書『延年益寿秘経』を完成させ、これを特殊会員のみに秘密伝授し、さらに同年四月より、その増補改正に従事して、六月初旬に完成させせた。

そして、ようやくその家で、昭和八年五月、『霊学春秋』の八号を出した。さらに『増訂延年益寿秘経』の伝授による束脩《そくしゅう》料と、野口晴哉《はるちか》（整体法で有名）やその他の会員などからの助けでなんとか金策がつき、昭和九年九月、百五十坪の土地に新道場を建築し、そこを一生の安住の地と定めたのだった。

霊学を通して『古事記』の真義を悟る

ところが天は二物を与えず。

昭和九年十月、道別の妻は急死する。最愛の妻と新道場を取り替えることができるか、と道別は嘆く。ただその死は決まっていたもののようで、野口晴哉の妻は正夢《まさゆめ》をよく見るのだが、その前夜、道別の妻が死ぬ夢を見ていたという。

妻の死もそうだが、昭和九年という年は道別にとって特別な年で、道場を建て、引っ越す前の三月には、八号まで出した機関誌『霊学春秋』の名称をあえて『皇神道』と改めている。その理由はどんなものかというと、その発刊の辞によれば、

「私は、浅学非才《せんがくひさい》、頑迷不霊《がんめいふれい》ではあるが、早くより、国典を好み、神書に耽り、かたわら進化論、生物学、生理学、放射能などを研鑽すること数十年、近頃は自然科学を究めて、いささか天地の創成と、神跡《しんせき》の機微に通じたとの自信がある。ことに霊学霊術は自家の専門に属し、修養すること多年にして、時に深山を跋渉《ばっしょう》して、山霊鬼神と交わり、幽教を承《う》けたことも少なくない。今、日本の有様をみると、日本人が日本人としての、誇りも信念もない。よって微力ながら自らを省みず敢《あ》えて、本誌を発刊し、皇道の大本源たる皇神道の秘奥真諦《ひおうしんてい》を明らかにして、現代人の迷妄を啓発して、真実無垢の日本魂を磨き、玲瓏《れいろう》たるものにしようとするのだ」

といったような訳であったらしい。

当時は日本精神、皇道、惟神《かむながら》の道などを提唱する人が多く、また多くの人々の関心もそこにあった。それに対して、真の神道を知るものは自分であるとの自負から、また名前だけは神道で内実は怪しげなものに対して、これこそ真の神道であると突きつけるために、さらに雑誌名に霊学という語が入っていて特殊な感じのするものよりは、当時流行りの皇神道であれば、その雑誌を購入しようとする人が増えるであろうとの意図もあって、あえて機関誌名を改めたのではないかと思う。

ちなみに、この創刊号には当時「自然健康保持会」を名乗っていた野口晴哉に関することが記されている。「君は青真少童君《せいしんしょうどうくん》の化身であり、その霊智霊能は全く天分に出ずるもので、思慮思考なしにこん

こんとして湧いて尽きず」と記し、さらに、

「氏は心身一如の理を如実に行為に示す人で、眠くないと観念すれば、数夜眠らず、飢えないと観念すれば、数日食わずして平然たるものだ。現に昨冬来、寒くないと観念して、毎日、開放の道場に単衣一枚で数十人の患者を治療し、厳冬、素雪の日もかつて火の側などに寄ったことがない」

として、晴哉の超人ぶりを記している。青真少童君とは、日本名では少彦名神《すくなひこなのかみ》といい、医術の神であり、また神仙道を好む人を導く神でもあるのだが、治療家としてその天才的な才を発揮し、その名をあげた晴哉が青真少童君の化身と道別によって審神《さにわ》されているのは興味深いことである。

ちなみに、そうした天才的な治療家をも弟子とするほどの博学多才な道別であってさえも、神典『古事記』の真意義を理解するには長い年月を必要としたようで、晩年になって次のように記している。

「予、青年時より神典『古事記』を読むこと、ここに四十余年、しかも常にその真義を会得するに苦しみ、年来信疑相半ばする者ありしが、今や歳六十にして始めて、その偉大なる大真理を把握し、条理整然、首尾一貫して寸毫《すんごう》の虚誕錯誤《きょたんさくご》（引用者注・偽りや誤り）なきに驚愕せり。真に欣《よろこ》び極まりて、手の舞い、足の踏む所を知らざるなり」（『霊学春秋』第七号／昭和六年九月号）

つまり、四十余年の間、『古事記』を研鑽し、耳順《じじゅん》、まさに修養ますます進み、見聞きするところ、理に叶えば、何らの障害なく理解し得る歳になって、やっと『古事記』の真義を悟り得たようである。そして、これから先、世界の学会において、どのような新発見があり、新学説が出てきようとも、神典『古事記』に記された真理は少しも揺るぐことなく、科学の新発見はかえって、『古事記』の真実不虚を証明することになると確信したとも続けて述べている。そして、その悟りをいよいよ深め、十一年後の昭和十七年五月三十一日、一人、道山に帰った。七十一歳であった。

『霊学講座』に影響を受けた霊術家たち

道別の道場の会員、卒業生は千数百人とさほど多くはないが、その一部を紹介するだけでも、帝国心霊研究会会長・桑田欣児《きんじ》（この門下に洗心会の松原皎月《こうげつ》がいる）、宮地水位《みやじすいい》の神仙道本部を創立した清水南岳《なんがく》、自然健康保持会会長・野口晴哉、天玄洞主元・石川素禅、修霊鍛身会会長・藤田西湖、古今心身鍛練会会長・渡辺綱紀、心霊学会会長・小西栖雲、薩摩琵琶錦心流《さつまびわきんしんりゅう》家元の永田錦心など多士済々、著名な人物がいる。

なかでも霊学道場の四天王として、大藪照道、西原正明、大井徳雄、星川昭玄がおり、ともに高級神仙が降りられ、神界仙界の秘事秘法を授けられ霊視、霊眼が開け、千里先のことをいながらにして知ったり、三カ月の間、水のみで断食してまるで平気であったり、難病、重病を一喝で治したりと奇跡が続出していたらしい。そうした霊術の秘事口伝を記したものが、先ほど述べた道別の大著『霊学講座』であった。『霊学講座』は広く大きな衝撃と影響を与え、当時の代表的な雑誌『日本及日本人』においても田中逸平という人物は、「再読三読を禁ずるあたわず。実に本書は一大奇書なり、霊界指南書なり、宗教極意書なり、新神道開拓書なり、修養真論なり」と激賞し、また霊術界においても、本田親徳《ちかあつ》の高弟たる長沢雄楯が「幼稚なる我が国の心霊学者を覚醒し、一般国民をして霊学をいかなるものかを知らしむるには偉大な力あるべくと存じ候《そうろう》」と、これからの一層の活躍を期待し、心霊研究会の浅野和三郎、天玄洞本院の石川素禅なども絶大の賞賛を与えている。

当然のことであるが、弟子の一人である帝国心霊研究会の桑田欣児も道別に感激の書簡を送り、「拙生《せっせい》は先生の学理編を待つこと実に八カ年、世のいわゆる霊術家の学理なるものはほとんど架空の説

松本道別の大著『霊学講座』全四冊（著者蔵）。

昭和四年（1929）に創刊された『霊学春秋』は、霊学研究の専門誌として第八号まで発行された。

『霊学春秋』を改名して発行された『皇神道』の創刊号（著者蔵）。

にして、識者の前に語るを許されざるもの、これ霊界に霊学講座の学理を鶴首《かくしゅ》したるもの小生一人には無きはずに候謹読再読一層勉強の覚悟に候」

と首を長くして、その出版を待っていたこと、また繰り返し精読し、これより一層勉強するつもりであるとの覚悟を述べている。

治病霊術・霊能開発法の発展

5 異才の人・桑田欣児

壮絶な生い立ち

松本道別《ちわき》の弟子の中で特筆すべき霊術家の一人が、桑田欣児《きんじ》（一八九七〜一九七一年）である。帝国心霊研究会を発足させ、時代の流れを察知して、後にそれを真生会《しんせいかい》という教団に衣替えした。桑田欣児の足跡をその教団の『真生会五十年史』、会報などにもとづき、紹介してみよう。

桑田欣児は明治三十年（一八九七）二月十一日、父植蔵、母ひさの長男として徳島県那賀郡《なかぐん》新野村《あらたのそん》（現在の阿南市）に生まれた。戸籍名は源五郎である。父は農業と大工を生業としていた。家は貧しかったが、幼い二人の弟や妹をいたわりつつ、畑仕事に勤《いそ》しんでいた。

明治三十六年、新野村尋常小学校に入学した。先生は校長を入れてわずか二人であった。明治四十年十二月の初め、親が祖先伝来の土地を売り払って二千円という大金を手にして、希望に夢を膨らませて新開拓地の北海道に移住した。

ところが、父親は酒の飲み過ぎのためか脳溢血で倒れ、医者からは不治と宣告された。しかし親戚の反対を押し切って、財産をすべて売り払って北海道に来たので、故郷に帰るわけにもいかない。

母親は、このうえは神に頼るほかはないと、声涙《せいるい》を振り絞って、日夜を分かたず快癒を祈念した。その一念が通じたのか、植蔵は九死に一生を得た。だが、今度はそのかわりにてんかんが起こるようになり、仕事ができなくなってしまった。

植蔵はどこでも、てんかんを起こした。しかも囲炉裏《いろり》の側にいることが多いので火傷が絶えず、家の者は少しの油断もできなかった。外に行くにもどこで倒れるかわからないので、同行するのが欣児の役目であった。雪道を歩いていても、急に発作を起こして雪中に頭を突っ込んで倒れ込む。そのままでは呼吸もできず、一命にもかかわる。身体の大きい植蔵を小さな欣児が抱き起こすこともできず、雪中にもぐり込んだ顔のあたりの雪を小さい手で払う。しかし払っても払っても、冷たく吹き荒れる風が無情にもまたその顔を雪に埋める。

それを何度も見ている近所の子どもたちは同情するのではなく、かえって子どもの残酷さで「やーい、お前のとうちゃんは××だ、○○だ」などと馬鹿にして囃《はや》し立てる。欣児はこの言葉が悲しく辛くて、なんとかこの難病を治す医者はいないものか、全治させてくれる神仏はいないものかと少年時代はずっと考えていたという。

祖先伝来の財産をすべて金に変えて渡道し、植蔵はすぐに難病に罹って莫大な治療費がかかった。おまけに残りの金も人のよい母親が周囲の甘言《かんげん》にだまされて失くしてしまい、ついには無一文となる。そして欣児が十六歳の頃には、とうとう一家の経済は欣児一人にゆだねられることになった。

欣児は一家のためにひたすら頑張った。ところが、二十歳頃のことである。身体の不調を感じるようになる。朝の洗面時には必ず鼻血が出る。鼻血が出たあとは鼻と頭の具合が悪い。そして胃腸もいつも調子が悪い。とても食事をまともに取ることもできない。風邪を引きやすい。そのうえ痔疾《じしつ》で、しかも脱肛《だっこう》である。しかし寝ているわけにはいかない。仕事はなんとかやることはやれるが、不愉快な日々が続く。

植蔵の病は発病当時に千円余りを使い、その後もいろいろと手を尽くしたが治らない。医薬でだめならばと、欣児は○○教に熱中したが少しも変化がない。そこで勧められるままに××教に入信し、一層の熱意を以て実行したが、なぜか神は欣児を助けることはなかった。

それどころではない。金五十円を神様に奉納すれば豊作間違いないという布教師の言葉を信じて、大枚五十円を苦心惨憺《さんたん》して捻出し奉納した。ところがその年は、いかなる神の悪戯か、神を笑い、仏を馬鹿にする人が豊作で、神を信じる欣児だけが不作であった。それっきり既成宗教を欣児は信じることができなくなった。大正五年（一九一六）のことである。

上京して霊術を学び、父の難病を治す

それより神以外の救いを求めて、当時世間をにぎわしていた催眠術の本を読むようになった。すると天性の素質があったのか、誰にでもかけることができ、暗示一つで性格や行動を一変させることに成功した。皮膚に針を突き通しても痛まない。焼き火箸だといって木片を触れさせると火傷ができる。皿に人の霊魂が移ったと暗示をかけ、鼻に針を刺しても平然としているのに、皿を針で突くと被術者は鼻を痛そうにする。

ただ残念ながら、催眠術では植蔵の病気はどうしても治すことができなかった。催眠術研究の主目的である父親の病気が治らない。自分の病気も治らない。催眠術をいくら人にかけることができたとしても、自分のためには少しもならないと悟り、一時は催眠術の研究はやめてしまう。

大正六年のことである。新聞の大々的な広告が目についた。太霊道《たいれいどう》の宣伝であった。思い切って教伝

書を注文し、熱心不乱に修行した。さて、大正八年五月のことである。大木の下に正立して、妙境に入ろうと努めること二時間半、突然腰の当たりに温かいものを感じ、その感覚が電流のように腰部から指先まで伝わり、突如として全身に大霊動を生じた。まさに言葉にすることもできないような鎮魂の妙境を体験した。

そんなこともあって、それなりの自信がついたのか、霊光療院の名称の下に一般に治療を施し、『健全の日本』『太霊道』などの雑誌に大正八年から十年ぐらいまで、たいてい毎号に原稿を投じた。

しかし、鎮魂の妙境の体験は一度だけであり、あとはそうしたこともない。また、太霊道の教伝書に書いてあった階梯とは大分違うので結局は止めてしまう。そのあと、片桐正雄の耳根円通法《にこんえんつうほう》とか断食法などを行ったが、結局のところ独学の修行では進歩しないと悟って、直接教授を求めて、大正八年七月上京した。欣児二十三歳のときである。

多分、当時、霊術界において影響力のあった催眠術家で東京心理協会の主宰者、清水英範のところにおもむいたものらしい。講習を受けたが、「能弁に言い伏せられて田舎者の悲しさよ、チンプンカンプンで帰ってしまった」とのことである。帰郷したが、何のためにわざわざ金を工面してまで上京したのかわからない、とぼやいている。

ところがそれにも懲りず、一月も経たない翌月の八月、ない金を工面し、貧乏を質に入れて、再び上京する。講習料を払い、帰りの汽車賃を取り除くと残りはわずか四円五十銭。それだけで十日あまりを過ごさなければならない。一命をかけるくらいの気持ちで東京に出た欣児ではあるが、それくらいの金では泊まるところはもちろんのこと、食べることにもこと欠く始末。一日を過ごすのも生易しいことではなかった。しかし、そうしたことを知らない先生はのんびりしたもの。その先生こそ松本道別である。

桑田欣児は、松本道別から霊術を学び、松原皎月を弟子とした。

桑田欣児によれば、

「私は苦しい息詰まる思いをしているのに、先生の方では『今日は僕は用事があるのでやめる』と、三十分くらいでその日は終る。『先生、何とか今少しお願いいたします』と、恐る恐るお願いすると『十日間に決めてある。十日のうちには終るよ』とあっさりおっしゃる。

空腹と睡魔に鞭打って、教授以外の時間には先生に乞うて、その所蔵の書籍を一心不乱に読破し、要所を筆記し、数十余の内容と方法を知った」

といった雰囲気であったらしい。道別はノンビリしていて、欣児の窮境をあまり察知していなかったようだ。だが、その蔵書を弟子に自由に読ましめ、ノートを取ることまで許しているというのは非常に寛大だ。その方面の先生に、自分の蔵書など人に見せる人はなかなか少ない。自分の種本がばれてしまうからであろうが、そんなことには道別、少しも頓着しなかったらしい。

欣児は欣児で、小まめに写せて大いに益したのはいいが、じつはそのノート代、鉛筆代にも困ったらしい。一日の食事は一番安い五銭の焼き芋で済ませていた。だが、そのわずかな芋代さえもノート代、鉛筆代のために節約するほどであった。

このあと、松本道別のところで得たもの、あるいはまた、これまでの催眠術、太霊道などでの失敗、経験を材料として、八月末から十月の約七十日で実修実験しつつ体系をまとめあげる。奇跡的にも、その間に自らの神経衰弱、胃病、痔が快癒し、またあれほどどうしようもなかった父植蔵の癇癪《かんしゃく》さえも十余年ぶりに全快し、暗黒の世界が光明の世界に変化したのである。

これは今までの経緯を考えると、松本道別のところにおける十日間が劇的に欣児の中の何かを変えたものと思われる。

霊能開発法を体系化する

『真生会五十年史』によれば、

「まとめあげたものは欣児にとってはこれまでのものとは、理論も方法も異にするため、『桑田式』と銘打って、人に施すと好成績を納め、ぜひ来療をと迎えに来る人が多くなり、大正十一年一月一日、北海道十勝国に帝国心霊研究会を設立する」

とある。

とはいえ、この内容はそのまま信じることはできない。というのは、大正十年十二月号『精神統一』誌に、当時の主なる精神療法家たちが紹介されているのだが、そこに桑田欣児は「清水式心理療法・各種心理療法」を行っていると記され、また大正十一年九月号には、東京心理協会十勝支部長との肩書で「支部開設一カ年の収穫」という文を載せているからだ。

大正八年頃に、自らの体系をかなりまとめたのは事実であろう。だが、自分なりの体系があったにしろ、やはり名が通ったところの名称を用いたほうが有利と考えてか、霊光療院という名称で太霊道の配下にあって活動したり、東京心理協会支部としてお客を集めていたというのが本当らしい。また帝国心霊研究会として活動するようになってからも太霊道との関係は続いていたらしく、その会則がいつのものかは定かではないが、そこには「本会を帝国心霊研究会と称し霊光療院を付属せしむ」とある。

そんなわけではあるが、ともあれ、『真生会五十年史』によれば、大正十一年の一月一日に、桑田欣児は自らの研鑽の成果である帝国心霊研究会を立ち上げ、その後続々と入会者ができ、大正十三年には『霊法秘伝書』、大正十五年には『古今秘法全集』といった書物を刊行し、また招かれて全国津々浦々を巡教したということになっている。

さて、その帝国心霊研究会だが、肉体と精神の両面を正しく調え統一して、円満な生命体とし、物心ともに過不足のない健全な生活を実現するという趣旨の会とされ、その修養法にも処世法にも治療法にも、精神的手段と生理的手段があり、したがって指圧療法もあった。欣児が指圧を施し始めた頃は、指圧で病気が治るなら医者は不要だといって、多くの人はその効果を疑っていたという。ところが後には世に認められるようになり、そうした治療家が増えることになる。その半分以上は自分の弟子であると欣児は自負している。

そうした弟子の中の一人が、後に「五十鈴《いすず》神学道場」を開いた五十川博英《いそかわはくえい》である。博英は昭和三年（一九二八）に桑田欣児の帝国心霊研究会に入会した。数えで二十歳のときである。そして「修霊道場」を即座に立ち上げる。昭和三年五月発行の『霊光遍照』には、欣児から「教伝された術の効果に驚いたこと。お蔭で、治病道場を開設し、日々患者を取り扱っている」との手紙が掲載されている。この人物は後に、天行居《てんこうきょ》の友清歓真《ともきよよしさね》、神仙道の白井輝一郎、言霊《ことだま》を駆使した白山幸宣などにも師事して、『交霊療法秘鍵』『霊能開発速修真伝』『霊胎結成大仙丹伝』『天津金木《あまつかなぎ》神事玄開』『言霊鑑法奥儀』などを著し、霊術界に少なからずの影響を与えた。私もかつてお会いしたことがある。

このような弟子が増えるなか、昭和四年に東京の修霊教化団より発行された「全国精神療法家番付」で、東方の正位横綱に、また通俗医学社の『医学雑誌』誌で、精神療法信望投票を全国に募集した結果、欣児が一位となっている。この頃には霊術界において、かなりの実力者となっていたことが伺われる。

その頃、欣児が出した本には、『催眠法真伝書』『霊術集成書』『心霊術極意書』『霊光療法書』といったものもあったことが、当時の会報『霊光照遍』により知ることができる。その後、会報の名称は『霊

郷里の北海道・十勝に設立した「帝国心霊研究会」北海道本部事務所の外観。

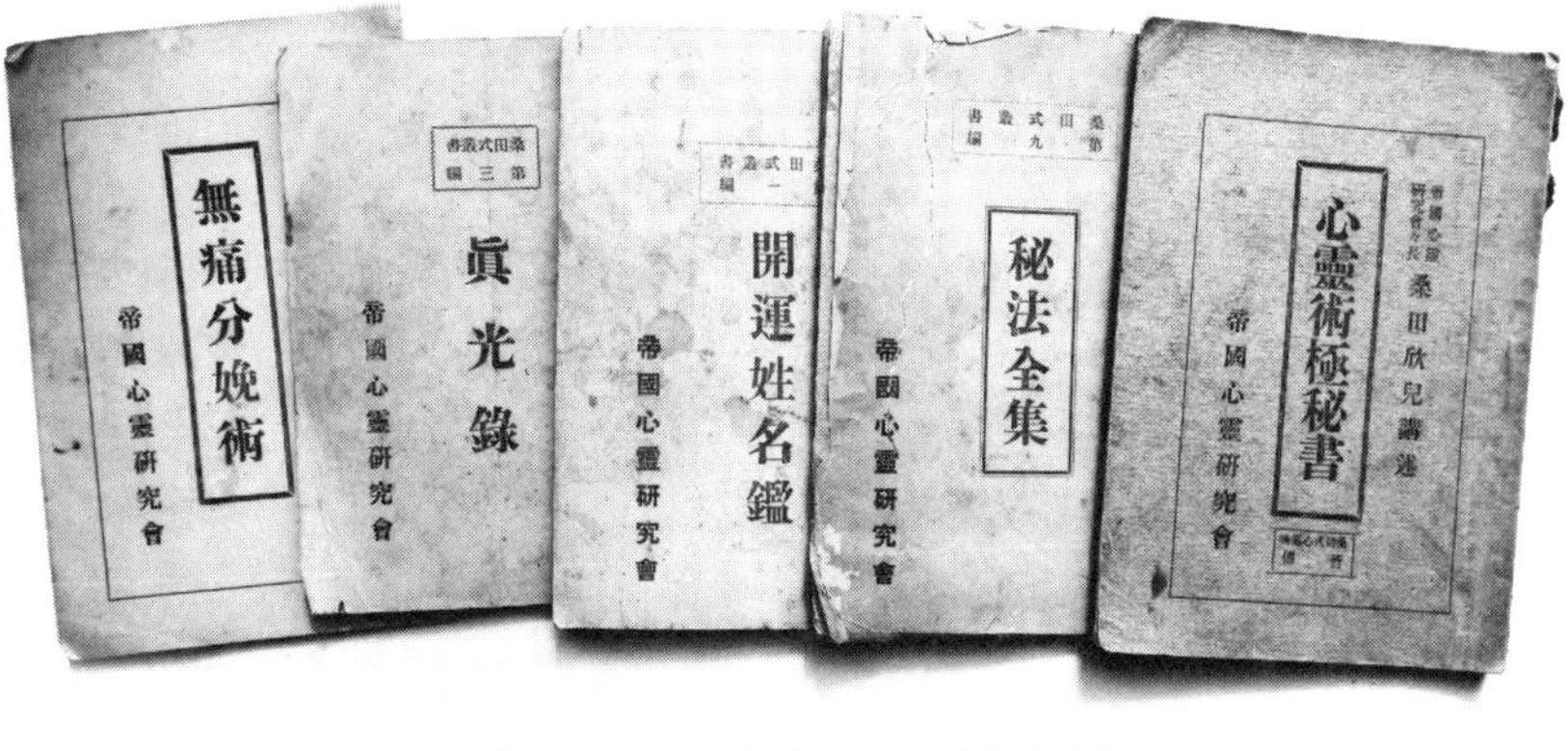

桑田欣児が帝国心霊研究会で発行した著書や冊子(著者蔵)。

光録』『真に生きる道』などに変更される。
欣児の著作といえば、私の手元にある『心霊解蘊《かいうん》』は昭和四年、『霊法教闡《きょうせん》』は昭和五年、『寂玄術《じゃくげんじゅつ》』は昭和七年、『還元療法』『霊法秘伝書』は昭和八年、『心霊学原理』は昭和九年、『神正教』は昭和十年に発行されている。

ちなみに寂玄術とは聞き慣れない言葉であるが、これによれば、どんな人であっても簡単に精神統一ができ、霊能が開発され、離魂、遠識、霊耳、透覚などの高等諸霊法を即座に体験できるとする、桑田欣児のもっとも売りとする霊術で、簡単にいってしまえば高等催眠術である。

その他、『神正教』には、『霊法秘伝書』は「修養法、治病法、実験法の霊術全書」、『心霊学原理』は「一切心法、霊法の解剖、人生不可思議の解決書」との説明があり、他にも『自動療法』が「万人必ず成功する自己療法の指導書」、『還元療法』が「指一本の押し方で万病を治す」、『神鑑法』が「人事百般、自由自在、鑑定術の奥秘伝」として本の宣伝が掲載されている。

ともあれ、医学のメスのおよばないところ、宗教の救いの届かないところに照明をあてようとして、欣児が作り上げたものが桑田式であった。それは生理、心理、霊理の総合的研究によるもので、これにより人間の幸、不幸、運命の根源的なものを明瞭にした。そして、最後に行き着いたものは「人の真に生きて行く道」を教示することこそが真に大切であるということであった。真に生きるとき、人は病も消え、貧困も去り、真の幸福にいたるというのである。

昭和十年、欣児は帝国心霊研究会を真生会と改称し、霊術的なものから、心身両面の修養団体的なものに変えた。そして終戦後の昭和二十三年を契機として真生会を教団とし、昭和二十八年には宗教法人として認可された。その後は、かつて気力の充実、人間愛の円熟、叡知の発現、病気の平癒など多くの

帝国心霊研究会の会報『霊光録』（昭和八年九月号）。当初の名称は『霊光遍照』だった（著者蔵）。

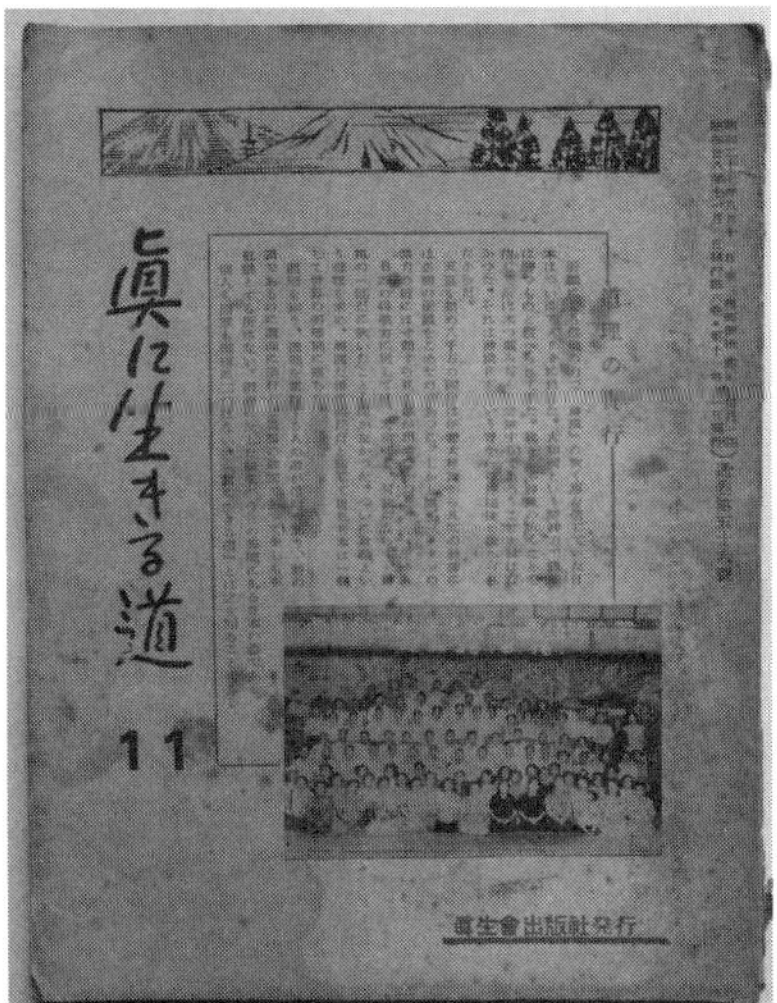

『霊光録』から、さらに名称変更した『真に生きる道』（昭和二十八年十一月号）（著者蔵）。

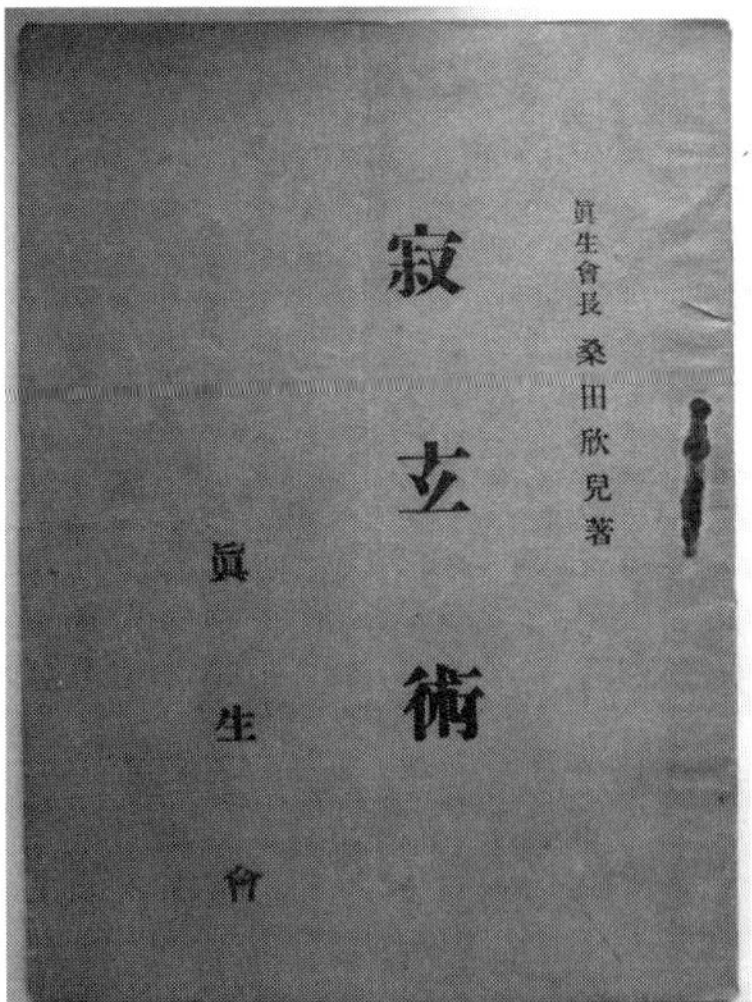

桑田欣児が、もっとも得意とした高等催眠術についてまとめた『寂玄術』（昭和七年発行）（著者蔵）。

霊験を有する霊術として伝授していた「三丹田充実法」を清浄法と名づけ、神前拝礼に並ぶ重要な行事と位置づけしたくらいで、あとは人を驚かすような霊術などを教えることはなく、息子を教主としたのち、昭和四十六年九月六日、突然襲った心筋梗塞によって生を終えた。七十五歳であった。

6　霊術界の鬼才・松原皎月

総合霊術の展開

霊術の天才児

松原皎月《こうげつ》（一九〇八～三六年）、昭和初期の霊術団体・洗心会の創始者で、霊術大講座を著述し、また霊術誌『霊の導き』『洗心』などを発行し、多くの霊術家を養成した。

本名は松原清一。剛と称し、霊楓《れいふう》、覚仙、霊仙などと名乗っていたこともある。若くして霊的なことに心をひかれ、十数才の頃から学業も仕事も打ち捨てて、自分の部屋に万巻の霊学、霊術の参考書を山の如くに積んで日夜研究を重ね、また全国の霊学者や霊術家の門を叩いて修行し、いたる所で神童と称せられた。

だが、もっとも大きく皎月に影響を与えたのは、霊学の大家・松本道別《ちわき》の弟子で、帝国心霊研究会を発足し、時代の流を察知して、のちにそれを真生会という教団に衣替えした霊術家の桑田欣児《きんじ》である。欣児の影響が多大であったことは、帝国心霊研究会の会誌『霊光遍照』（大正十四年四月号）を見れば明らかである。そこには松原皎月が松原霊楓の号で登場し、次のように感激の言葉を記している。

「今まで失敗に泣きし小生も、今日では漸《ようや》く精神統一の妙境に入り、その快味《かいみ》を味わう身となり、実に欣喜《きんき》に堪えず、不肖の一生を桑田大先生の為に捧ぐべき考えに御坐候《ござそうろう》」

また大正十四年（一九二五）六月の『霊光遍照』には、「元霊道研究会長たりし、本会関西支部長松原氏は号霊楓を廃し覚仙とせり」とあり、松原皎月は一時、霊楓と名乗り、その会を「霊道研究会」と称していたことがわかる。ちなみに同じ号に皎月は体験を発表している。次のようなものである。

「桑田式講習を終って帰宅した夜、直ちに母の腹痛に施術して快治し、その翌日伯父の歯痛を一回で根治せしめ、友人の蓄膿症《ちくのうしょう》を五回で良好とし、市外尾崎某が死を決した程の喘息《ぜんそく》を七回で良好とし、同所坂口ツル子の子宮病と頭上の固まりを一回で救治せり。路上に時計を掲げ、道路の石が蹶躓《けつまず》くとて、いちいち金槌で打ち込むという慈善狂を二十余回で快方とし、当市の交霊術の先生の施術で悪化した大森某は毎夜遅く迄就寝せず、水以外は一物も口にせぬ狂人に施術したるにその日より安眠し、蜜柑《みかん》三個を食した。吉田某なる狂人に施術せしに、小生が頭部に接手すれば、足の先まで、針金の通る様な気持ちがするという」

これによれば、腹痛、歯痛、蓄膿症、喘息、精神病などを桑田式の講習を受けて帰った皎月は次から次へと治しているのである。もちろん、皎月に霊的なセンスがあったのであろうけれども、桑田欣児の教えるところがそれなりに、誰にでもすぐ実践できるような合理的なものとなっていたものと思われる。『霊光遍照』（大正十四年十月号）では、松原皎月は関西第一支部長として会員勧誘がトップで、四十一名を勧誘したと記されている。皎月の熱烈振りが伺われる。また霊光式気合を用いる覚仙式催眠術というものを同号に発表している。霊光式気合とは、霊息を丹田に充実して発する気合で、霊息は空気を単なる空気とは思わず霊気と観念して呼吸することが肝心とされる。

そして、昭和三年（一九二八）の『霊光遍照』の三月号においては、洗心会の松原皎月として、「私は前本会支部長の末席を汚していた関係上知友諸君より新聞広告のやり方に就いての御質問を度々受けるのでおこがましくも一篇を草した所以《ゆえん》であります」と霊術家にとって効果的な「新聞広告の仕方」を

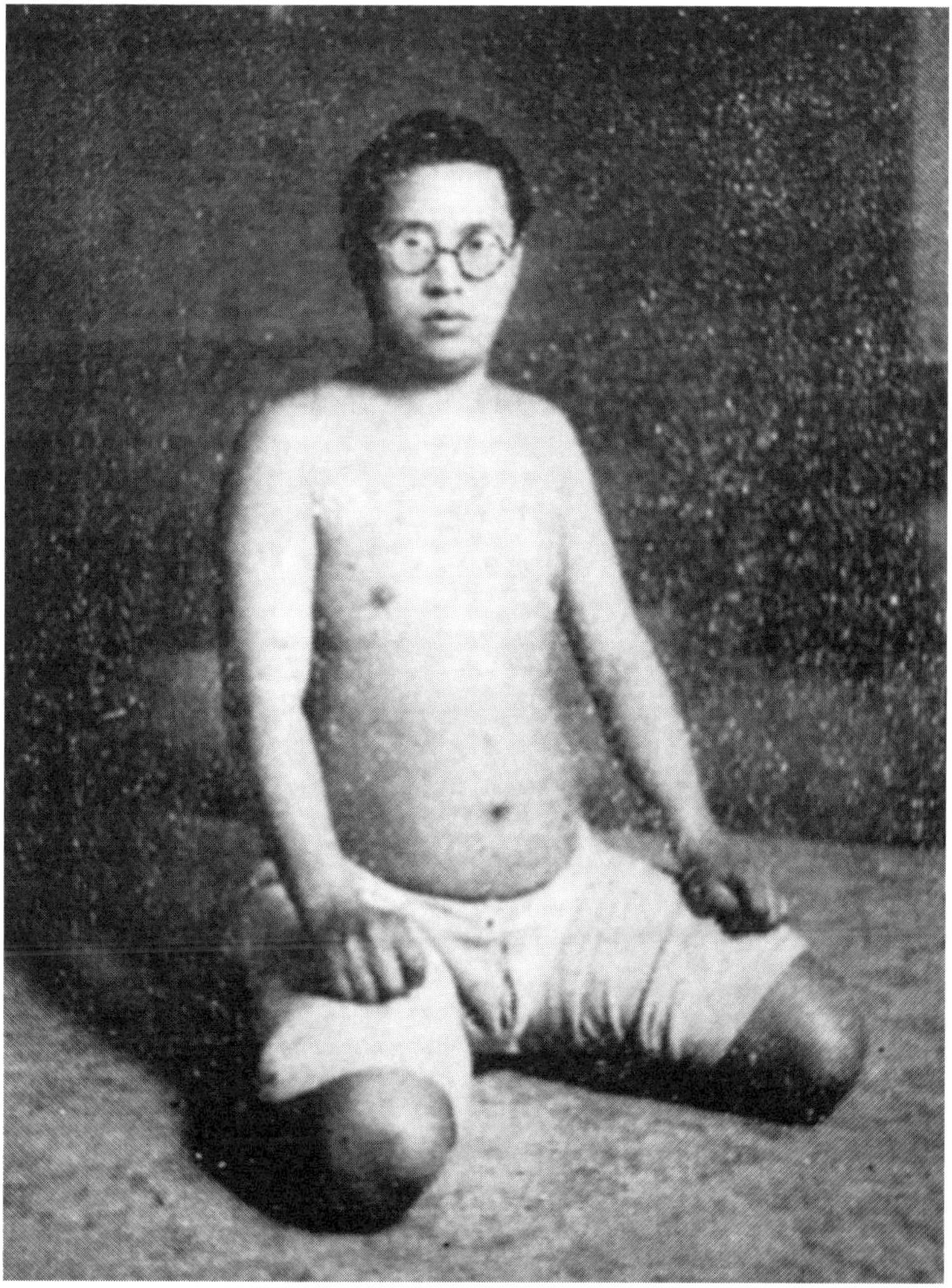

昭和初期、霊術界の風雲児となった松原皎月は、十代の頃から独学で霊術の研究を重ねていたという。

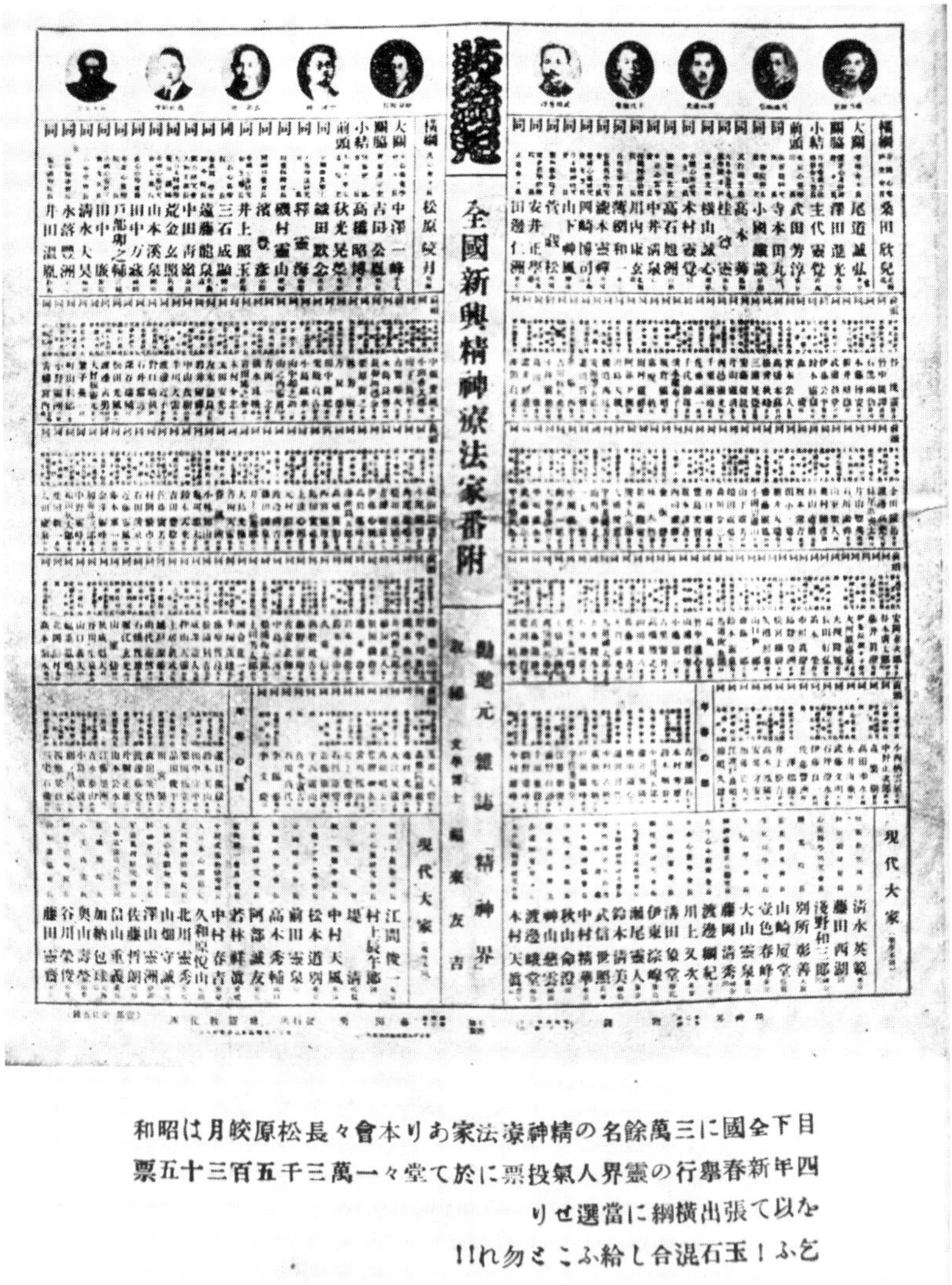

千里眼や催眠術、念写の実験などでも知られる、心理学者で東京帝国大学助教授だった福来友吉がまとめた「全国新興精神療法家番付」（昭和四年）。当時、全国に三万人いたとされる霊術家の中で、東の横綱に桑田欣児、西の横綱には松原皎月が選出されている（著者蔵）。

二ページに渡って執筆している。松原皎月は、かなりの間、桑田欣児の会と関係があったわけである。

さて昭和初期において、およそ三万人の霊術家、精神療法家がいたとされるが、その霊術界において、松原皎月は若いにも似ずかなり名を轟かした人物である。例をあげれば、清水英範が主宰する斯界《しかい》雑誌『精神界』が勧進元となり、念写などの実験で有名な、かの福来友吉《ふくらいともきち》が取り締まる昭和四年の「全国新興精神療法家番付」で、当時名声をはせていた自らの師匠の帝国心霊研究会会長・桑田欣児と並んで、洗心会会長・松原皎月は一万三千五百三十五票の投票をもって横綱におされている。

また、当時の著名な霊術家達を論難、批評した『霊術と霊術家』（霊界廓清同志会の編により昭和三年に発行された）にも、「洗心流開祖松原君に頼みたいことは即ち霊界革新の急先鋒たらんことこれである。同君の字画は発展、成功の画数を具備し、かつ天地順数、陰陽調和共に善良にして最も力強き幸運児である」と紹介されている。

ちなみに昭和七年四月発行の『療術の日本』（『精神界』の後継誌）の「道友消息」には、「松原皎月氏は、関西霊界における一方の雄で、東都の野口晴哉《はるちか》と相並んで青年霊術家の二大立物であるが、常に多忙なる講習と治療と出版との余暇を割き、或いは文芸の研究に没頭し、或いは柔道、撃剣その他のスポーツに親しみ、頗《すこぶ》る多趣味の一面を有している」と記されており、桑田欣児の会より独立してから、野口整体でよく知られている野口晴哉と並んで、かなりの実力者になりつつあったことが、また文芸、柔道、撃剣などに趣味のあったことがわかる。

また、その頃のことであるが、その名が知られたためか何カ所にもその偽物までもが現れて、洗心流と名乗って教伝会を催すもの、また白衣を着て真剣の刃止《はどめ》術を神社の境内で行うもの、蟲《むし》封じを教えるものなどが現れる。そこで昭和七年発行の『霊の導き』では、そうした人は偽物であり、会長は「身長五尺六寸五分、体重二十貫の仁王様たる偉丈夫なり。便宜上、殆ど洋服のみを着」ているし、会務に忙しくて外に出ている暇などはないので、そうした偽物に騙されないようにと注意を促している。

十五歳で霊道研究会を立ち上げる

さて、皎月の生まれた年であるが、初めはなかなかわからず苦労した。「未だ白面の青年で齢僅か十五歳の時に会を設立した」ということが、皎月の機関誌『霊の導き』(昭和四年八月号)に記され、また皎月が主宰する洗心会の「洗心会規則」第一条には「本会は洗心会と称し、大正十三年一月の創立に関はり会長松原皎月之を主宰す」とある。そこで十五歳のときに設立した会と、大正十三年に創立された会がもし同一であるとすれば、皎月は明治四十三年くらいの生まれではないかと推測していたことがある。

のち、昭和十年発行の『霊能開発法』を入手するにいたって、その推測が誤っていたことがわかる。その前の版には収められていなかったのであるが、昭和十年版の中で皎月は「霊魂の転生は事実か」と題して自分にかかわる転生の事実を記している。

それによれば皎月には元赤穂《あこう》警察の署長なども務めていた叔父がおり、その叔父はある病のために明治三十八年、三十九歳を一期として早逝《そうせい》した。ところがその三日後、皎月の母の夢の中に叔父が現れて「三年目には必ずお前の胎内に宿る」と告げたのである。そして奇怪千万にも三年目のちょうど命日に皎月が生まれた。その話は幼い頃からたびたび親や親戚の者に聞かされたものであるという。

とすれば皎月の生まれた年は明治四十一年ということになる。皎月の幼少時代についてはあまり知られてないが、もともと大人しいタイプで、よくいじめっ子に泣かされていた。ところが、一番喧嘩が強いとされていたいじめっ子がいい気になって散々にいじめるので、あんまり悔しくて前後を忘れてワイワイ泣きながら武者振りついていった。意外なことに相手は思ったよりも弱く、逆に皎月は彼を散々な目にあわしたのである。その結果、「松原は強いぞ。本気を出したら怖いぞ」という噂が流れ、後一目置かれるようになったという。

このことを話の枕として皎月は「慢性病治療のコツもこれと同じである。世人は余りに病魔を恐れ、自ら萎縮して、常に病魔の残忍なる毒手に愚弄《ぐろう》されているのである。逃げ回るから病魔は付け上がって追っ掛けてくるのである。病から逃れんとする間は、病気は益々迫って来る。これを逆行して、積極的に病気の根絶を強く観念するか、または窮鼠《きゅうそ》猫を食《は》むの式で、サア来い来れと逆に病を迎え撃つ覚悟が定まったときに、俄然《がぜん》形勢は一変する」と述べている。

『霊術大講座』を出版する

さて、皎月が霊術に志したきっかけはなんだったのであろうか。じつは皎月は九歳のときに眼を患い、あわや失明しそうになったことがある。九歳の子供にとって失明するかもしれない、盲人になるかもしれないということは、まさに死にも匹敵するほどの苦しみで、皎月は地獄の深淵に陥った。

それを救った一点の光明こそが神であり、信仰で、「私は不遇なる煉獄《れんごく》の途上にあって絶大不可思議なる神と信仰と神人感合のすがたをみたのでした」（『洗心』第九巻十号）と記している。

その結果として失明は救われ、また皎月の信仰と神の道への思いは覚めることなく、それ以後、一層修験と研究に専心したのである。

そのことは、昭和四年発行の活字で印刷された四六判の合本『霊術講座』（催眠術講義、精神感応術講義、精神療法講義を合わせたもの）の自序にも次のように記している。

「顧《かえり》みれば、余が霊学研究に志したるは、実に我十二歳の頃にして、当時余は病魔に犯され、物質療法の最善を尽せしも、快方に到らず、偶々心霊の威力あることを自覚し、古今幾多の伝書を通覧し、あるいは各地に大家を訪ね、苦修を重ぬること幾星霜、遂に確信不動の心身を得たり。

ここにおいて余は心霊主義の普及をもって悩める同胞を救済せんことを発心し、研究会を創立するに至る。時、これ大正十三年一月のことなりき。以後微力を尽くして、社会の冷遇と嘲笑に堪え、南船北馬主義の貫徹に努む。

その間において、『催眠術極意』と称する短本を初めて著述発行せしは、あたかも余が十六歳の夏にして、以後蕪雑《ぶざつ》ながら執筆せし伝書十数種、講習及び施術に依りて実技を錬磨し、日夜努力の結果は空しからず。今や会員全国に霊光燦然《さんぜん》たるを見る」

これによれば、病におかされ、物質療法では快方におもむかなかったのだが、たまたま心霊の威力を知って、それより多くの伝書を読み、大家を尋ねて、苦心修練して、確固たる信念を得た。しかもさすがに皎月、すでに十六歳のときに小冊子とはいえ催眠術の本を著していたらしい。その催眠術の師匠は清水芳州あたりかと推察される。

さて、皎月は近くの白国《しらくに》（兵庫県姫路市）山中の不動の瀧で修行したり、また十五歳頃からは飄然《ひょうぜん》各地に残る真法、古伝を求めて全国を歴遊した時期もあるらしい。当時のジャーナリズムにおいてそれなりの権威を有していたと思われる『播磨《はりま》時報』昭和三年の記事に次のようにある。

「生来神秘的霊術学の研究を志し、学業も自己の天職をも抛《なげう》って、飄然十五、六歳から全国の心霊学者や霊術家、神霊学の大家の門を叩いて、大胆にも試合問答を挑み、至る所で神童と称せられ、今尚、一室内万巻の霊学参考書を山の如く積んで終日研究を重ねている不可思議の青年が姫路市下寺に隠れている」

つまり桑田欣児のところに入門する前にも、かなり多くの霊術家を尋ね、あるいは多くの霊術書を集めて研究していたことがこれからも伺える。

この記事が出た昭和三年の末頃、洗心会において会員に頒布する『霊術講座』書は上中下全三巻、それぞれ上巻は『催眠術講義』、中巻は『精神感応術講義』、下巻は『精神療法講義』で、それを合冊し製本。装訂は四六判総クロス洋装で写真も多数挿入され、かなり良心的な出版物であった。

その内容もかなり優れていると認められていたらしく、「述者は新進霊術家として最も将来嘱望せらるるひとりである。…中略…本書一巻あれば各種の精神療法に達することが出来よう」という記事が『精神界』昭和三年十二月号に見られる。

その他、『心霊医学』の昭和四年四月号にも、「最近各方面に霊術の著書は多いが、その記述する所誠に平易簡明親切丁寧で何人といえども容易に理解独習することが出来る。即ち精神療法に志す人の是非精読研究を要するものである」といったことが書かれている。

もっとも、こうしたしっかりした装訂になる前に霊道研究会として、松原霊仙の名で出されていた『霊術秘書』という伝書は、ガリ刷りの百二十三ページの簡素なもので、上編・中編・下編・極意編からなり、上編は催眠術講義、中編は念力感応術講義、下編は科外講話として金剛力法とか不死身法など、あるいは他派の霊術、そして極意編は催眠、念力、治療の秘訣などを説くものであった。またそれが昭和になって、『精神療法講習録』と銘打って、第一巻『催眠術講義』、第二巻『精神感応術講義』、第三巻『治病の秘訣』という三冊ものに変わったが、あいかわらずガリ刷りであった。

ちなみに昭和二年発行の『催眠術講義』には「心理療法研究所」と記し、昭和三年発行の『精神感応術講義』には「洗心会」「大日本洗心会」と記している。何回か会の名称に変遷のあったことが伺われる。

昭和三年の春頃まではガリ版のものが出版されていたが、そのあとすでに述べたが『霊術講座』と題され、全三巻、四六判総クロス洋装となる。

昭和五年には『霊術講座』は『霊術大講座』と改称され、全七巻となる。それぞれの内容を簡略に説明すると次のようになる。

第一巻『霊能開発法』…霊的修養法とはどんなものであるかを簡明に説明し、霊能開発の諸法を詳述し、霊の正邪、鎮魂《ちんこん》法、帰神《きしん》法の要諦《ようてい》を示す。

第二巻『催眠術講義』…催眠術の歴史から始まり、自己催眠、他者催眠、動物催眠など催眠術の原理および応用にいたるまで委曲《いきょく》を尽くしている。

第三巻『心霊治療法』…霊的治療法の真意義を説き尽くし、洗心流独自の病患部鑑定法、治病矯癖法などの秘伝を開示。

第四巻『自然療法及び諸流霊術総覧』…自然物すなわち水、土、空気、日光並びに断食、各種運動法などによる療病保健法、古今東西の各流、各派の霊術、金剛力法、不死身法などの奇法数十法を公開。

第五巻『自然運動法』…現在、野口整体などにおいて活元《かつげん》運動などと呼ばれるものと同様のもので、特殊の形式を成すときは霊能に関係せず手や患部が自動的に動きだし、病を治癒させるという妙法。

第六巻『霊圧法』…一子《いっし》相伝《そうでん》とされる療病のツボを公開し、精神統一も、思念も、暗示も不要にして、即日実行できる生理的治療法。

第七巻『疳蟲《かんのむし》封じ秘書』…いわゆる疳蟲を封じる秘法で、施法後たちまち患者の指頭より疳蟲の脱出するのが何人にも肉眼をもって見え、効験の偉大を眼前に知ることができる。

右のような『霊術大講座』の内容に胸躍らせて入会する者の中には初心者も多かったが、既に田中守《もり》平《へい》の太霊道《たいれいどう》とか、田宮馨の帝国神秘会とか、江間式の気合術とか各種の霊術団体を遍歴し、さまざまの法術、霊術を実験し、そうしたものに飽き足らずして最後のより所として洗心会を訪れる者も多かった。

変わり種としては神憑《かみがか》りの際に、霊術の師として誰がいいかを尋ね、姫路の洗心会はもちろん、松原皎月の名前などかつて聞いたこともなかったにもかかわらず、「姫路に松原というものを訪ねよ。天下にこの者より外に汝の師と仰ぐ者なし」とお告げを受け、新聞社などに問い合わせ、やっと洗心会を訪ね当ててくるものなどもいた。

洗心会機関誌『霊の導き』には、遍歴者が綴った各種霊術団体比較検討遍歴の記事がいくつも掲載されている。また当時の機関紙には五聖閣《ごせいかく》の熊崎健翁《くまさきけんおう》と並んで姓名判断学では著名な日本霊理学会長・根本円通も執筆していた。

会の発展に伴って、その機関紙『霊の導き』も昭和七年第九巻第六号より『洗心』と改題された。次号に編集子《し》の次のような雑記が付せられている。

「前月号から本誌が『洗心』と改題いたしましたについて少なからぬご賛成ご激励のご通信に接し、我々は非常にうれしく思って居ります。『霊の導き』時代はいはば少年期とも申しましょうか、会長松原師を始め、読者諸兄姉等の御慈くしみの中にスクスクと成長しまして斯界に貢献いたしました本誌は今や青年期に入ったのでありますから、時代を画する意味に於いて『洗心』と改題した次第であります」

会員数わずか数百名の『霊の導き』時代に三万八千部もの宣伝号をつくり、大量に斯界関係者に郵送した効果なども徐々に現れ、この頃には会員数も大分増えてきたのではないかと思われる。

霊術秘義を公開し、講習会を開いて霊術を直接伝授

「霊術大講座」の内容もより充実され、昭和九年頃までには第八巻『霊熱透射療法秘伝書』、また第九巻『診断法虎之巻』、第十巻『神伝霊学奥義』が刊行され、さらに昭和十年にはその奥伝にあたる『霊の御綱』が発行される。簡略に内容を紹介する。

第八巻『霊熱透射療法秘伝書』…手掌霊熱透射法、神呪《しんじゅ》透熱法など霊気にのみならず、外の力をも加味して効力を高めた特殊な療法の秘伝を公開。

第九巻『診断法虎之巻』…まったく霊法に素養のない人にも、黙って座った対者の病患部がピタリとわかる診断法を公開し、修行不要の霊感術をも伝授する書。

第十巻『神伝霊学奥義』…洗心流霊術最後の極意書の心積もりを以て著述されたもの。ついに神機到りて『霊術大講座』全巻の結論として玄々妙々の真義を述べるのだとして、秘義秘伝の真諦《しんたい》と洗心流霊術の根源が、じつは日本古来より珍重秘蔵せられてきた神伝霊学にあることを明らかにした。

第十一巻『霊の御綱《みつな》』…『神伝霊学奥義』において、「いずれ機を見て秘中の秘を御授け申す」と忌

（左上）松原皎月が立ち上げた洗心会の機関誌『洗心』（昭和七年五月号）。（右上）（左下）『洗心』の前身の機関誌『霊の導き』。（右下）皎月の代表作『霊術大講座』に第二巻として収められている『催眠術講義』（いずれも著者蔵）。

みはばかるところがあって秘めおいた各種神法道術の実際を惜しむ所なく赤裸々に公開するとして、ここにおいて葦管神法《あしくだしんぽう》、魂布禰神術《たまふね》、天津金木《あまつかなぎ》、霊胎結成《れいたいけっせい》など古神道とか神仙道における術法の秘義を公開。

皎月は、この書を「霊術の奥義のまたその極意ともいうべき」ものとし、「恐らく今日まで世上に叫ばれた秘という秘は勿論神聖なる某々方面の未だその伝統以外若しくは門外不出と称せらるる霊篭《れいろう》中のものをも神許の随に集録した事は蓋《けだ》し松原が席の温まる暇無く東奔西走、如何に犠牲を払ったかを思い、一行一句金玉の文字で綴られてある事を諒とされたいのです」と記した。

また、霊学実地教伝会は会の発足より休むことなく行われていたが、一貫して五日間の講習日程であった。第一日目には霊能開発実習、自然運動療法、霊学一般。二日目も初めは霊能開発法実習、次に催眠術講義、自己催眠、鎮魂帰神法。三日目、催眠術講義の続き、催眠療法、霊気放射実験、精神感応術、気合法、気合療法。四日目、霊圧法皆伝、疳蟲封じなどの特種療法十数種。五日目は自然運動療法、読心術、伝想術、自他治病矯癖法、他会霊術比較研究などその時々によって内容に少しの変化はあったようであるが、およそ「霊術大講座」に記述されていることは総《すべ》て講述し、さらに文筆では伝え得ない内容をも悉《ことごと》く開陳していたという。教伝会案内書にはこう書かれている。

「従来の参会者が最も不思議とせらるるところは、僅々《きんきん》五日間を以て、最も広範なる洗心流心霊術の一切が果たして実行できるや否やの一点であったが、一度松原会長の熱烈なる指導と霊能の移植を受けるや、忽《たちま》ち大自信大実力備わり、入会前の疑問を我ながら苦笑せずに居られなくなること請け合い。従来千数百の卒業生中未だ一名の不成功者も出さぬ所が本会の特徴にして、これ徹頭徹尾眼前的実証的な本会の指導法の妙味で、霊界驚異の的となっている。終了後万が一にできぬという如きあらば如何なる要求にも応ずべきことを断言する」

わずか五日間の講習をもってして万人が諸霊法すべてを修得できるかどうか、果たして実際的にはどの程度の霊的成果があったかは、洗心会の講習に参加したことのない私には不明である。もっとも霊動法とか霊気放射などというごときものは実地であれば十分もあれば余程の不霊能児でもないかぎりできるものであるし、機関誌『洗心』などに講習会参加者の体験談として鎮魂法、帰神法に成功した例、霊気を数メートル隔てて自他共に明らかに感ぜしめた実験談、全身硬直、脈拍停止、念写、霊縛の実験談など無数に示されており、大霊能者までとはいえなくとも小霊能者くらいは続々輩出させていたのではないかと思う。

教伝会の模様を松原皎月自身が記した日記の断片が昭和六年十一月号の『霊の導き』に掲載されている。当時の教伝会の雰囲気を知るうえで参考になると考えるので一部を引用しておこう。

「今日は先《ま》づ精神感応術より始まる。自感法によつて一思念で脈拍停止、全身硬直、金剛力出現などの各種実験を全員即座に実行し、他感法は有線無線共に百発百中に感応し、起居動作を左右し、物品を拾わしめ、握手せしめ、ある一人の者の名前を伝送し、佐藤才一氏に腹痛を起こさしめなど、その他吉凶判断の霊感法など、純粋霊術の大実験に一同熱中する。次は自然運動法の実修だが、これまた全員即座に発動して、思い思いの運動に入る」

右のように、脈拍を自在に停止したり、全身を鉄の棒のように堅くしたり、釘や火箸を飴のように自在に曲げたり、あるいは精神感応、つまり今でいうテレパシーなども自在で、誰かを言葉を用いずして、立ったり座ったりさせたり、念じた品物を取らせたり、こちらの思う相手と握手させたり、人の名前を心で伝えたり、腹痛を起こさせたり、吉凶を霊的に判断したり、あるいは自然に身体が動いてくる霊動法などを行った全員が発動したというのである。

また皎月は「このように物凄い霊術ではありますが、先天的病気にはなかなか奏功させがたいものです」とその講習会で述べるのだが、「先生のお言葉ですが、それだけは服従しかねます」と弟子が皎月から学んだ霊術で何人もの難病を治癒させたという実例をあげるというハプニングもあったらしい。

いささか名の知れた弟子には栖雲居の主であり、『皇国神伝鎮魂法伝習録』の著者である小西雲鶴とか、新戸隠神社宮司を名乗り、『飯綱《いづな》神法伝書（全）』『古事記真釈』など何冊かの本を出している鈴木晨道がいる。小西は鳥取道場主として会誌に何度もその名が出てくるし、鈴木は『霊の導き』の昭和五年十一月号に、

「御送付下され候霊術講座、昨日たしかに落掌仕り候間、ご安心下され候。早速開封、通覧仕り候ところ、秘伝開放、その講述の熱烈なるに驚き入り候」

と感嘆の意、また、このうえは熱心に修行して、この恩に報いたいとその覚悟のほどと、これからの指導をよろしくお願いしたい旨の手紙が掲載されている。

護身術の大家・中沢蘇伯の高弟である中西蘇龍なども弟子の一人で、「武道の要諦はまったく精神統一にありますね」と熱心に修行し、『古流逆手 護身術教伝書』を著した古流逆手研究会会長・竹田浅次郎、帝国尚武会の野口潜龍軒の高弟、田中清太郎など、武術家の弟子がかなり多く、これは武道の極意と洗心流霊術の究極点と符節の合致するところが少なくないからだと皎月は記している。

昭和六年くらいになると、「洗心感謝講」というものが作られ、入講した者には入講証と、神沢柳雪という書道家が「天之御中主神《あめのみなかぬしのかみ》」と書いた掛軸に修祓《しゅばつ》入魂を行って、修養上の対象物として授与する

洗心会で行われた催眠術の実習の様子。

洗心会の幹部らとともに写真に納まる松原皎月(向かって左から二人目)。

という、いささか宗教的な雰囲気も持ち始めたようである。

霊術の天才児の早逝

さて話は変わるが、桑田欣児の著作の場合もそうであったのだが、同じ題名の本であっても版によってかなりの改定増補がある。例をあげれば、『霊能開発法』は昭和五年に発行された初版本のページ数はわずか一六四ページにすぎないのであるが、年々増補されて昭和十年十月発行の第六版においては二五〇ページにもなっていたりする。つまり松原皎月の本に関しては題名だけで、その中味まですべて同じものと判断してはいけないということである。

また、これは松原皎月に限ることでもないのだが、本の内容がすべてそのまま松原皎月の独創によるというわけのものでもない。松原皎月が自分でも書いているように東奔西走して自ら全国の秘教的団体に出入りし、門外不出の秘伝、口伝を伝授され、それを霊術大講座に結集したのである。

法を受けた後、みだりに秘伝を漏洩することは泄宝《せっぽう》の罪に問われるものであり、それを恐れて法を絶やせば断道の罪に問われるものである。そこに秘儀伝授を受けた人の悩み苦しみがあるのである。

松原皎月においては、道を求める人々の熱意に負け、道縁のある人々にのみ伝えるということではあるが、秘伝を漏洩することになる。たとえば、霊術書の『霊の御綱』くらいまでになると、某古神道団体の秘儀、秘伝を漏洩する結果になっている。

そのためというわけでもあるまいが、惜しいことにこの天才児、昭和十一年、わずか二十八歳で急逝した。そのあとを洗心会で教範をしており、皎月から口伝も受けていたとされる中野博堂と、皎月も私《し》淑《しゅく》していたと伝えられている言霊学とか心霊学の研究家・宇佐美景堂が一時継いだが、いつしか会は消散し、宇佐美景堂は後、霊相道《れいそうどう》を立ち上げた。

蛇足であるが、博堂たちのグループとは違う別派も存在し、そこでは皎月がその著において玄胎結成《げんたいけっせい》を述べたことを受けてか、皎月が霊的に出現して、さまざまの指示を与えたので、その指示に従って新たな会を立ち上げたのだと主張していた。皎月ほどの能力者、あり得ない話でもない。

第二章
霊術伝授
入門編

1 鎮魂法

霊魂を充実させる

鎮魂法とは

霊術実践の皮きりとして、まずは鎮魂法《ちんこんほう》から紹介することにしたい。

鎮魂の仕方を説明する前に、簡単に鎮魂の意義について説明しておこう。鎮魂ならびに鎮魂祭は、宮中をはじめ諸処の神社で行われているが、この鎮魂の歴史は長く、古い。

『古事記』に、伊邪那岐命《いざなきのみこと》が天照大御神《あまてらすおおみかみ》に、御《み》頸珠《くびたま》の玉の緒をもゆらに取りゆらかして授けたことが記されているが、これはその霊魂を珠に付着せしめて高天原《たかまのはら》の主宰たらしめんことを神定めたものであり、鎮魂の意義に通うものがあり、また『万葉集』などの和歌集や『伊勢物語』『源氏物語』などの各種の物語をみても、かつて広く一般に行われていたことが推察できる。

鎮魂は「ちんこん」と俗称されているが、正式には「おおみたまふり」と呼ばなければならない。それは『延喜式《えんぎしき》』の「四時祭《しじさい》」に鎮魂祭を「意富美多麻布理能祭《おほみたまふりのまつり》」と訓み、『古語拾遺《こごしゅうい》』においても鎮魂を「意富美多麻布理」と訓んでいることからも明らかであろう。

しかしその持つ意義としては、「おおみたまふり」と「みたましずめ」の二義がある。「おおみたまふり」とは神の御魂《みたま》を招いて自らの魂を広大ならしめる法、すなわち「ミタマノフユ」を得るの義であり、もう一義の「みたましずめ」とは、我が魂の離れ散るのを招き返し、結び止める「タマシズメ」の義である。

ともあれ、霊術において最も重視されている

禊の行法を体系化した神道家の川面凡児は、独自の鎮魂法を実践し、普及させた。

本田親徳流の鎮魂帰神の坐法。

川面凡児が明治三十九年(1906)に立ち上げた稜威会では、禊の行を実践することで霊魂(直霊)の開発を目指した。

行法の一つである。現在伝えられているものとしては、本田親徳《ちかあつ》（一八二二〜八九年）のものや、川面凡児《かわづらぼんじ》（一八六二〜一九二九年）のものが有名であるが、古伝のものとしては、饒速日命《にぎはやひのみこと》の鎮魂法、天鈿女命《あめのうずめのみこと》所伝の鎮魂法などがある。

鎮魂の秘義

さて、本田親徳の遺訓には、鎮魂に関して次のようにある。

「鎮魂の法は霊学の大本なれば、その原由《げんゆ》を論定しその末法を講明せざるべからず。ゆえに今皇典によりてその由来を述ぶ。伊邪那岐命曰《いわ》く、天照大御神は高天原を知食《しら》すべしと詔玉《のりたま》いて御首玉《みくびたま》を母由良《もゆら》に取り由良加《ゆらか》して、天照大御神に賜いき。此玉《このたま》を斎《いつ》き奉《たてまつ》りて御倉板挙神《みくらたなのかみ》と云々。

これその霊魂を付着して現天の主宰たらしめんことを、神定め賜いしものなり。しかして、この玉を天照大御神より皇孫迩迩岐命《ににぎのみこと》へ御授けあり。その時の事実、古事記に見えて、男喜《おき》志玉《しだま》、男喜志鏡、剱《つるぎ》とあり。三種の神宝を帝位知食す御印として下し賜いしより、以来御代々の帝王は申すも更なり、その御心を心として、万民悉《ことごと》く尊奉崇敬して怠らざりしゆえに、神の神たる所以《ゆえん》の理由よりして、万般の利益霊験を蒙《こうむ》りしこと、国史に照々として日月とともに光を争うといえども、誣言《ふげん》にあらざるを知るべし。しかして今本教におけるや、さらに一章の引証《いんしょう》すべきなし。ゆえにただその招魂の作法を伝授せんとするなり。

この鎮魂の法は神法にして、現世神界の学則なれば、上は天皇の治国平天下の御事よりして、下は人民修身斉家《せいか》の基本、続いて無形の神界を探知するの基礎なればよろしく、朝夕これを懐中に秘し、事業の閑暇は謹んでこれを省み、これを行い、霊魂の運転活動を学習すべし。なお詳細のことは後日に講じ、引証を以てその

鎮魂印を結ぶ、若き日の出口王仁三郎。

もとづくところを現し、その霊妙なるところを感じ、あるいは示して、ますます天に代る大功力を千万世に建てんとす。これすなわち万物の長たるの義務なり。
『令義解《りょうのぎげ》』（引用者注・平安時代前期に編纂された、「養老令」の注釈書）に曰く鎮魂、鎮は安なり、人の陽気を魂という、魂は運なり。言うは離遊の運魂を招きて、身体の中府に鎮む。ゆえに鎮魂という」（鈴木重道編『本田親徳全集』）

ここで少し説明を加えると、「鎮は安なり」というのは、「鎮」字を解釈して安、すなわちしずむるの意味に取っているわけである。これは「安心」などと使われる安の意味を考えて下されば了解していただけるであろう。

つまり、離遊の運魂を身体の中府に鎮めることをいうのである。

人は霊魂を神から賜《たまわ》りて生まれるところから、それをタマ（魂）ともいうのであるが、魂振りをして、天神の分霊を迎えいただくことによって心身ともに充実し整ってくることが、古神道における生成化育の原則であり、フリとは、『日本書紀』に振をトノフと読ましていることからもわかるように、神に稟《う》けた自分の魂の整うところをもっていうのである。

「人の陽気を魂という」についていうと、陽気とは古伝の鎮魂秘辞に、「あめのほのけをながみにいれ」とある、いわゆる天の火気のことで、全大宇宙に偏在する気の一種で、古神道では「つちのみずのけ」という語と対をなす言葉であり、魂とは人身中にある奇霊《くしび》なる精神をさしていうのである。

「魂は運なり」というのは、『万葉集』巻十五にある「多《た》麻《ま》之《し》比《ひ》波《は》安《あ》之《し》多《た》由《ゆ》布《ふ》敝《べ》爾《に》多《た》麻《ま》布《ふ》礼《れ》杼《ど》」と同意であり、魂が気中を運旋し、神よりさらに賜わり殖《ふ》え、生成化育するさまをいうのである。このことをさらに説明しているのが、次からの語句である。

「離遊の運魂を招きて」とは、浮かれ離散していく自分の魂や、同時にこれが大切なことなのであるが、天中の運旋し、万物を生かしめている大神の御魂を我が身に招き、神よりうけて生まれし魂を、いよいよ大きく偉大なものとなすことをいうのだ。

「身体の中府に鎮む」だが、中府とは「なかご」とか「きもどころ」などと呼ばれているが、つまりは天よりうけし魂が存する三丹田《たんでん》のことで、ここに天中の神霊を招き鎮めて天神と霊合《たまあ》うことをいうのである。

三丹田とは、かの中国の道書『抱朴子《ほうぼくし》』に次のように説明されているものだ。

「子、長生を欲せば一を守りて当《まさ》に明らかなるべし。一には姓・字《あざな》、服の色あり。男は長九分、女は長六分、あるいは臍下《せいか》二寸四分の下丹田中にあり。あるいは心下《しんか》（心臓の下）絳宮《こうきゅう》の金闕《きんけつ》、中丹田にあり。あるいは人の両眉の間にあり。却入《きゃくにゅう》すること一寸を明堂《めいどう》となし、二寸を洞房《どうぼう》となし、三寸を上丹田となす。これすなわち道家の重んずるところにして、世々血を啜《すす》りてその姓名を口伝す」

つまり、丹田中にはそれぞれ右のような元神が宿り、そこに宇宙に充満する神気を招き鎮めるというわけなのである。

本田流鎮魂法の実際

さて、鎮魂法にはいくつも種類があるが、参考のために現在一番行われている本田流の鎮魂法を紹介しよう。

①まず第一に、直径五、六分位から一寸（一・五～三センチ）内外の球状をした重く固い活《い》き石を用意する。これを鎮魂石という。本来は神界から奇跡的に授かるべきものであるが、修行の初めにおいては、神社の境内、または清明な山、川、海辺で探してもよい。適当なものが手に入ったならば、それを水で洗い、

塩で清めて錦の袋に入れて大切に保存し、みだりに人に見せるようなことは許されない。

②心身を清めて三方《さんぽう》の上にその鎮魂石を安置して、静かにその前に正座する。そして胸前に鎮魂印（中指、薬指、小指を手のひらの中に組合せ、そして人差し指を伸ばして軽く立て合わし、親指は左の指で右の親指の爪を軽く抑える。中指、薬指、小指はいずれも左の指を下に組む）を結び、身体のどこにも力を入れずゆったりと構える。

③次いで軽く目を閉じ、自分の霊魂をその石に集中することを凝念すること、およそ二、三十分間、日に数回するも妨げない。

こうして鎮魂が効くようになると、鎮魂のあとその石の重量を計ると、その石がはじめ二十グラムほどであったとすれば、二十五グラム、三十グラムに重量が増えたり、逆に十五グラムに重量が減ったりするので、その鎮魂の程度がわかるという。もちろん、重量に全然変化を生じないような人でも、数カ月も訓練を繰り返しているうちには、病気直しや、審神《さにわ》にそれなりの力がついてくるという。

自修鎮魂法

鎮魂法も以上に紹介した他にも多々やり方があるが、次に神仙道系統の自修鎮魂法を紹介しておこう。これは、明治神道界の重鎮で、方《ほう》全霊寿真《ぜんれいじゅしん》という仙名を有する宮地厳夫《みやじいづお》が世に残した法である。

修する時刻…毎日、午前二時以後、午前五時以前に行うことになっている。

座する方角…東、または南に向かって寝床の上に落ち着いて座る。

手の位置…手の親指を他の四本の指で握り、両手を左右の腹と腰の間に置く。

鎮魂印

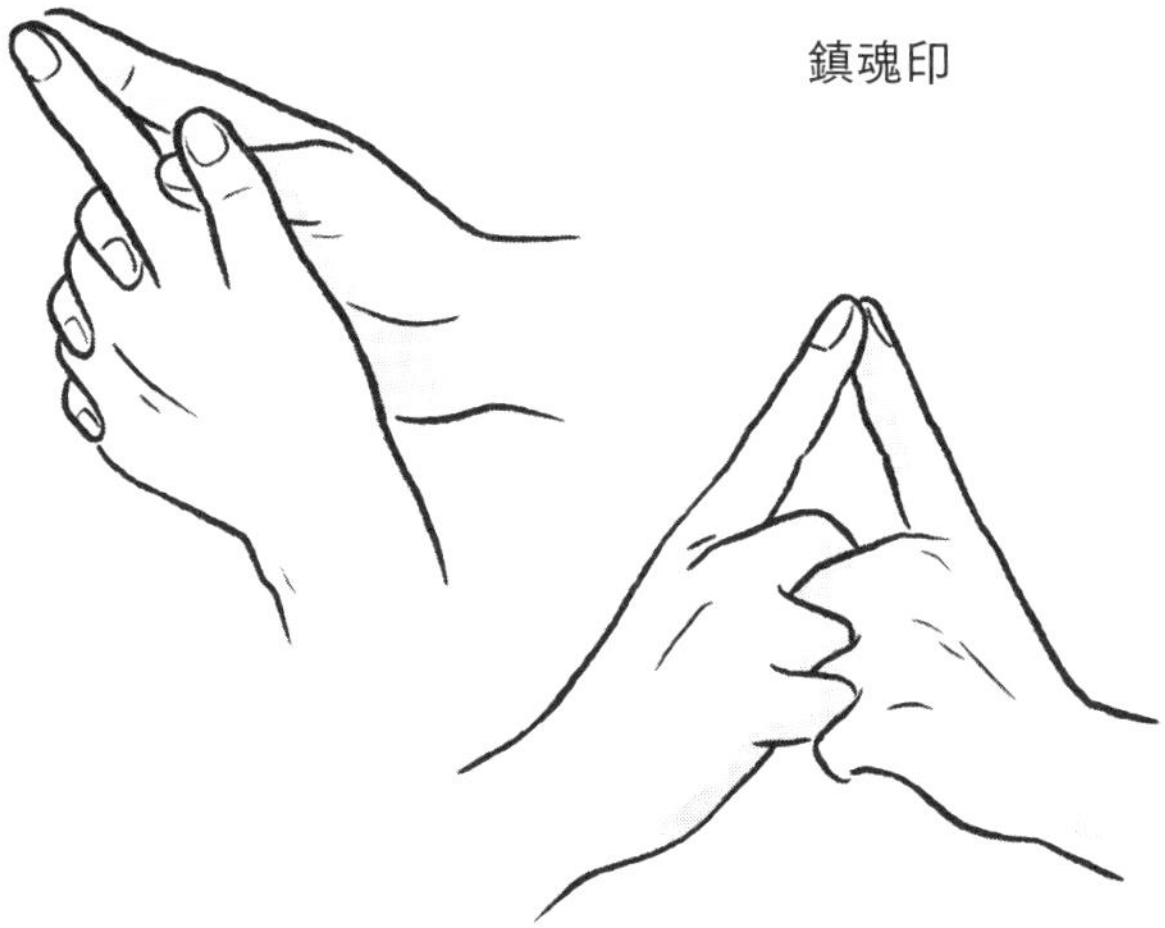

軽く眼を閉じ、鎮魂印を胸元で結び、鎮魂石に自分の霊魂を集中して、思念を凝らす。

①口から濁った気を吐く。これは三回行う。
②上下の歯をカチカチと鳴らす。まず左側の歯で十二回、次いで右側の歯で十二回、次いで中央の歯で十二回鳴らす。
③目を閉じ、雑念、妄想を払い、出入の息が調和したと感じたならば、火炎のような光明が臍下丹田に入ると想像しながら、静かに息を吸ってこれを入れる。臍下丹田に息が満ちて極まったならば、徐々に口から息を出す。そのときに、その出る息の音は耳に聞こえないようにする。このように光明を想像しながら吸って吐くことを三回する。
④普通の呼吸をして、息が調ってきたら、舌で口の中をかき回すようにして、津液《しんえき》（唾液）が出るようにする。これを何回もしていると いつのまにか、液中に甘美な味が生じてくるが、これは真気を生じてきたしるしなので、大切にしなければならない。
⑤液中に甘味な味が生じなくとも、津液が口中に満ちたならば、少し頭を下げて飲み下す。この時に津液と真気が合して、真気も一緒に丹田に入ることを想像する。
（③〜⑤は合計三回行う。つまり深い呼吸九回、津液を飲み下すことを三回行う）
⑥頭を左右に傾けることそれぞれ三回、前後に傾けることそれぞれ三回、左旋右旋をそれぞれ三回ずつ行う。
⑦左右の肩をそびやかすこと五回、また右の手で左の肩を五回撫で、左の手で右の肩を五回撫でる。
⑧右の手で左の手の指をよく揉み、左の手で右の手の指をよく揉む。
⑨両手をよく摩擦し、その手で顔、耳、うなじなどをよく摩擦する。
⑩両手の指で頭髪を百回ほど梳《くしけず》る。
⑪左右の手で、身体の前部つまり両乳および臍下丹田、また後部、腰や背などを、熱が生じるくらいまで摩擦する。

⑫左右の足部を五回撫でる。
⑬左右の足の指をよく揉む。
⑭左右の脚心《きゃくしん》、いわゆる湧泉《ゆうせん》のツボ（足裏の中央付近のくぼみ）をよく摩擦する。
⑮立ち上がって、天を向くようにして背をそらしたり、地を向くようにお辞儀するようにしたり、天に向かって伸びをしたり、縮めたりするなどして、身体を練って、気血《きけつ》が全身に満ちるようにする。
⑯寝床の上に落ち着いた姿勢で座り、息の出入りを二十五回数える。このとき、吸気は鼻から、呼気は口からする。
⑰右が終わったら安臥《あんが》して、熟睡して朝まで寝る。もし安臥の時間がなければ、ただちに起きて日常生活に入ることも可である。

神仙得道の域に達するための端緒ともなる法なので、日々実行されることをおすすめする。

2

帰神法

神界に感合する至尊の法

記紀にも記された古法

帰神《きしん》法は、神懸《かみがか》りの法であり、神人感合法、幽斎《ゆうさい》の法ともいう。幽斎という意味は、一般に神社等で行われている祭祀（顕斎《うつしいわい》）に対して、霊を以て霊に対するという義である。

本田親徳《ちかあつ》曰《いわ》く、

「幽斎は霊をもって霊に対し、顕斎は形をもって形に対す。ゆえに幽斎は神像宮社なくしかして真神《しんしん》を祈る。顕斎は神像宮社ありしかして衆《しゅう》神《しん》を祀る」

また親徳曰く、

「帰神の法は幽斎の法という。神界に感合するの道は至尊至貴、濫《みだ》りに語るべきものにあらず。吾朝古典往々その実績を載すといえども、中世祭祀の道衰え、その術失う、すでに久し。神法によりその古に復す。これすなわち玄理の窮極、皇祖の以て皇孫に伝えし治国の大本にして、祭祀の蘊奥《うんおう》なり」

つまり帰神の法は、神界に感合する至尊至貴の法で、みだりに語るべきものではない。皇祖が伝えた治国の大本となるべき祭祀の蘊奥であり、神典にも書かれているが、中世に至り道が衰え、その術が失われて久しい。ここに、神法によって古に復したというのである。

ちなみに『日本書紀』巻一「神代上」には、天《あめの》鈿女命《うずめのみこと》が、天《あめ》の磐戸《いわと》の前に覆槽《うけ》を伏せ、その上に乗りたまい、踏み轟かして神懸りしたもうたことが記されている。このゆえをもって、天鈿女命は帰神法の祖神として尊崇せられている。

また『日本書紀』巻五には、崇神《すじん》天皇七年、国に諸々の災害が起こり、天皇御自ら浅茅《あさじ》ヶ《が》原《はら》に出向き、八百万の神々を呼びたまい、占いを以て問われたとき、大和の大物主神《おおものぬしのかみ》が倭《やまと》迹《と》々《と》日《ひ》百《もも》襲《そ》姫命《ひめのみこと》に懸り、託宣したもうたとある。

また『古事記』中巻の仲哀《ちゅうあい》天皇の条には、神《じん》功皇后《ぐうこうごう》を神主（憑代《よりしろ》）とし、天皇が琴を弾きたまい、大臣建内宿禰《たけうちのすくね》が審神《さにわ》（審《さ》神《に》者《わ》）として控えて、神主、琴師、審神者の三者によって、帰神法を執り行ったことが記されている。

帰神法の実際

本田流では、帰神は自感法、他感法、神感法に大別される。

神感法は、神の都合で随時ある特定の人物に感応したまう場合である。これは修行して云々というものではなく、神懸りの一つの様態をさしている。自感法は、鎮魂で鍛えた自己の霊力を以て、吾一人で神霊に感合する法であるが、憑依《ひょうい》してきた神霊の正邪高下を自分自身で審神せねばならぬので、よほどの力がある者においてすら大いに危険が伴うことになる。

したがって、実際に帰神法という場合には、一般的には他感法ということになり、ここに本田流の特色が如何《いかん》なく発揮されるのである。

他感法は、先の仲哀天皇条に記されたように、古代では神主、琴師、審神者の三人で行われたのであるが、本田親徳は神啓《しんけい》により審神者が石《いわ》笛《ぶえ》を吹く方式に改めた。帰神法でいう神主は、俗にいう神職ではなく、神霊が憑依してくる台となる者を指す。神主の修行も大変であるが、より重要なのは審神者である。親徳は「帰神に重要なるは審神者とす。その人に非ざればすなわちあたわざる者なり」といい、審神者は「注意周到にして胆力あり、学識ありて、理非を明らかにするに速やかなる」者に限るとしている。審神者には神典はもとより、『先代旧事本紀《せんだいくじほんぎ》』『秀真伝《ほつまつたえ》』等の外典、キリスト教、仏典等に関する広範囲な知識が要求されるのである。

　このことは帰神法のみならず、鎮魂法さらには神法道術を修するにおいて極めて重要な心得である。学と術は、あたかも車の両輪のごとく、すべからく両立するものでなければならない。学なき行者のしばしば邪道に陥るは故なしとしない。この点は古神道をめざす者はよくよく肝に命じておかれたい。

　帰神法の実際であるが、親徳は次のように言う。

「婦女を台の上に座せしめ、指を組合せその眼口を閉じ、一心に神々を念思せしめて、然して後ち、貴君は石笛にて、ヒト、フタ、ミ、ヨ、イツ、ムユ、ナナ、ヤ、ココノ、タリ、モモ、チ、ヨロツと心に念じて吹かるべし。吹き様は、ヒー（ユー）と長く吹きて、そのヒーの内に『ヒト』を含《ふくま》せて、又ヒー（ユー）に『フタ』を含せて段々と『ヨロツ』まで吹き、吹き終りて、また始め如く吹き、始めの程は百篇繰り返し繰り返し吹きて祈るなり。この百吹きにてそのときはしばらくやめて、また翌日にても翌晩にても修行するなり。かくの如くして日数を重ぬるうちには、必ず神懸りあるなり。その始めは婦女の身が振い、ついに寝入たるが如く覚えざるなり。そこで神の御名《みな》御尋《おたずね》申上《もうしあ》ぐればよろし」

　ここで親徳が婦女といっているのは、親徳が自分の知可夫人および薫子《かおるこ》嬢をすぐれた神主として使われた関係上からのことで、神主は女子にかぎるものではない。以上の文だけではわかりにくいので、ここで他感法の修法次第を一応整理しておくと、次のようになる。

○着衣等が清潔を旨とすることは、鎮魂法の場合よりも厳格でなくてはならない。
○神主は上座に、審神者は下座に座り、両者の間隔は一間程を適当とする。
○審神者（右の文でいう貴君）と神主（右の文でいう婦女）が対座し、神主は印（鎮魂印と同じ。

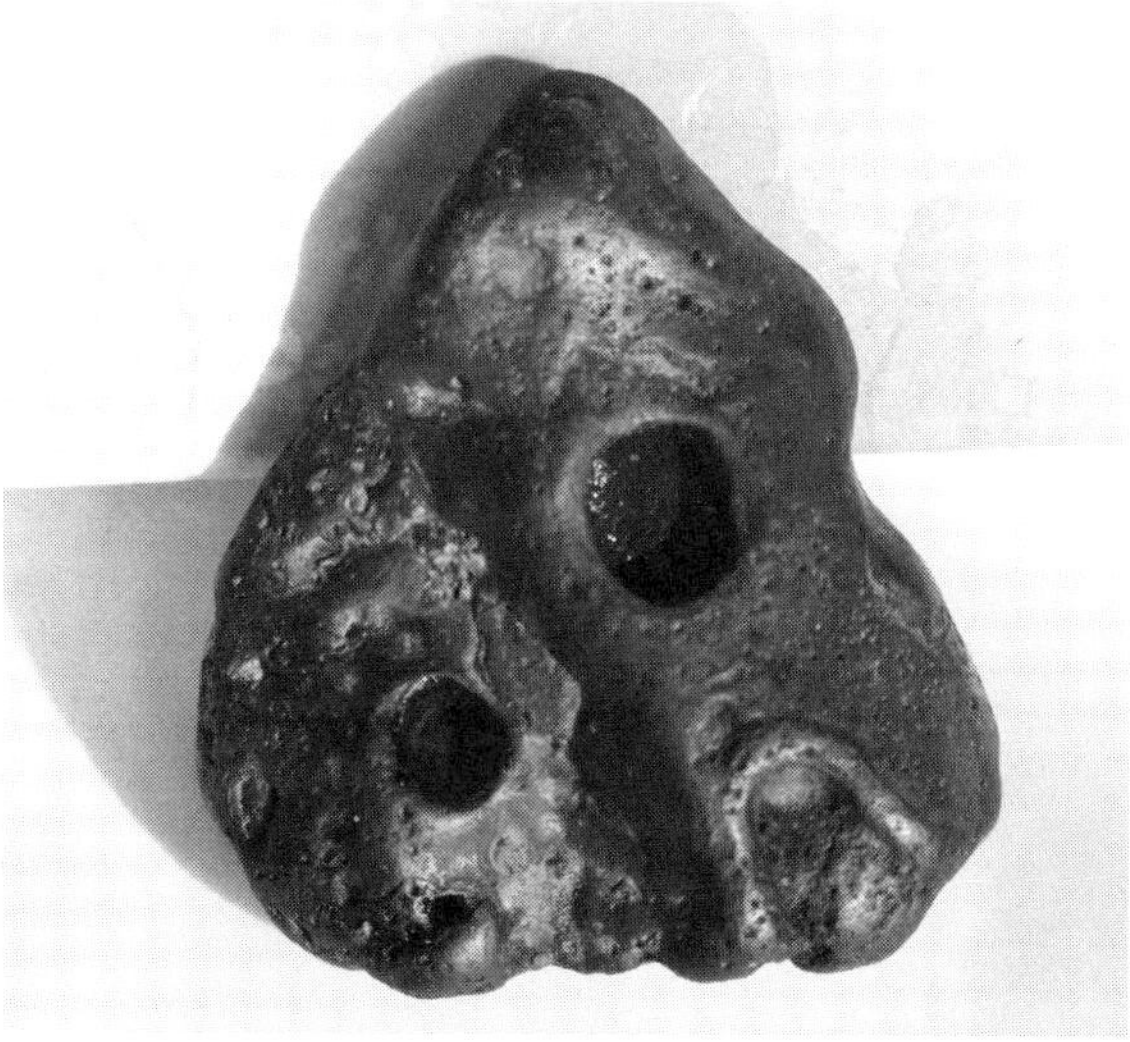

帰神法を執り行う際に使用する石笛(著者蔵)。石笛の音に神は感応する。

119ページ参照)を組み、審神者が石笛を吹き、さらに神界からの神気を神主に降下させる。すると神主に神霊が降下し、手を動かしたり、口を切って神言を語り出したりする。

このときに審神者は、懸ってきた神が正神界の神であるか、邪神界の神であるかを審神する必要がある。また正神界の神名をたとえ名乗っていても、真神であるか、偽神であるかを審神することも必要である。そのためには常に神典(『古事記』『日本書紀』)などを読んでその神徳・功業を記憶しておくことが肝心である。

王仁三郎による審神実録

その他、審神するにあたって、まず以て肝に命じておかなければならないことは、「精神正しければ、すなわち正神に感合し、邪《よこしま》なればすなわち邪神に感合す」ということである。邪な心を以てこうした修行に入ってはならぬということである。まずは洗心浄魂に励まれるとともに、鎮魂法に依って自らの御魂を増大することに専念し、それから神縁があれば、帰神法に移るのが順当であろう。また、その実際のやり方は実地に体験しなければ、修得はなかなかに難しい。

よってここでは、出口王仁三郎《でぐちおにさぶろう》（一八七一～一九四八年）の『本教創世記』より、実際に行われた審神の状況を紹介しておく。参考にしてほしい。

以前の修行は、一日に昼夜ともに八回宛《ずつ》であったが、今度は増して十二回宛の修行としたのである。しかして、一回毎に約四十分間宛を要するのである。これを三週間も続けたので、審神者も神主も非常に疲労衰弱してしもうて、行歩《ぎょうぶ》も自由にならない様になって来たが、倍《ますます》勇気を奮って修練した結果、ようやく多田と石田と上田幸吉とが正式に感合して、真正と認むる様になったのである。まず多田の帰神と審神者の問答より記載せんとす。＋は例の審神者で、－は例の神主に感合したもうた神霊の答辞である。

今度の感じ方は従前とは大いに異り、神主の容顔何《な》んとなく優美高尚にして威厳を保ち、思わず人を畏服せしむるの風があるので、余はこれぞ正神の感合と察したれば、極めて吾《わが》姿勢を整え、低頭平身、敬意を表し、二回拍手して三拝し、徐《おもむ》ろに奉伺《ほうし》したのである。

＋「多田に憑《かか》りたまう神は、何《いず》れの神なるや。御名を伺います」
－「吾は住吉神社の眷属大霜《おおしも》なり」
＋「御苦労に存ず。神社所在地は如何《いかん》」
－「摂津国堺市にあり」
＋「社格は如何」
－「官幣大社なり」

＋「祭神は如何」
―「祭神は四坐にして、底筒男神《そこづつのおのかみ》、中筒男《なかづつのおの》神《かみ》、表筒男神《うわづつのおのかみ》及び神功皇后なり」
＋「摂社ありや」
―「祓戸《はらえど》神社、礒《いそ》の御前《みさき》（津守《つもり》の祖）二坐あり」
＋「住吉大神は何神の神子なるや」
―「伊弉諾尊《いざなぎのみこと》の御子なり。尊往《みことゆき》て、筑紫《つくし》の日《ひ》向《むか》の橘《たちばな》の小戸《おど》の檍原《あわぎのはら》に至りたまいて、祓除《ばつじょ》したまう。ついに身の所汚《けがれ》を盪滌《とうじょう》せんとして海底に沈濯《ちんたく》し、因《よっ》て以て生《うまる》る神を号して、底《そこ》津《つ》小童命《おわらべのみこと》と曰《い》う。次に底津男命《そこつおのみこと》、また潮中に潜濯《せんたく》して、因て以て生るる神を号《なづ》けて中津《なかつ》小童命《おわらべのみこと》と曰う。次に中筒男命、また潮上に浮濯して、因て以て生める神を号して、表津《うわつ》小童命《おわらべのみこと》と曰う。次は表筒男命、すべて九神あり。その底筒男命、中筒男命、表筒男命、これすなわち住吉大神なり」
＋「住吉の地に鎮坐したまいし由来を、御知らせありたし」
―「底津男、中筒男、表筒男三神のその荒《あら》魂《みたま》は、筑紫の小戸にあり。和魂《にぎみたま》は、神功皇后三韓を征したまうときに、摂州に顕座し、皇后の体に託し、しかして四方を循行《じゅんこう》して、ついに摂州の地に到りて宣言して曰《いわ》く、『真住《ますみ》吉《よし》、真住吉の国なり』と。因てその地に鎮座し、名づけて『住吉』と曰う。云々《うんぬん》」
＋「貴神、住吉神社に仕えたまうは如何《いか》なる縁故に依れるや。畏《おそ》れながら、審神者の研究のために語り知らせたまえ」
―「吾はその昔、神功皇后陛下の三韓を征し玉いしとき、一方の将として従軍したるものの荒魂なりしが、爾后《じご》、当神社の眷属〔族〕として奉仕するものなり。云々」

大霜眷属と余との問対《もんたい》は、この外に数多ありしかども略す。只、正神界と邪神界との感合法の大意を知らしめんために、その一斑《いっぱん》を示したるのみ。読者心を静めて誦読《じゅどく》せば、自ら正邪賢愚の別、尊卑の差等、天淵《てんえん》の差隔ある事を了得することあらん。

上田幸吉の神主につきて帰神の一斑を記載せんに、左の如し。余は式の如く、審神者の礼を行い、正神界の感合と見てとりたれば、

＋「神名を伺います」

一「八坂神社の眷属行守《ゆきもり》なり」

＋「所在地は何処なるや」

一「山城国愛宕《あたご》郡八坂にあり」

＋「社格は如何」

一「官幣中社なり」

＋「現奉仕の宮司の姓名及位記《いき》は如何」

一「秋山光條にして、従六位なり」

＋「祭神は如何」

一「祭神は三坐にして、感神天皇、八王子、稲田姫なり」

＋「感神天皇とは如何なる神ぞ」

一「素戔《すさの》嗚尊《おのみこと》の御別称なり。一に午頭《ごず》天皇とも称し奉り、勇悍《ゆうかん》にして安忍《あんにん》なることある大神なり」

＋「八王子とは如何なる神ぞ」

一「天照大神の生み玉いし所の三女神、田《た》心《ごころ》姫、瑞津《みずつ》姫、市杵島《いちきしま》姫と、素戔嗚尊の所《しょ》生《せい》の五男神、天忍骨尊《あめのおしほねのみこと》、天穂日命《あめのほひのみこと》、天津彦《あまつひこ》根命《ねのみこと》、活津彦根命《いくつひこねのみこと》、熊野樟日尊《くまのくすびのみこと》を合せて、八王子と奉称するなり」

＋「稲田姫とは如何なる神ぞ」

一「素戔嗚尊、出雲国簸之川《ひのかわ》上にて、八岐《やまた》の大蛇《おろち》を退治し、一女を救いて吾妻となしたまう。これ稲田姫の命なり。云々」

すべて正神の感合せられしときは、かくの如く何事も明瞭に告げたまえば、実神と偽神との区別は自然悟ることを得らるるものなり。

3 吐納法

丹田を鍛える

霊術修練の基礎法

　ここに紹介する法は、神道、儒教、仏教のみならず、諸学に通じた達識《たっしき》の人である川合清丸《かわいきよまる》（一八四八～一九一七年）が一週間にわたり、河野至道寿人《こうのしどうじゅじん》という仙人から伝習した霊術修練の根本法の一つである吐納《とのう》法（呼吸法）である。

　神仙不老不死の法には種々の修行があるが、なかでも最も大切なのはこの吐納法である。普段、何気なく私たちは大気を呼吸しているが、大気が人間の生命の営みに重要なことは、今さらいうまでもない。私たちは、他のものであれば、かなりの期間それを補充しなくとも身体に致命的な結果がおよぶことはないが、わずか数分でも大気を呼吸しなければたちまち死んでしまうからだ。

　このように重要な大気を身体の内に納めて、生命の営みの根本的なところから生命を培ってゆくからこそ、吐納法は大切なのである。また、第三章の奥伝《おくでん》編で「霊胎凝結《れいたいぎょうけつ》（玄胎《げんたい》結成）」について触れることになるが、このような長生霊異の仙身を成就するための魂魄《こんぱく》とか身体の霊化法の基本こそは、じつは呼吸法なのである。

　神仙道の宮地水位《みやじすいい》（一八五二～一九〇四年）は弟子の「玄胎とは何か」という問いに対して、玄胎（霊胎）は霊魂の舎《やど》であって、観想することによってその形を凝結させてそれを見ることができるが、これはあくまで霊魂ではなく、五元の気が集まったものであり、霊魂の宿るところの体であると答えている。そして九転還丹《かんたん》ならびに調息《ちょうそく》の術（呼吸法）が終わってからのちにこれを行うべし、と答えている。ちなみに九転還丹とは、いろいろな操作を加えて九回の変化を起こさせて作られる丹薬とされるが、実際は法を以て肺液（金液）を昇らせて口中に集め、これを呑み下して臍下丹田《せいかたんでん》の気海中に収めることをいう。一種の特殊な呼吸法なのだ。

つまりいくつかの呼吸法によって神気を調養し、魂を練り、魄を消滅させて、元気（天識《てんしき》）を浩大にして、感念の力を養うことによってこそ、玄胎も結成できるのである。そうでなければ玄胎結成はもちろんのこと、脱魂の術なども行うことはできないのだ。

神仙・河野至道寿人

神仙道において肝要である吐納法を河野至道寿人に授けた人を山中照道大寿真《やまなかしょうどうだいじゅしん》といい、足利義満の時代から明治九年（一八七六）七月七日まで現世に存在した神仙である。

河野至道寿人は名は久、通称は虎五郎、後に俊八と改める。豊後国《ぶんごのくに》（大分県）杵築《きつき》の旧藩士で、天保七年（一八三六）三月に同国国東《くにさき》郡安岐浦の豪家に生まれ、のち河野家に養子に入る。明治六年に大阪府の官属となり、江戸堀に住した。至道寿人が仙道に志を立てたのは、明治七年に泉州（和歌山県）貝塚の親戚、大岡氏のところに移り住んでからである。

その前年の仲秋頃、宮地厳夫《みやじいずお》（一八四七～一九一八年。元宮中掌典《しょうてん》にして、肉身をもって神仙界に出入せられた宮地水位の親族にあたられ、古神道の大家である。その大著『本朝神仙記伝』の中には、至道寿人を含めた数多くの神仙が紹介されている）が教部省の命を奉じて、浪速《なにわ》において神道の講義をしたことがあり、そのとき至道寿人は聴衆の中にあってそれを聞き、神の厳存を確信するようになり、そうしたことが大きな機縁となって霊夢に感じ、泉州犬鳴《いぬなき》山に入り、滝に打

弟子である河野至道寿人が見守る中、天仙となるため昇天する山中照道大寿真。

たれて修行を始めたのである。

その修行中にいろいろな霊異に遭遇し、ますますます道念は堅固となり、明治八年八月六日に至って奈良の葛城《かつらぎ》山に登り、頂上を修行の地と定め、山籠もりをした。ここで至道寿人は山中照道大寿真に出会い、奇霊《くしび》なる体験を重ねつつ、神仙の秘旨要訣を授けられたのである。

さて、照道寿真は大和国（奈良県）某神社の神主山中氏で、応永（一三九四～一四二八年）初年に生誕したのであるが、寿真が若い頃は仏教が盛んで、日本古来の神道を尊び、神を敬う気持ちの篤い人は少なかった。ことに足利義満が剃髪《ていはつ》して、堂塔を建立し、もっぱら仏法に力を入れてからは佞仏《ねいぶつ》の輩がいよいよ勢いを得て、神国の体面を汚すものが少なくなかった。神の道を思うこと切であった寿真は、ついに慷慨悲《こうがいひ》憤《ふん》に堪えきれず、俗塵《ぞくじん》をさけ、齢四十有余にして山に入った。

幸いにして富士に幽居を構える神仙にまみ

えることを得て、以来修行に励むこと数百年、功満ち、行い足りて地仙の籍をのがれて、至道の見守るなか昇天し、天仙の籍に入ったのは明治九年七月七日のことであった。よって、寿人と寿真の現界においての師弟としての交流は、一年足らずの短い期間ではあったが、教える照道寿真も、教わる至道寿人も並の人ではないので、相当のことが伝授せられたものと想像される。

そのことは、至道寿人が尸解《しかい》したことからも推察できる。尸解というのは仙去することを世間に知らしめずして、普通の人と同じように死んだようにみせ、世間並に葬儀なども行うが、そのじつ仙去していて、ときとして世人にも面会することもあるのをいう。

明治二十年に至道寿人は、百日間の断食満了の数日前に寓所の主人に暇ごいを告げ、忽然《こつぜん》として世を去ったのだが、のち偶然の機会から、吉野山の仙境に住み、時々熊山の仙境にも往来していることが、某神社の禰宜《ねぎ》によって確かめられたのである。

それはさておき、至道寿人の生存中その令名が自然と世に知れわたって、入門して至道寿人から仙道の修行方法を伝授された人も少なからずあったようで、その門人帳には七十数名の名が列記してあったと伝えられている。入門はしなくともその話を聞く人はもっと多数にわたっていたようで、山岡鉄舟《てっしゅう》などもその一人であった。

その山岡鉄舟の強い勧めで、川合清丸は明治十九年の四月、春雨のしとやかに降るある日、大阪西区紀伊国橋の西北詰、粕谷治助という家の裏の離れ座敷に至道寿人を初めて訪ねた。当時五十一歳の至道寿人であったが四十歳ばかりに見え、顔色麗しく、その音声のすずやかなことはまことに常人と異なっていた。

清丸は元来神道の家に生まれ、相当和漢の学にも通じていたが、そうした学問や禅の修行が逆に先入観となり、神仙道における「秘事口訣《ひじくけつ》の秘事口訣にせざるべからざる所以《ゆえん》」を当時いまだ理解していなかった。そのため持ち前の気性と禅機から鋭く質問を浴びせ、ついには仙人を言いおとしめもした。

しかし、至道寿人はあと一年余で尸解すべきことを悟っていたので、清丸の論旨はともかくとして、救世済国の至情と忠胆義魂の精神の発露としての清丸の言動の中に、仙家の秘訣を伝うるべきいわゆる仙骨を見いだして、仙家秘訣無病長生法ならびに神仙道の玄秘にわたる秘事口伝を授け、照道寿真の遺品をも授けたのである。

河野至道寿人が「無病長生法」を川合清丸に伝えたあと、吹きしきる吹雪の葛城山中で大寒の水行を修めているとき、いずこともなく照道寿真が来臨し、「汝は仙家の禁戒を守らず、かつて伝えたる秘禁の胎息《たいそく》術をみだりに人に漏らしたるはもっての外なり。この咎《とが》によりて五十日の謹慎を申しつくる」と至道寿人の行動の逐一をあたかも見ていたかのように少しも違わず指摘して詰責《きっせき》したので、さすがの至道寿人も恐懼措《きょうくお》くところを知らず、弁解する一言もなく、ひたすら涙を流し、頭をたれて謝罪したという事実が伝えられている。

吐納法の実際

さて、秘法伝授の経緯を説明したところで、以下に河野至道寿人から口伝を授けられた川合清丸が編述した『仙家秘訣長生法』から、吐納法の部分を現代的にわかりやすく書き改めて紹介しよう。類似の呼吸法が多々存在するところから、ただのありふれた仙法あるいは強健法とみなすようなことなく、その伝法の経緯をよく理解し、容易の感を排して実行せられることを切望する次第である。

①まず正座して、背骨をたて、胸腹を広くし、肩を寛《くつろ》げ、心を虚にし、両拳をゆるく握り、甲を下にして左右の膝の上に置く。

②次に、上下の唇を合せて、その中央を極めて小さな針がやや通るほど開き、顔を少しうつむけて、大気をできるだけ細長く綿々と吸い納《い》れる。吸い納れるにしたがって、顔を少しずつ仰向《あおむ》ける。

③次に、今まさに吸い終ろうとするとき、グッと嚥《の》み込む。その嚥み込むときに唇を閉じて頭を少しうなずく。これはノドを閉じて、吸い納れた大気を外へ漏らし出さないためである。

④次に、気を張るつもりで腹を膨らませ、臍下《せいか》丹田《たんでん》へ力を入れ、心を静める。

⑤ややしばらくして、息苦しくなろうとする前に、鼻から息をできるだけ細長く綿々と漏らし出し、漏らし出すにしたがって少しずつうつむき、漏らし切って終わる。

以上の①〜⑤を一息という。この一息が終わったらまた始め、始めてはまた終わり、一息ごとに軽く握った右手の指で数を計算し、十息になったならば、それを左の指に移して、また右手で、もとのように数え、五十息になったならば止めるのである。

仙家においては臍下一寸五分の場所を称して気海《きかい》といい、臍下二寸五分のところを丹田という。丹田とは不老不死の仙薬である大還丹《だいかんたん》を作り出す田地《でんち》という意で、気海とは全身の元気が集《つど》い聚《あつ》まる大海という義である。であるから、気海丹田に元気が充満したならば、下半身は温暖に、上半身は清涼になって、なんのしこりもなく爽快である。これに反して元気が気海丹田に不足すると、下半身は寒冷し、上半身は蒸熱して、心が楽しまず病となる。だから気海丹田は一身中において最も大切なところなのである。

さて、吐納法に熟練してよく胃と腸とを押し

観念式吐納法を実習する松原皎月と洗心会会員。

河野至道寿人から吐納法を口伝された川合清丸。

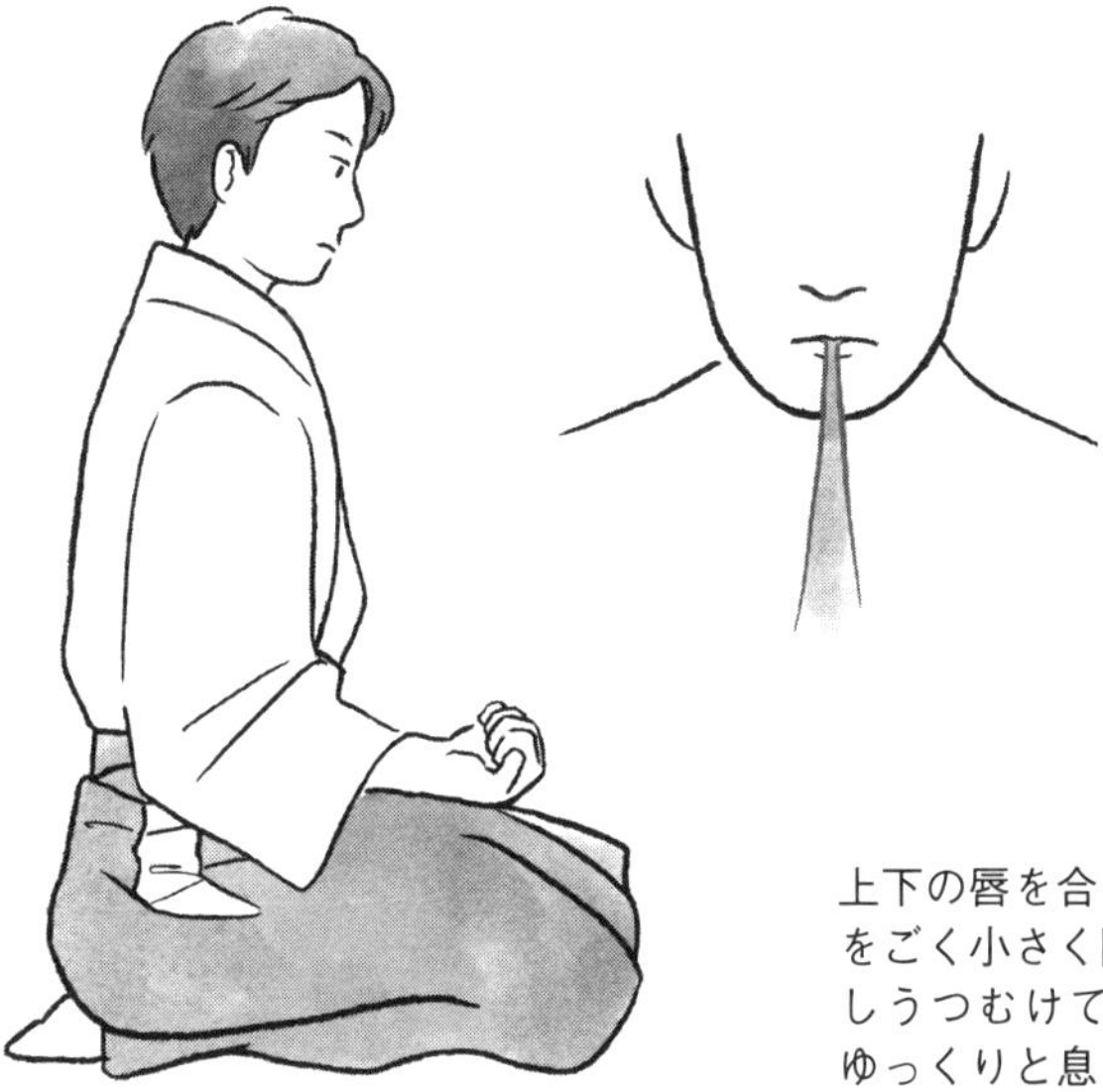

上下の唇を合わせて、中央をごく小さく開き、顔を少しうつむけて、細く長く、ゆっくりと息を吸う。

開きつつ、大気を丹田に輸《おく》り入れることを行気《ぎょうき》という。初めのうちは胃と腸とが閉塞して通じないものであるが、この法をつとめて怠らなければ、中間の閉塞も徐々に通って、一吸ごとにグッグッという音をたてて大気が下に降るようになる。

それからその功が積り累《かさな》って元気が丹田に充満し、気海が脹《ふく》れかたまり、あたかもいまだ篠打《しのう》ちしていない鞠《まり》（固いことのたとえ）のように、手で推してもへこまないほどに張り詰めてきたならば、気海中の元気と空中の大気が常に引き合って、ことさらに呼吸しなくても大気は鼻からどんどん出入して、呼吸が次第に長くなるのを覚え、ついには閉じて息をしなくても呼吸が苦しくなくなる。これを名づけて胎息《たいそく》という。胎息は吐納法の極致である。

吐納がここに至るのは、じつに自然の熟練によるものであるから、修行中に無理な呼吸をしてはならない。ただただ法の如くつとめかさねて自然とここに至る必要がある。しばらく続けていると、吐納のあと、または気力を入れたときには気海充実して推してもへこまないようになるが、未熟な間は物に驚いたり、あるいは湯の熱いのに入ったり、寝ていたりするときには気を失いやすいものである。これは未熟さがそうさせるのであるから、月を積み、年をかさねて、気長く、間断なく修行することが必要だ。

胎息術による奇跡

胎息とは先天の一気、天地剖判《ぼうはん》以前の元気をいう。今の空中の大気は、地気、日気、水気、火気など種々の気の混合したもので、いうまでもなく後天の気である。しかしながら、この後天の気の中に、自ずから先天の一気が含まれているので、胎息の法はその元気を自分のものとし、気海に納めて体外の先天の一気と感通和合する、というものである。よって、この法を手に入れた者には人類が成し得ない奇怪な所業がある。

昔、中国の晋《しん》（二六五～四一九年）の葛洪《かっこう》の従祖父《おおおじ》の葛仙公《かっせんこう》というものは、酒にひどく酔ったとき、あるいは大暑のときなどには、しばしば淵の底へ入って、いつも一日ぐらい逗留《とうりゅう》して出てきたのを、葛洪がこれを評して、「このようなことができるのは、よく気を閉じて胎息しているからだ」という。

このことを川合清丸が怪しみ疑って、これを鉄舟居士《こじ》へ物語ると、居士は笑って言った。

「それはいまだ下手だ。白隠《はくいん》（一六八五～一七六八年。日本臨済禅中興の祖）の弟子遂翁《すいおう》という僧は、桑名から熱田へ渡る海上で、暴風に逢って船がひっくり返って沈没し、その船の乗客、あるいは助かりあるいは死んだが、この僧は二夜三日の後に漁師の網にかかって海底から引きあげられ、両手で顔を撫でつつ平気でまた行脚し去っていったということがある。これはまさに白隠が白幽《はくゆう》仙人から伝えられた胎息の術を修し得たからであって、なんら怪しむことではない」

川合清丸の『仙家秘訣長生法』から吐納法に関する部分だけを取り出して紹介したが、吐納法がいかに大切なものであるかが少しはわかっていただけたであろうか。

4 霊動法

霊気を発動させる

霊術の基礎

霊動とは、鎮魂《ちんこん》あるいは帰神《きしん》法、またそうしたものによらずしても自己の霊、また憑霊《ひょうれい》などが発動して、身体の一部あるいは全部が震動することである。わが国に太古から伝わるもので、振魂《ふりたま》などともいい、『先代旧事本紀《せんだいくじほんぎ》』などにも、「ふるえ、ゆらゆらとふるえ」などと記されているものである。

太霊道《たいれいどう》の田中守平《もりへい》（一八八四～一九二九年）はこれを霊子《れいし》の顕動作用とし、松本道別《ちわき》（一八七二～一九四二年）は人体放射能（気、プラーナ）の発動とした。とはいえ、実際には身体の震動は、身体の歪みをなくすために起こることもあるし、あるいは暗示などによって引き起こされることもある。

よって霊動法といっても一律ではなく、いろいろとある。ここでは、霊気の発動によって身体に震動を起こす、霊動法を説明する。これは、自分の霊的な能力を発揮させ、あらゆる霊術の基礎となるところのものである。

この霊動法には、松本道別、桑田欣児《きんじ》、松原皎月《こうげつ》、田中守平のものなど、いろいろとあるが、代表的なものは松本道別の『霊学講座』に記されたものといってよかろう。よって、道別の『霊学講座』に記されているやり方を私の体験にもとづき、わかりやすく書き改めて、説明することとする。

座式霊動法・第一式

霊動法というものは、立っても、座っても、仰臥《ぎょうが》しても、できないことはないが、やはり一番やりやすいのは座してのものと思われるので座式霊動法を紹介する（141ページ参照）。

①まず膝を少し開き、足の親指を浅く重ねて正座する。

②次に指先を前方に向けて両手のひらを伸ばして、前へグッと突出し両手のひらを合わせて、手のひらの反り返る位に充分に力を入れて、そのまま胸前十センチぐらいのところ（肘から手首が身体とほぼ平行になる位置）まで引き寄せて、指先を天に向けて眼を閉じる。

③次に三回深くゆっくりと呼吸をする。そして、四回目の吸息を下腹の気海丹田《きかいたんでん》（臍《へそ》の下、約九センチくらいのところ）に留めて、息を止めるのである。

④そして、両手にできるかぎり力を込めて強く手のひらを圧する。そして息の続くかぎり、何も考えずにただひたすら両手のひらを互いに押し続ける。

⑤すると、自ずから手のひらに微動を生じて、徐々に震動を増し、両手が前後に、あるいは上下など激しく動きはじめる。

⑥その震動が激しくなると、人によっては自から敷物を離れて、ドンドンと跳躍し、グルグルと座敷中を跳び廻ることもある。

⑦動きの大きさは人によって違うが、震動すること三分ないし五分くらいで止める。

指導者がいて、素質のある人であれば、②の段階でさえも両手はすでにピリピリと微動を起こし始める。しかし、一度で震動しなければ何度でも③④の過程を繰り返すとよい。

ただ手が振動しなくとも、手に熱気とか電気のようなピリピリした感じとか、風が吹きだすような感じとか、手と手の間に反発するような感じとか、あるいは小さな虫などが動いているような感じなど、つまり普通とは違う感じがしたならば、それは霊気が発現してきているので、そのまま普通に鼻で息をして、自然と動き出すのを待つのがよい。人によっては顕動にならず、そうした感じがますます強くなるだけの人もいるが、それはそれで霊的に大いに意味があり、その手を身体の悪いところに当てることにより、その症状を和らげたり、治すことができる。つまり、いわゆる手のひら療治ができる。

また、④のときに、あれやこれやと雑念が湧いてもかまわないのであるが、人によってはぼんやりと手を合わせて両手を押し続けるよりも、「両手が振動してくる」と強く思い続けているほうが動きやすい人もいるので、なかなか動きださない人は試してみるとよい。

⑤⑥のとき、意識はほぼ明瞭であるが、雑念妄想は自然と消え去り、人によっては自然と無我の境に入り、その爽快さ、妙味は体験した人でなくてはわからない。

たいていの場合、最初は発汗することが多いのだが、この発汗に病的な邪気を払う効果があり、軽い風邪や胃腸病くらいは一度で快癒すると道別は記している。

ちなみに⑦で霊動が終わったとき、ほとんどの人は心身に爽快さを感じる。ただ人によっては身体の動きが激しすぎて、自分の意志で止めようとしても止まらないことがある。そのときには、「眼を開き下腹に力を込めてウンと気張れば必ず止まるから、発動が激しければとて、あえて恐れるには及ばぬ」と道別は断言している。確かにもともと憑霊されている人でもなければ大丈夫で、野口晴哉《はるちか》の整体協会は活元《かつげん》運動として同様なことをなさしめているが、益はあっても害はないようである。

座式霊動法・第二式

次に座式霊動法の第二式を紹介する。

前方に腕を伸ばし、手のひらを合わせて力を入れる。そのまま胸元まで引き寄せ、指先を天に向け、眼を閉じる。深呼吸を三回して息を止め、両手のひらを力を込めて押し続けて、霊気を発動させる。

①まず膝を少し開き、足の親指を浅く重ねて正座する。
②両手の拳をグッと握って、手の甲を下に向けるようにして、両横腹に付け、眼を閉じる。
③息を腹一杯に吸えるだけ吸ってから腹と腰にウンと力を入れる。
④グッと反り身になってしばらく息を止める。
⑤すると両拳、腹部などに自然と震動が起きる。
⑥人によっては猛烈に跳躍したり、身体各部を揉んだり、撫でたり、叩いたり、曲げるなどの運動が始まる。
⑦自然に治まるのを待ってもいいが、必要であれば意志をもって止めてもいいし、止まらないときは第一式同様、眼を開き、下腹に力を込めてウンと気張って止める。

この第二式によって、「身体各部を揉んだり、撫でたり、叩いたり、曲げる」などの運動が起きるのは（第一式でも人によっては同様な状態になるが、第二式のほうが両手が離れているせいか、なりやすい）、自分の身体の悪いところを治そうとする本能的な働きで、「本能療法」などと名付けて教えている人もいた。この動きに任せていると自然と身体の不調が軽減するし、場合によっては治るものである。通常は、膝とか腰とか肩を握り拳で叩く人が多いようだが、腰痛、肩こりの人が多いせいであろうか。

この動きが起こるようになった人は、身体に不調がある人に対すると、悪い所を相手が言わずとも自然と手が患部に動いてゆき、手当てをしたり、また自然とその人の身体を揉んだり、撫でたり、叩いたりして、治療することもできるようになる。

霊動法のメカニズム

霊動法において、手とか腹部などに力を入れるのは、腹部は霊気の蓄積された場所であり、また手は霊気を発射しやすい場所だからで、これにより霊気が活発に動き始め、それが目に見える身体の動きになるのである。もっとも、動くと思うと動いてくるという観念の作用も否定しえないし、ほとんどの場合においてそれが働いているというのが実際だ。

ともあれ、この霊動は、体操とか他の運動のように努力して起こす運動ではなく、内部から自然に発するところの霊妙な運動なので、その爽快さは健康のためにと無理して行う運動とは比べることもできないほどである。

もともと人間の生命力と深いかかわりのある霊気の発動であるから、血液の循環をよくし、全身細胞の活力を盛んにするといったことは当たり前のことであるが、精神中枢である脳髄・脊髄およびこれに付属する各神経系の機能を刺激して、活動せしめるという点が大きな特徴である。

元来、私たちの内臓器官は、こうしたものと密接な関係があるので、これらの中枢および神経の機能が活動すれば、内臓器官の運動も活発となり調整され、このため身体一切の違和不調を去って健全ならしめることとなるのである。

よって虚弱者は壮健となり、病弱者であってもそれに応じた霊動によって次第に健康となる。「ことに回復期に向かった病人に霊動を応用すれば、一週間くらいで、功を奏するもので、転地湯治などよりも十数倍の効果がある」というのが松本道別の説である。

ちなみに、この霊動法はいろいろと応用法があり、握力を強くするためなどに使うことなどもできる。堅く両手を握って拳を固め、少し肘を曲げ、ウンと下腹に力を込めて霊動を起こし、鼻で呼吸して、吸い込んだ息は下腹に充実するようにすればよい。

道別なども若い頃、握力など弱いほうであったが、この法によって五十歳という歳にもかかわらず二十五も握力が強くなり、若い人であれば毎日、二、三回も実行するようにすれば、数日で必ず握力が十くらいは強くなるという。試してみられたらどうだろうか。

5 清め・祓いの霊術

悪霊退散・招運開福の秘法

人間は本来、清明

人は本来、神に等しい清浄で清明な霊を神から与えられている。ところが、知らず知らずのうちに、罪穢《けが》れが心身にまとわりつき、積み重なって、自分の素晴らしい本性が発揮できなくなるのである。

その結果として、人間は自由自在に素晴らしい人生を歩むことができるように本来は生まれついているのにもかかわらず、ツキがなくなり、不運続きとなり、悪霊に取り憑かれたり、時には大きな災いに出会うことにもなってしまう。したがって、神道あるいは霊術などにおいて、何よりもまず「清浄」を尊ぶというのも十分に理由があることなのだ。

「この頃どうもツキがない」「幸運を呼びこみたい！」と思ったら、鏡のほこりをぬぐい去るように、自分自身に知らず知らずのうちに付着して、その本性を覆い隠している罪穢れを祓《はら》うことがまず肝要だ。また「転ばぬ先の杖」ではないが、不運な状態に陥る前に定期的に自分および住居などを浄めることも、悪運を避けたいならば、心掛けるべきなのだ。

そもそもこの清め祓うことの起源は、神道においては、黄泉国《よみのくに》から戻られた伊邪那岐大神《いざなぎのおおかみ》が、そこで付着した穢れを祓うために、筑紫《つくし》の日向《ひむか》の橘《たちばな》の小門《おど》の阿波岐原《あわきはら》で海水の中に入って禊《みそぎ》した、その禊祓いがもととされる。伊邪那岐大神にならい、罪穢れが心身に付着したならば、禊祓いを行い浄めることが必要なのである。

ちなみに、罪とは神の使命を受けて命をいただき生かされる私たちが、その本来の自分の姿をつつみ隠している状態であり、穢れとは「気枯れ」であって、気が枯れて使命を果たし得ない状態、自分自身の力を発揮しきれない状態をいう。

であるから、悪い行いをする、不浄である、病になる、災いにあう、悪いことが起きる、あるいは小さな自分にとらわれること、人を恨んだり憎んだりすること、自分の利益をむさぼることなども、すべて罪穢れなのだ。

このような罪穢れが生じた場合に、伊邪那岐大神にならって禊祓いに起源を持つ清め・祓いを行えば、伊邪那岐大神同様に浄く正しい状態、つまり本来あるべき姿に戻り、不浄、病気、災禍、凶事、霊障といったものも自然と消滅するというわけなのだ。

ではこれから、本来の自分を取り戻し、幸運を手にするための清め・祓いの法を紹介しよう。

塩——古代から神聖視されてきた塩の神秘力で浄める

清め・祓いに使うものとしては、身近にあってそれでいてかなり効果的なのが塩だ。

色が純白で、食べ物などの腐敗を防ぎ、その状態を永続させる塩は、人間が生命を維持するのに重要なものであることとあいまって、どこの国でも古来、浄化、招福、延命の具として神聖視されてきた。

古代ギリシャでは祭壇に塩を捧げていたし、ユダヤ教でもすべての供え物に塩を欠かしてはならないとされる。カトリックでは洗礼の際に塩を用いる。スコットランドでは、魔法使いが入り込んで酒をくさらせてしまうのを防ぐためとして、仕込んだ樽の上に塩をまく。レオナルド・ダ・ヴィンチが絵にも描いたキリストの「最後の晩餐」では、ユダがキリストの言葉に動揺して塩壺の塩をこぼしてしまったときに、彼の心にサタンが入ったとされる。インドでは、現在でも塩を贈ることが幸運のシンボルともなっている。

日本では、海は万物を産み出す場であって、しかも潮水には清め・祓いの力があり、またその潮水から取り出された塩にも大きな力があると考えられていた。そのため、赤ちゃんを湯《ゆ》浴《あ》みさせるときに、たらいに塩を入れる風習などがあった。

吉野や熊野では山奥にもかかわらず、子どもが生まれると、その穢れを祓い、幸福に長生きできることを祈願するために、家のものがわざわざ里におりて、海水を酌《く》んでくるのがならわしであった。

また現在でも、相撲取りは勝負の前に土俵に塩をまき、料亭などでは入り口のところに「盛り塩」をし、普通の人でも葬式に参加すると帰宅して玄関で塩をまく。

このように古代から世界各地、また私たちの住む日本においても清めや祓いのためなどに塩は用いられてきた。それほどまでに塩にはなんらかの未知なる神秘的な力が秘められていると考えられているのだ。

さて、ではその神秘的な力をもった塩の具体的な使い方であるが、基本的には清めたいところやものに塩をまいてあげればよい。

たとえば、あなたが心霊スポットとか墓地などに行って、なにかに取り憑かれたのか嫌な気分になったとする。その場合には自分の身体に塩を振りかければよい。もっとも、これにはコツがある。

まず少量の塩を右手でつまんで左の肩に振りかけ、次にまた少量の塩をつまんで右の肩にふりかけ、さらに少量の塩をつまんで再度左肩に塩を振りかけるのだ。都合三回振りかけることになる。

これは場所や物を清める場合にも同じで、部屋の陰気な感じや嫌な感じの場所、あるいは清めたい物に対して、まず向かって左側のほうに塩を振りまき、次に右側のほうに、さらに再び左側のほうに塩を振りまくようにする。このような作法に則《のっと》って塩を用いることで、塩はその清め・祓いの力をいっそう強力に発揮することだろう。

火——損なわれた身体の陽気を切火祓いで再生する

古神道においては、清く明らかな状態、つまり清明を無上第一とする。自らが清明に一歩近づくことは、すなわち神に一歩近づくことと考えられている。よって、一切のことにおいて清明を保つことが大切なのだが、ことに火は清明が重んじられ、「祭の第一は火の清め、神を祭るは火を清めるを第一義とする」と称されるほどだ。

火と霊は「ひ」と同言であることからも分明なように、本来同質のものであるから、火の気の穢れはただちに体中の火の気（陽気）の穢れとなるばかりではなく、霊の気の穢れともなる。

つまり、火の気が穢れると体中の陽気が損なわれ、血や霊が穢れて、本来の神性を覆い隠すようになる。そのため、黄泉国の邪気とか、邪神や妖鬼が感応して諸々の禍事を引き起こすことにもなるのである。

したがって、邪気とか邪神あるいは悪霊などにまとわりつかれて苦しんだり、あるいは運気が悪くなってきたときなどは、何よりも清明な火をもって自分や周囲を祓うことが大切なのである。「切火《きりび》祓いの法」は、金石を打ち合わせて発する清明な石火によって祓い清めを行うものである。

なぜ石中に火を含むのか？

神典によれば、火の神カグツチの神血がほとばしりそいで、天之八十河辺《あめのやそかわら》中の五百箇磐石《いおついわむら》に染みこんだ。これが石中におのずから火を含

火打金と火打石。石は石英や玉髄、瑪瑙、碧玉など硬度の高いものを使用する。

む由縁である、と伝える。

切火祓いとは、この石火の火の気（陽気）を以て穢れを祓うのである。よって、この祓いを行う人は、石火に宿るところの火神の御霊を仰ぎ、その神徳をいただくという心構えを要する。ではその法を紹介しよう。

【切火祓いの法】

①左手に火打石を、右手に火打金《ひうちがね》（火鑽金《ひきりがね》）を持ち、敬虔《けいけん》な心持ちでこれを捧げ、火打金と火打石とを近づけて軽く接し、「神火《しんか》清明《せいめい》、神《しん》水《すい》清明、祓え給え、清め給え」と三度心の中で唱える。

②念じ終わったならば、さらに「神風《しんぷう》清明」と心の中で唱えて、その伊吹《いぶき》（息）を長く「フーッ、フーッ」と二度吹きかけ、そのあとで右手の火打金をその中央部が火打石に当たるように打ちつけ、火を発しさせればよい。

③発した火を清めようとする物に打ちかけて清めるのだが、まず清めようとするものの左方に「神火清明、神水清明」と心の中で唱えつつ二度カチカチと打ちかけ、次に右方に同じく「神火清明、神水清明」と心の中で唱えつつ二度カチカチと打ちかけ、次いで再び左方に今度は「祓え給え、清め給え」と心の中で唱えつつ二度カチカチと打ちかける。

以上の切火と、前述した塩で祓ったら、かなりの陰気、邪気を消し去ることができるだろう。ちなみに、霊符を書いたり、神折符《かみおりふ》を謹製する人などは、筆や墨、和紙などをこの切火祓いによって清めることで、いっそうの霊験を期待できよう（神折符については本書第三章、霊符については第四章で詳述する。火打金や火打石は神具屋、仏具屋などで購入できるし、八幡書店では詳しい説明書もついた、お守りともなる龍形の神龍火鑽金セットを扱っている）。

水――天の真名井の水を使った切水清祓法

また、補遺として、水を使って清める「切水《きりみず》清祓法《きよめはらい》」も紹介しておこう。

①三枚以上の葉が付いている榊の小枝と「天《あめ》の真名井《まない》の水」を小型の適当な器に入れたものを用意する。「天の真名井の水」の作り方については、『古神道玄秘修法奥伝』（八幡書店刊）を参照されたいが、事情によっては、普通の水に塩を少量入れて代用してもよい。

②左手に真名井の水を入れた容器を、右手に榊の小枝を持ち、敬虔なる心持ちにてこれをささげ、「神火晴明、神水晴明、祓え給え、清め給え」と念唱する。

③念じ終えたら、右手の小枝を容器の中の真名井の水に浸して、目的物にパラパラと左右左と振りかける。つまり左手の方向に二度繰返

して振りかけ、次に右手の方向に二度繰返して振りかけ、さらに左手の方向に二度繰返して振りかけるのである。

なお、口伝《くでん》を付け加えておけば、次のようになる。

最初に両手にささげた榊の小枝と真名井の水の入った容器を軽く接しさせて、「神火清明、神水清明、祓え給え、清め給え」と三度念唱した後、さらに「神風清明」と念唱しながら、その合わせ目に伊吹を長くプーップーッと二度吹き掛ける。そして、「神火清明、神水清明」と唱えつつ左方に真名井の水を振り注ぎ、さらに「神火清明、神水清明」と唱えつつ右方に真名井の水を振り注ぎ、もう一度左方に真名井の水を振り注ぎつつ、「祓え給え、清め給え」と唱える。

風は地球の大いなる息

前項までに「神火清明《しんかせいめい》、神水清明《しんすいせいめい》」という咒《じゅ》言《げん》を紹介し、火と水については、それを用いた清めの法などを略述してきたが、火や水とともに古神道において重視される風に関する神法について、いささか記すこととする。

神典によれば、風は、伊邪那岐神《いざなぎのかみ》が国生みを終えて後、狭霧《さぎり》を吹き祓われたときに、その御息に成ったものであり、それを司る神は志那都《しなつ》比古神《ひこのかみ》・志那都比売神《しなつひめのかみ》とされている。平田篤胤《あつたね》（一七七六〜一八四三年）の「毎朝神拝詞記」に「大和国平群郡《へぐりのこおり》。龍田乃立野尓《たつたのたちぬに》大宮柱太敷立《おおみやばしらふとしきたて》弓鎮座坐須《てしずまりまします》。天御柱国御柱命《あめのみはしらくにのみはしらのみこと》。亦名波志《またなはし》那都比古志那都比売乃御前《なつひこしなつひめのみまえ》……」とあるごとく、大和（奈良県）の龍田神社に祭られており、よって風の神のことを龍田彦・龍田姫ということもある。

古神道において、風神は私たちの願いごとを天に伝えてくれる神とされ、何かを祈願する場合には風神に感通するための秘呪《ひじゅ》を唱えてからなすことが多い。祈る場合に人が声を発し、言葉をなすというのも、その息すなわち風によってなすのである。

また風は天地の間を通い保つところから、先の神拝詞《かむおろがみのことば》にも記されているように、天御柱、国御柱との名をも負っている。天と地の間に満ち満ちて天地をつなぐものこそは風であり、人々の願いごとを神々に伝えるものこそは、風なのである。このあたりの消息は『古事記』に「下照比売《したてるひめ》の哭声《なくこえ》は風の共《むた》響きて天《あめ》に到る」とも記されている。

ちなみに私たちが感じている風、つまり空気の流れは、もとをたどれば全地球的な大気の動きのごく一部分である。こんなことを想像すればそれはわかるだろう。

風呂の中に入ったときに、手や足を動かしてみる。すると、お湯は複雑な動きを示し、波立ったり、渦を巻いたりする。風呂の中のお湯がいわば地球上の大気であり、風呂の底は地表である。つまりは地球上で吹いているどんなわずかな風も、この全地球的な大気の運動と密接な関係を有している。地球上のすべての風は全部お互いにつながっている。私の今伊吹《いぶ》いた息が、あなたのそばを吹き抜けている風となっているのかもしれないのだ。

私たちは暑い夏の涼風に感謝することはままあるが、日常生活において風をあまり大事なものとは考えていない。まさに、幅広い分野の学問を習得し、生命と「意識」を結ぶ謎と神秘の解明にとりくんだ人物ライアル・ワトソンが、「地球は風によって生きている。風がなければ、地球のいのちは絶えてしまう。そして地球をめぐり、いのちを活性化させる風とは、本当は何なのか誰も知らない」と語っているように、風についてあまりにも知らないのかもしれない。

穢れを吹き払う風の祓い

風は大気を循環させている。大気の循環によって地表の温度のむらが小さくなり、調節されている。太陽エネルギーには生物には有害な成分がたくさん含まれているが、そのような有害な成分を大気がバリアとなって防いでいてくれている。

風は普段、意識することはないが、じつに大切なものなのだ。一つたとえ話をしてみよう。

もし一人の人が、そよとも風の吹かない完全な密室の中にベッドに縛りつけられて身動きできない状態でいたとする。この人がもし死んだとしたら、その原因はいったいなんであろうか。ストレスによるもの、飢えとか喉の渇きによるものなどと、いろいろと答えは出るであろう。しかし、どれも違っている。

この人の死因は窒息死である。とすれば、狭い密室であったから次第に部屋の酸素が減ってきて窒息死したのであろう——と読者は考えるであろうがそうではない。

風が少しも存在しないならば、なんと空気が一杯にある大高原においてさえも、人は窒息死する。空気が一杯にあるのに窒息死とは、想像できないかもしれない。だがそれは事実なのだ。

通常私たちが生活しているところでは、風が少しもないという状態は存在しない。閉め切った部屋の中であっても、タバコの煙などを見ればわかるように、空気は必ずわずかなりとも動いている。空気は暖かくなれば軽くなって上昇し、冷えれば重くなって下降する。どんな部屋でも、部屋の中には温度差があるので空気は循環しているのだ。

ところが、もし少しも風が起きていないならば、人は顔のまわりの空気中の酸素を吸ってしまったら、それ以上酸素は供給されないので窒息してしまうというわけなのである。

人というのは、天地の風気を呼吸して生きているのである。日本においては、世に長く存し生きる人を翁《おきな》というが、これは息長《おきな》の義であり、生きるというのも、生きるとは息するであり、生きている間は息があるからなのである。

風神志那都比古・志那都比売は、伊邪那岐神の御息に生じ、風を司る神である。その名の志那というのも、これすなわち息を古言においてシということからもわかるように、息長《しな》の意味であり、人はもちろんのこと、生きとし生けるものの呼吸は、すなわちこの神の御恩頼《みたまのふゆ》によるものである、と古神道では考えているのである。

風神はどのようなものにしろ、吹き祓う御徳があるので、禍神《まがかみ》の人々に対して行おうとする禍事、一切の罪穢れなどを伊吹祓うことができる、と古神道においては考えている。風による祓いは普通の人の場合には、神社などに参拝したときに体験することができる。神前において祓幣《はらえぬさ》（祓串《はらえぐし》）によって祓ってもらうが、これが一つには風による祓いなのだ。

祓幣による祓いには、一面的には棒の先につけた紙垂《しで》にそれぞれの人の穢れを付着させて取り除く、といった意味もあるが、祓幣を左、右、左と打ち振ることによって風を生じさせ、その風によって心身の穢れを取り除いているというのが古神道における教えである。

ちなみに、地球規模における風による祓いは台風であり、台風によって地上の一切の穢れは清められているともいえるのである。

さて、風の祓いである「祓幣清祓法《はらえぬさのきよめはらい》」を簡単に説明すると、次のようなものである。

---

①三尺程の長さの榊の枝に、麻苧《あさお》（麻の茎の皮からとった繊維）と幣帛《へいはく》を付け、祓う。そして、敬虔なる心持ちで祓幣を眼前にささげ、「神火晴明、神水晴明、神風《しんぷう》清明、祓え給え、清め給え」と念唱する。

②念じ終えたら、左手にて榊の根元、右手にてその上部を持ち、まず左方に振り祓い、次に右方に振り祓い、最後にまた左方に振り祓うのである。

魔を吹き祓う伊吹の法

もっとも、このように祓幣を用いて、何かを祓うというようなことは、神職などその専門人でなければあまり実行することはなく、一般の人々には縁遠いと思われるので、風と密接な関係のある伊吹《いぶき》の秘事についても記しておくことにする。

何の道具もいらず病魔を祓うことのできる

とされる秘法が「伊吹の法」である。この方法は息を調え、気を練ることによって、自らの気《い》吹《ぶき》を霊力あるものとなし、その伊吹の霊力によって数々の霊験を顕現させるのである。

　この伊吹（気吹）の法は伊邪那岐神（伊弉諾尊）に起源を発するとされ、『日本書紀』には次のように記されている。

「伊弉諾尊、伊弉冉尊《いざなみのみこと》とともに大八洲国《おおやしまのくに》を生みたまいき。しかして後、伊弉諾尊曰《いわ》く、我が生める国、唯朝霧のみ有りて、薫《かお》り満てるかなとのたまいて、すなわち吹き払わせる気に化為《な》りませる神の号は級長津彦命《しなつひこのみこと》と曰《もう》す。これ風神なり」

　つまり、立ち込めて朦々朧々《もうもうろうろう》とした国の狭霧《さぎり》を伊邪那岐神が吹き払われたというのが、伊吹の法の淵源《えんげん》であるというわけなのである。

　伊邪那岐神の気息が凝結結晶して風の神となり、狭霧を祓い、あるいは「大祓詞《おおはらえのことば》」にもあるように、伊吹戸主神《いぶきどぬしのかみ》が罪穢れを根の国底の国に伊吹放つように、私たちの吹く気息が、伊邪那岐神の伊吹のように凝結結晶して、風の神と化し、科戸《しなと》の風が天の八重雲《やえぐも》を吹き放つように、罪でも穢れでも災いでも病難でも、根の国底の国に伊吹放ってしまうというのが伊吹の法なのである。

伊吹の法の実際

　この伊吹の法には、いろいろと種類がある。たとえば、本田流禁厭《まじない》法のように、神前に向かい、神招《かみおぎ》の文を唱え、石笛《いわぶえ》を吹き、神人結びの印を結び、秘歌を唱え、伊吹加持《かじ》を成すといった煩雑なものから、たんに思い切り息を吹きかけるといった至極簡単なものまである。

　ここでは霊験もあり、しかも比較的簡単なものを一つ説明することにする。
①まず禊《みそぎ》（水を浴びて心身を清める）をする。そ

れが大変な場合は手を洗い、口をすすぐだけでもよい。

②次に静かな部屋に正座する。神棚を祭っている人は神前に向かって正座すればよい。ない場合は部屋の造り、家具の位置などから考えて、落ち着く方向に向かって正座してさしつかえないし、外で行う場合などには、太陽に向かって立、座どちらで行ってもよい。

③次に瞑目して、左方に向かって三息、右方に向かって三息「フーッ、フーッ、フーッ」と濁気を口から吐き出す。

④次に正面に向かって鼻から息をできるだけ多く吸いつつ、少し身体を後方に反らせて、息を丹田《たんでん》（ヘソの少し下のところ）に留め、一杯になったら、今度は口から細く長く吹き出す。

ここで注意しなければならないことは、④の鼻から息を吸い、口から吐くことをできるだけ多く繰り返すのであるが、そのときに次のように思念しなければならないということである。

「この息は我が息にあらず。入るも神の御息、出るも神の御息」

このようにして、感念の作用によって自らの気息と神の気息とを同化させ、以て元気を丹田に充実させてゆくのである。

繰り返し修練して熟達してくると朝霧、夕霧を朝風、夕風が吹き払ったような、さわやかな大空のような気持ち、一心清明の境地に入ってくる。この境地に入った刹那《せつな》に「フーッ」と伊吹くところの気息に霊妙な力があるのである。

この方法が一種の呼吸法なのにもかかわらず、たんに呼吸法、気息法、胎息法などといわずして、伊吹の法というのは、この伊吹くところにその明応があるからである。

伊吹の法に長じた人は、病人に対して「病よ、去れ」と念じて伊吹けばその病は癒え、あるいは災いに苦しむ人に向かって「災いよ、去れ」

と念じて伊吹けばその災いは去り、悩み苦しむ人に向かって「悩みよ、去れ」と念じて伊吹けばその悩みは即座に解消するなど、その他さまざまなことに応用できるものとされている。

受用無尽、活用無限、諸賢の工夫に期待する次第である。

7 神手秘法

手からオーラを出す

神手秘法とは

神手秘法《しんしゅひほう》とは、一定の修法を行うことにより、自らの手を神手と成す法で、一応のところ、大国主神《おおくにぬしのかみ》と少彦名命《すくなひこなのみこと》が蒼生《そうせい》（庶民のこと）の病苦を救うために創製されたと伝えられるが、筆者が「玄気発現法」として『太古真法玄義《たいこしんぽうげんぎ》』および『玄想法秘儀』（いずれも八幡書店刊）に発表し、本書においても第三章の「言霊秘伝」において「気の発現法」として紹介したものと大同小異のものであり、有体《ありてい》にいうといささか両《りょう》部神道《ぶしんとう》臭もあり、法としては格下である。

それでは、何故に格下の類似の法をわざわざここに伝授するのかという疑問を持つ方もおられることと思うが、行者と法にはある一面で相性というようなものがあって、それぞれの産《むす》霊《び》紋理《かため》により気線がよく通じて、はなはだしい応験が得られる場合もあれば、逆に然《しか》らざる場合もあるということもまま見受けられ、また時によっては慣れぬ名刀を振り回すよりも長い棒切れを振り回すほうが、はるかに有効にして実効あることも多いからである。

神手秘法の実際

①修行者は清浄幽静《ゆうせい》なる部屋に、心身を清め、清潔な衣服を着して正座する。左右の足の親指は軽く重ね（しびれがきたら左右を入れ換えてよい）、全身をゆったりとさせ、ただ丹田に少しばかり力を入れて、姿勢を正して座る。

②二度柏手を打つ。

③合掌して二礼する。

④天逆手《あめのさかて》の印《いん》を組む（161ページ参照）。

⑤「六根清浄太祓《ろっこんしょうじょうのおおはらえ》」を粛然と、しかしながら腹中より出ずる力強い音声で唱える。六根清浄太祓は他の修法でもしばしば使用することがあり、この機会に暗唱できるようにしておいたほうがよかろう。

【六根清浄大祓】

「天照皇太神《あまてらすすめおおかみ》の宣《のたまわ》く　人は則《すなわち》天下《あめがした》の神物《みたまもの》なり　須《すべから》く静謐《しずめしずまること》を掌《つかさど》るべし　心は則《すなわち》神明《かみとかみ》との本主《もとのあるじ》たり　心神《わがたましい》を傷《いた》ましむること莫《なか》れ　是故《これゆえ》に目に諸《もろもろ》の不浄を見て心に諸の不浄を不見《みず》　耳に諸の不浄を聞《きき》て心に諸の不浄を不聞《きかず》　鼻に諸の不浄を嗅《かぎ》て心に諸の不浄を不嗅《かがず》　口に諸の不浄を言《いい》て心に諸の不浄を不言《いわず》　身に諸の不浄を触《さわり》て心に諸の不浄を不触《ふれず》　意《こころ》に諸の不浄を想《おもい》て心に諸の不浄を不想《おもわず》　此時《このとき》に清潔《きよくいさぎ》よき偈《こと》あり諸の法《のり》は影《かげ》と像《かたち》の如し　清く浄《きよ》ければ仮にも穢《けがる》ること無し　説《こと》を取《とら》ば不可得《うべからず》　皆花《みなはな》よりぞ木実《このみ》とは生《うま》る　我身《わがみ》は則《すなわち》六根清浄《ろっこんしょうじょう》なり　六根清浄なるが故に五臓《ごぞう》の神君安寧《しんくんあんねい》なり　五臓の神君安寧なるが故に天地《あめつち》の神と同根なり　天地の神と同根なるが故に万物の霊と同体なり　万物の霊と同体なるが故に為所《なすところ》の願《ねがい》として成就せずということ無し　無上霊宝神道加持《むじょうれいほうしんとうかじ》」

⑥「外縛即震無上霊宝神道加持《げばくそくしんむじょうれいほうしんとうかじ》」と二十一遍唱えつつ、外縛神手印（161ページ参照）を頭上高くあげて前後に軽く震わすがごとくに振る。外縛神手印は図のごとく左の手の小指が下になるように手の指を交互に外に組むをいう。

⑦次に内縛神手印（161ページ参照）を組み、「内《ない》縛即生《ばくそくしょう》無上霊宝神道加持」と唱えつつ、内縛神手印を胸元で前後に震わす。内縛神手印は図のごとく左の手の小指が下になるようにして手の指を交互に内に組むをいう。内縛

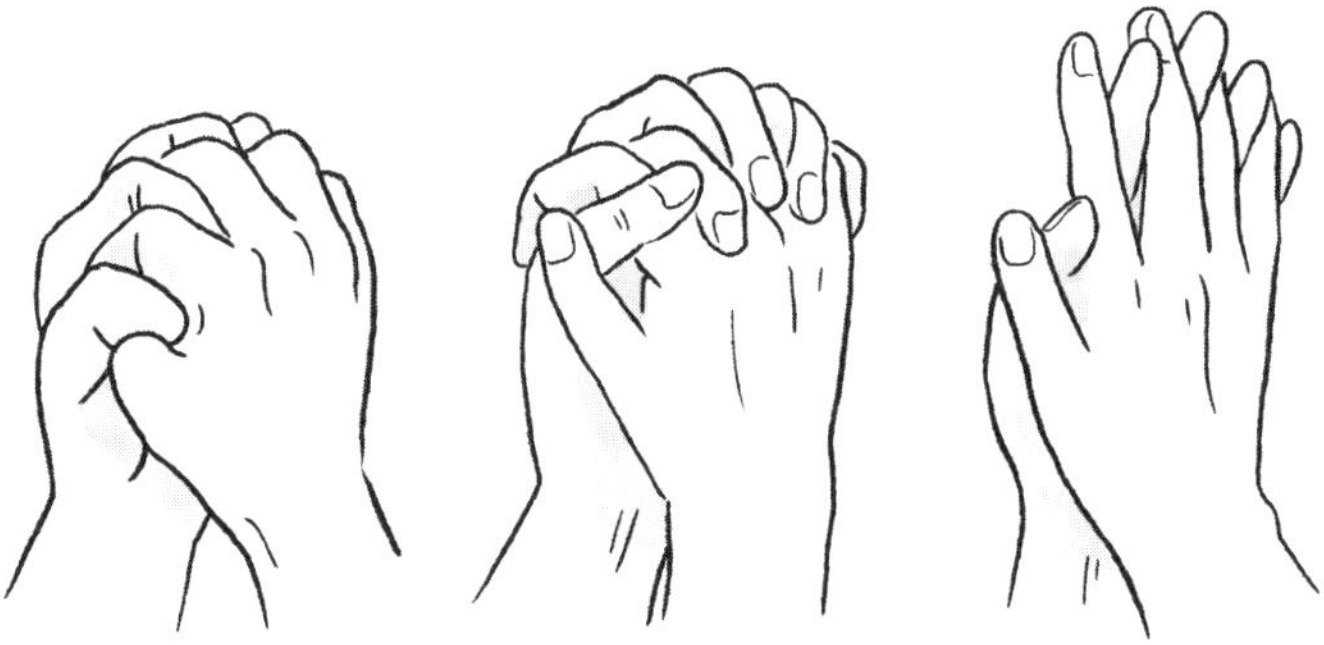

内縛神手印　　外縛神手印　　天逆手の印

神手印は固く握りしめ丹田に力を入れて指先がしびれるくらいまで振り続ける。したがって「内縛即生無上霊宝神道加持」と回数は関係なく、手がしびれたようになるまで唱え続けるのである。

⑧次に天逆手《あまのさかて》の印を組み、右肩上より左脇下に両手を振り下し、次いで左肩上より右脇下に同じく両手を振り下すのである。これを三回行う。振り下すときの注意は力を入れて振り下すのではなく、手についた水を振り落とすような気持ちで力を抜いて行うのである。

⑨次に再び合掌し、その左右の手のひらの間を紙一枚入るくらいの間隔を開け、閉目して次の咒《じゅ》を繰り返し唱える。

「天地玄妙 神変通力《てんちげんみょうしんべんつうりき》」

この咒を唱えていると左右の手に電気のような、蟻《あり》が歩いているような、あるいは風が吹いているような感覚が生じてくるはずである。

これこそいわゆる霊気、玄気、人体放射能、オーラ、霊光、霊子などと称されるもので、これが手のひらから自在に発射されるようになると、その手を病者に当てれば病を癒し、憑霊者に当てると非常に嫌がり、低級な霊であればたちまちに脱霊する。また刀印を組んで九字《くじ》を切り、あるいは霊符を空書《くうしょ》するときに、これまでとは格段の相違を感じられるはずである。

以上の修法は一回およそ二、三十分間、朝夕二度ぐらいが適当である。速い人であればわずか一回で、遅い人でも二、三週間根気よく続ければ霊気の発現放射を感得できるようになるはずである。

8 神光法

まぶたの裏に映る霊光で占う

吉凶を映す神光

神光《しんこう》というのは、自分の身体を主宰するところの五臓の精英が五色の光となって閉目したまぶたの裏に映じるものであり、その色光によって吉凶を断ずるのが神光法である。

この方法は夜、静かなところに一人座して、神気を鎮め、自分が占おうとする問題や事件、たとえば旅行とか取引、その向かう方角、成すところ、欲するところ、会う人物などを、瞑目して深く思いつめるのである。そして、両手の中指にて目の上をしばらく押し（目を閉じたまま）、そして押す手を緩めて軽く指頭で眼球を揺るがすのである。すると一種の光が現れてくるのだ。

このとき、その光が青いもの、あるいは白であれば憂いとか驚きなどを表し、ともあれ凶であり、紅色とか黄色いものであれば吉であり、黒であれば大凶である。ここでもっとも注意しなければならないのは、まったくなんの光も見えないときで、この場合、数日で命を失うようなこともあるとされているので厳重に用心しなければならない。

神光法の実践

中国の唐《とう》代（六一八～九〇七年）の部将で、安《あん》史《し》の乱に際し、郭子儀《かくしぎ》とともに官軍の中心として反乱軍に対した人に李光弼《りこうひつ》という人がいる。この人物の統率力や作戦は抜群で、とくに史思《しし》明《めい》ら四十万の反乱軍が太原《たいげん》に迫ったとき、一万

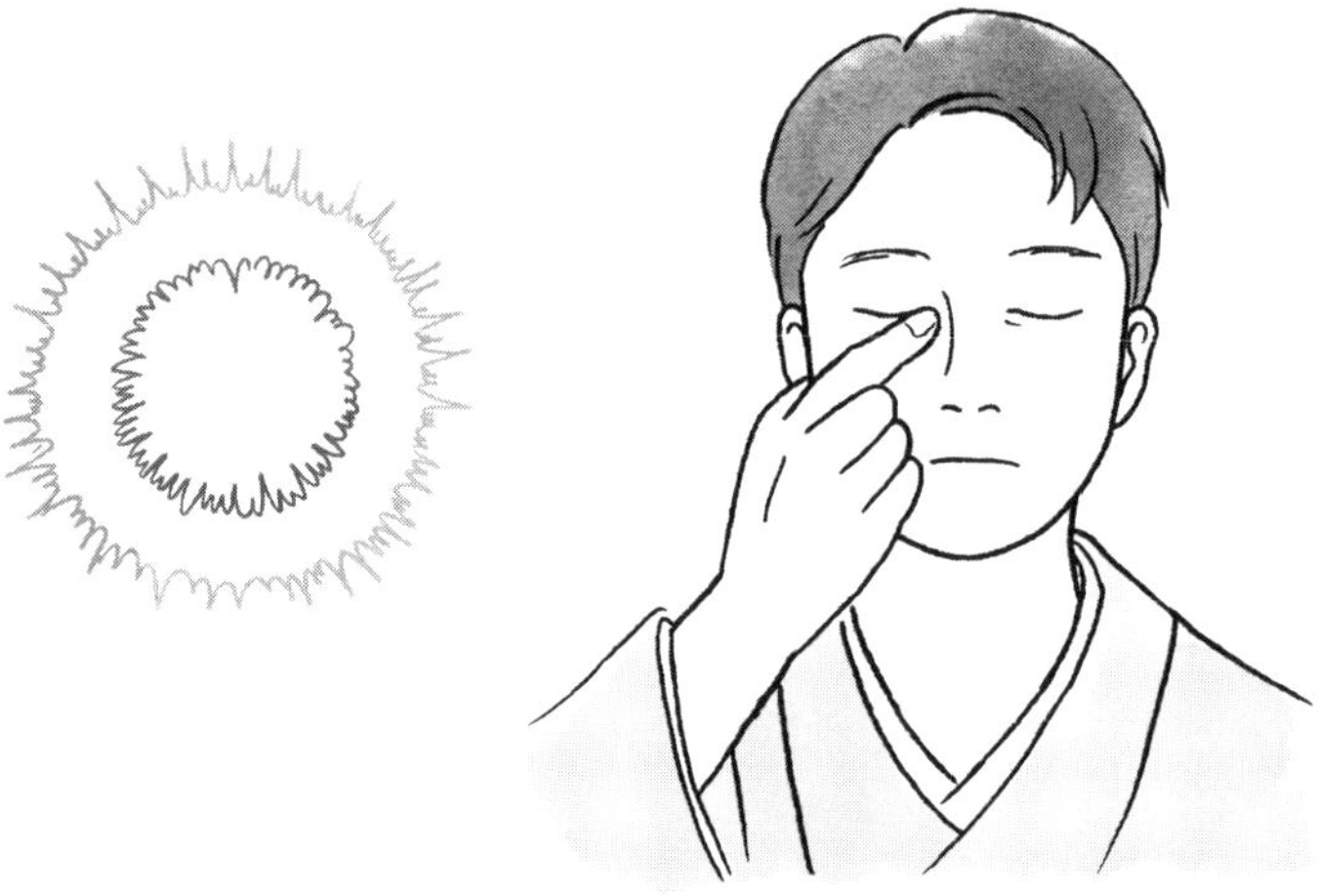

眼を閉じて、めがしらを押さえたまま、まなじりを見る。すると左図のような金色の輪のような光が動いているのが見える。

に満たない兵力で奇策により大破した戦功などもあるが、じつはこの人物のこうした活躍の裏には、この神光法の活用があるとされている。

一例をあげれば、李光弼が野宿しているときに神光法を用いると、その場所にそのままいることは凶であるとの色光が見えて、これにより高暉《こうき》という人物の謀《はかりごと》があるのを察知して、急いで軍隊を移動してこれを避けて災いを逃れたとされている。常に神光法によって未然に危険を察知し、それを回避することができたのだ。

右の神光法は、心が忙しいとき、あるいは不安につつまれているときなど神気が定まっていないときには、まま正確さに欠けることもある。よって深夜に独座したり、あるいは呼吸を調えたり、定神湯《ていじんとう》といって生薬の天門冬《てんもんどう》とか人参などの漢方薬を調合した、心を落ち着かせる薬を服して神気を落ち着かせよ、などとの注意もある。

しかし、神気を落ち着かせて試みる余裕もない人のために、この神光法より応用法は少ないが、危険予知の観点からだけいえばより簡易な法があるのでそれも紹介しておく。これは、外に出かける前とか、列車あるいは船に乗るとき、飛行機に乗るときなどに無造作に用いて効験があるとされている。

その方法は、片方の手で、片方のめがしらを押しつつ、まなじりを見るというだけの方法である。すると通常は図に示したような金光の輪のようなものがグリグリとして動くのが見える。これを金輪といい、誰であってもこれが見えるのが普通である。

もしもこの光が見えないときには変事の起る前兆である。この場合、他出《たしゅつ》を慎むべきであるし、また乗船、乗車などもとりやめるか、他の手段を考えるべきなのである。

9

危険予知法

古伝の災厄回避術

危険は予知できる

今、神光法なるものを紹介したが、これは一種の「危険予知法」であるともいえる。ところで、霊術には神光法の他にも危険予知法として応用できるものがある。ここで、そのうちのいくつかを紹介しておこう。

まずは、話の枕として、幕末のエピソードを記しておきたい――。

百雷《ひゃくらい》のような轟音が襲った。戸や障子が微塵に裂け、家々は将棋倒しに倒れ、瓦は砕けて飛び散り、江戸は一面火の海と化した。安政二年（一八五五）十月二日のことである。この日、江戸に起った地震は、江戸幕府が始まって以来、未曾有《みぞう》のものであり、死者の総数はじつに二十万、江戸百万の住民のうち、五人に一人は瞬時にして生命を失ったのであった。

この大地震は多くの人々の生命や財産を奪った忌むべき天災であったが、これを予知し、しかも逆用して大儲けまでした人物がいる。だれあろう、後に易聖《えきせい》とまでうたわれた高《たか》島《しま》嘉右衛門《かうえもん》（一八三二～一九一四年）その人である。

安政二年九月の末のことである。夕食の食前に向かって嘉右衛門は眉をひそめた。ここ数日ずっと鯰《なまず》のおかずが続いていたからである。

「今日も鯰か。毎日鯰ばかりが続くのう」

と嘉右衛門は妻に愚痴った。

「申し訳ございません。あまりに安いので、倹約のためについつい鯰を毎日おかずにしてしまいました。これから、旦那様のおかずだけは別こしらえにいたします」

「かまわぬ。そうとあらば、わしだけを特別扱いにする必要もない。しかし、なぜ安いのかのう」

「魚屋の話では最近、江戸付近では手づかみにしたいほどに取れるのだそうです」

「不思議なことだのう。話によれば、霞ヶ浦のほとりには大鯰が住んでいて、それが暴れ出すと地震が起る。それを防いでいるのが香取《かとり》神社の要石《かなめいし》だということだ。しかし、いくら大鯰が暴れ出したとしても、この大地がどうなるものでもあるまい。とはいえ、動物には事前に異変を察知する能力があるともいう。地震の発生前には、人間にはわからないような微かな変動が大地にあり、それを鯰が感知するのかもしれないな。それにしても不思議な話だ」

「不思議といえば、今日は家でも不思議なことがございました。台所の釜が突然に奇妙な音を出し始め、半刻ばかりも鳴り続けたのでございます。いったいこれは、何の前触れなのでございましょう。吉兆、それとも凶兆なのでございましょうか」

　嘉右衛門は仏間に入って、易占《えきせん》に用いる五十本の筮竹《ぜいちく》をとり、気息を調《ととの》えて、占った。すると離為火《りいか》（䷝）という卦《け》が出た。火を象徴する（☲）が二つ重なっており、大火が起きることを意味している。もし鯰の群れが大量に迷いだしているのが地震の前兆とすれば、また釜鳴りという異常現象に触発されて占ってみた易の卦が啓示するところを考え合わせれば、どうも大火災は避けられそうもなかった。

　そこで当時、材木商であった嘉右衛門は一か八かの勝負に出た。千両もの借金をして手付けをうち、一万両分もの大量の材木を買いあさったのである。もし地震が起きなければ大損をし、一切の信用も失う。

　しかし、大地震は起きた。そして家屋の復興のために、材木の値段は一気に高騰して嘉右衛門は大儲けをしたのであった。

災害を逆手にとって大儲けした嘉右衛門の行動の是非はともあれ、現代のように危険の多い時代においては、異変を未然に察知できるか否かは、人の幸不幸さらには生死にもかかわることである。嘉右衛門の用いた易占は未然を予見するに適したものではあるが、習得するのはそれほど容易ではない。そこで、ここには誰にでも即座に実行することのできる簡易な方法を紹介することにしよう。

三脈法

この危険予知法は、器械を用いることもなく、ただ自分の手で下顎《したあご》と手首の脈を測ることで災難を予知する方法である。

まず図一のように左の手の親指と人差し指で左右の奥歯の下にある動脈に触る。この場所は漢方医学では大迎《だいげい》と呼ばれるツボである。親

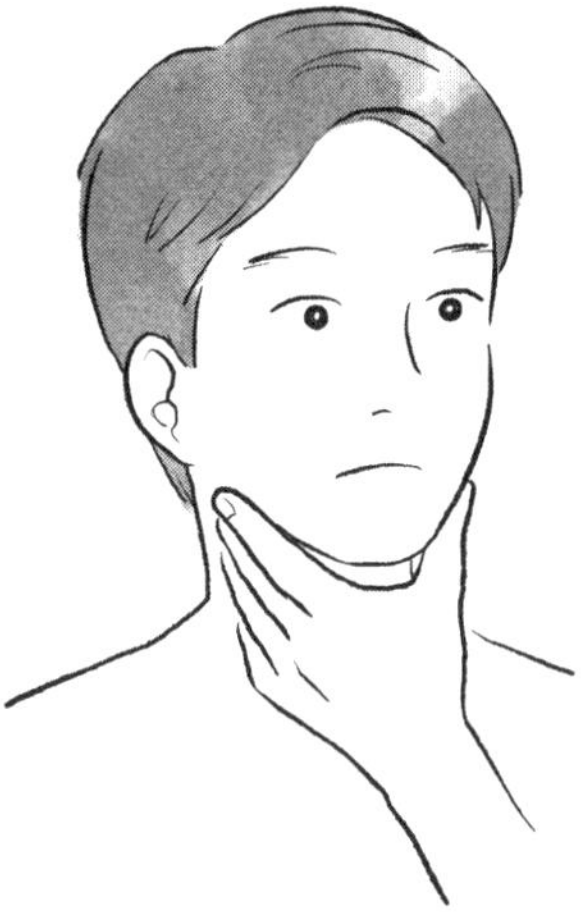

図一　左右の奥歯の下あたりにある動脈(大迎のツボ)に左手の親指と人差し指で触れる。

図二　左手首の脈に右手の人差し指、中指、薬指で触れる。

指で左の大迎、人差し指で右の大迎を抑える。すると、その指先にドキドキと脈を感じるはずだ。

次に図二のごとく右手の人差し指と中指と薬指で、左手親指下側の手首の脈（手の橈骨茎《とうこつけい》状《じょう》突起部、気口という場所）に触るのである。これもドキドキと脈動が感じられるはずだ。

脈が感じられるのがわかったならば、心静かに左右の奥歯の下の脈と、左手首の脈と三カ所の脈の調子に変わりがないかを確かめるのである。その三カ所の脈動が違うときには変事があり、なければ無事平穏の兆しである。

通常、人の全身の脈というものは、血液の運行に従って動くものであり、頭の先から足の先まで緩急はないのが本来である。そのため身体に障りのないときには、脈はどこも同じ度数で打ち、どこか一カ所だけ強く、どこか一カ所だけ弱いというようなことはない。

よって漢方医学では、脈を測ることで身体の不調などを知るのだが、そればかりではなく、不思議なことに不慮の事故などで命を失うような場合には、脈の打ちかたに変調をきたして、手は手、足は足と、その脈の打ち方に違いが生じてくる。よって図二のように両手をもって試みるときには、奥歯の下の脈と、左手の脈とはそれぞれ別の動きをなすのである。

この命をも失うような大難の兆候は、だいたい身に危険が降りかかる一昼夜前頃から現れるものであるから、この前兆が現れたならば速やかにその場所を離れるか、なそうと決定していたことをとりやめるなどして、それを避けるよう心がけなければならないのである。

三脈法で難を逃れた名医

この三脈法は誰がいつ発見したのか定かではない。しかし、こんな話が伝わっている。

昔、一人の隠れた名医がいた。その隠医は、この三脈法を人々に伝授して陰徳を施すことを楽しんでいた。この隠医の体験によれば、あるとき所用があって、相模（神奈川県）の海浜に一泊し、まさに寝ようとするとき、いつものように三脈法を試みた。すると脈に乱れがある。そこで従僕《じゅうぼく》の脈も調べてみると、これまた同様である。いよいよ驚いて旅館の主人をはじめ、その家族らを試みると誰もの脈に異常が見られたのである。

これはただごとではないとは思ったが、空は雲一つなく、月光は昼のようであり、海も凪はなく、波は静かであり、異変が生じるとは到底考えられない。とはいえ、常々自ら用いて信じている方法であるから誤りないものと思い、急いで荷物をまとめ、従僕《じゅうぼく》に背負わせて、旅館を出た。旅館の人々も隠医を信じて行動をともにした。村の背後にある山に四、五町（約五百メートル）ほど登り、改めて脈を調べると普通に戻っている。そこで安心して休息した。

そのときである。海はたちまち激浪を巻き起こし、波が山のごとくに押し寄せてきて、海浜の人家を漂わし、しばらく前までいた旅館もまた影も止めないほどとなったのである。この危難を免れたことにより、隠医はこの方法の効験が著しいことを一層感じて、朝夜怠ることなく脈を調べ、また人にもこの法を勧めたという。

この三脈法を世に広めたのは、日本画家の富《とみ》岡鉄斎《おかてっさい》などとも親交があり、東京で薬屋を営んでいた守田宝丹という人物である。宝丹は質商の山田屋という店に丁稚《でっち》として勤めていた。先に述べた高島嘉右衛門が予見した安政の大地震のときには十五歳であった。宝丹はたまたま病を患って二階に伏していたが、家中が激しく揺れ、棚の上の衣櫃《きぬびつ》が身体の上に落ちてきて体を圧した。大いに驚いて声を上げて助けを求めると、主人の田中清助が手に雪洞《ぼんぼり》を提げて二階に上がってきて、彼を助け起して励ました。

主人は全身に土蔵の土灰をかぶり、はなはだ汚れてはいたが、顔色は少しも普段と変わることなく、平然として落ち着いていた。宝丹はひそかに主人のその豪胆さに驚いた。これからしばらくは振動が何度もあり、他の家では外に小屋を作ってその中に起居したが、山田屋では「この家にいても何の心配もない」と断言する主人の命令には背けず、各自危険の恐れは抱いていたが店で生活した。しかし、そのあと主人のいう通り別に大きな振動もなく、一同無事であったので、主人の先見に敬服したのであった。

　このとき主人は「私は先頃から隠れた名医が伝えてくれた三脈法の教えを信じていたので、震災にあっても驚かず、泰然として家事を処理することができたのだ」と、先に記した相模海浜の話をしたのである。宝丹は主人に請うてその方法の伝授を受け、毎日脈を調べ、また危険に際してまず脈動を試みるので、どのような場合にも泰然としてものに驚怖することはなくなった。

　宝丹はこの法を人に勧めたが、多数の人がそれによって難を逃れる体験があり、よって三脈法を一層多くの人が役立てて欲しいとの善念から、『変災前知身体保全法』という書物を記し、世にこの法を広めたのであった。

　ちなみに、私の武術の弟子の一人は朝起きたとき、あるいは船や飛行機に乗る前など、この方法を実行していたが、一度として三脈が乱れたことなどなく、いつしか一種の気休めくらいの気持ちでやっていた。ところがある朝のこと、何年も実行していて初めて脈に狂いが生じたのである。地震でも来るのか。いや、家族の脈に変化はなくそれは違う。落ち着いて考えてみると、普通はバイクで通勤していたのを、立ち寄るところがあるのと天気がいま一つよくないので電車にしようとしていた。

　もしかしたらと思い、普段通りバイクで行くことにし、ヘルメットの顎ひもを締める前にもう一度測ってみた。すると何のことはない。脈は少しも狂っていない。勘違いだったのかと思いながら出かけたのであった。

ここで何もなければ、彼にとって三脈法はそのまま永遠に気休め程度のものでしかなかっただろう。しかし、この朝は平成七年(一九九五)三月二十日、地下鉄サリン事件のあった日であり、彼の最寄りの駅は千代田線千駄木駅であった。

奇しくも、彼は三脈法のおかげで難を逃れたのである。

神手法

この法は両手の奇霊《くしび》な動きによって災難の有無、その日の吉凶を判断する法である。すでに説明した神手秘法とは名称は似ているが、まったく別個の法である。慣れると各種の災難の有無のみならず、事件や問題などの吉凶やその深い部分なども察知できるようになるものである。

①静かな部屋で正座し、両手を合わせる。いわゆる合掌というもので、両手のひらをピタッと付け、胸元に位置する。

②ついで目を閉じて、深く息を吸い、ゆるやかに吐くことを六度なす。このとき吸うのも吐くのも鼻で行う。

③次に両手を床に水平にまっすぐに前方に伸ばす。このとき両手のひらが下を向くようにし、左右の手の高さに違いがないようにする。少し目を開けて確認してもよい。

④次に自分の占いたいことを深く念じ、「この御手《みて》は我が手にあらず、常世《とこよ》にいます奇真智《くしまち》の神《かみ》の御手代《みてしろ》」と呪言《じゅげん》を繰り返し唱えつつ、手が自然と動いて啓示してくれることを思念する。

⑤すると次第に両手が動き、上方に上がり、または下方に降りてくる。頭上まで上がること

もあれば膝まで下がることもあり、あるいは途中で止まることもある。このとき両眼を開けて、左右の手の上下を確認するのである。左手が上方、右手が下方であれば吉、右手が上方、左手が下方であれば凶である。

占うことは、その日の危難の有無、その日の吉凶など自由である。また慣れた場合には、あることをなすことの是非、ある人物の善悪、受験の合否、株の上下など他のことにも応用できる。このときには開眼して、左手が上方であればイエス、是、善、合格。右手が上方であればノー、非、悪、不合格などと判断すればよい。

ただ気をつけなければいけないのは、この方法の場合には、あまりに先入観があったり、ひどく偏った観念の持ち主の場合には、必ずしも正確な答えが出ないことも ままあることである。できるだけ赤ん坊のような無心な気持ちでこれを実行することが大切で、それが難しいようならば、まずは三脈法とか、神光法を実践するのがよいだろう。

ちなみに咒言に出てきた奇真智神とは、神道における造化三神《ぞうかのさんしん》の一柱である神産霊神《かみむすひのかみ》の御児であり、占いを司る神である。奇とは奇霊な、霊妙なという意味であり、真智とは麻邇と同じ言葉であり、この神が鹿の肩骨を灼《や》いてそこに生じたひび割れによって占う布斗麻邇《ふとまに》（太占）の業を始められたゆえの名であり、これにより、神道においてはあらゆる占いの神として、この奇真智神を尊び畏《かしこ》んでいるのである。

天海の災厄予知の口伝

天海《てんかい》（一五三六〜一六四三年）は「黒衣《こくえ》の宰相《さいしょう》」などとも呼ばれ、徳川幕府に大きな影響力をおよぼした天台宗の高僧である。天海の令名を聞いた徳川家康は、彼を招き、師となして、内外の政治の助言を乞うた。家康死後も、天海は寛永二十年（一六四三）に百八歳で逝去するまで、秀忠、家光の二人の将軍の懐刀として活躍した。家康の葬儀に際しては、彼の奉ずる山王一実《さんのういちじつ》神道をもって権現号《ごんげん》で祀ることを主張し、従来通り吉田神道により明神号《みょうじん》で行うよう主張する、幕府の宗教行政の中心的人物であった金地院崇伝《こんちいんすうでん》と対立した。だが結局、天海の主張が通り、東照大権現《とうしょうだいごん》の神号で家康は祀られることになり、幕府内部に不動の地位を確保した。慈眼《じげん》大師の諡号《しごう》を賜っている。

天海は山王一実神道の密儀はもちろんのこと、干支《えと》による占いとか、観相術などの占術にも秀でていたとされるが、その天海が残したとされる災厄を予知する十二の口伝が存している。以下それを列挙しよう。

一、旺脈《おうみゃく》がにわかに切れるようであると（正常な脈に大きな変化があったときで、その結果、光沢のない青、黄、黒、白、赤などに顔面の色が変じる）、七日のうちに病死するか、そうでなくとも大病に罹かる。

二、眼下に青筋が現れるときには、三日の間に災厄がある。

三、眼中に赤筋が縦に一筋現れると、災厄がある。

四、鼻の先に青筋が現れると、一昼夜のうちに災厄がある。

五、小便をして泡が出ないときには、毒となる食事に遇《あ》うことがある。

六、急に喉のまわりがかゆくなるのは、飲食物に当たることがある。

七、まぶたが瞬きをしないのに自然と動くときには、三日のうちに難がある。

八、毎朝小便をするときに、唾を左手のひらに吐いてみよ。泡がないときには必ず夕刻に災いがある。

九、毎朝、朝日に向かって自分の影を写し、肩より上が見えなければ、その日のうちに災いがあり、肩より腰の間が見えなければ、人のために難をこうむり、腰より下が見えなければ、病気の兆しがある。

十、自分より年上の人の両眼がはっきりと見えないときには、叱責をこうむる兆しである。

十一、朝、家の玄関を出るときに、右足を先に出し、爪先立ちで二、三歩歩みだすようなときには、必ずその日のうちに損失がある。

十二、自分の年齢（数え年）の数を九で割って、残りが六となる年はよくない。

右のうち九番目の方法は巻間《こうかん》では「影視法」とも呼ばれており、もし自分の影が少しも見えないときには、七日以内に命を失うともされているので十分な注意が必要だ。「影が薄いぞ」などという言葉があるが、こうした予知法と関連があるのかもしれない。

義経秘伝の危険予知法

江州《ごうしゅう》（滋賀県）高島郡二尊寺という寺に赤松律師《りっし》という人の兵書の写しといわれる巻物が伝わっていた。その由緒は源九郎判官《みなもとのくろうほうがん》義経が鞍馬山《くらまやま》において天狗から伝えられたというものので、その中には危難を察知するための方法も記されていた。その方法はじつのことをいえば、これまで説明してきたこととほぼ同じようなこともあるのだが、それはそれとして参考になると思われるので、順に現代語に直して列記することとする。

一、早朝に小便をする場合に気をつけること。泡が立つのは吉兆であり、泡の立たない日は十分用心しなさい。

二、よそに行くときには、湯茶とか酒を飲んでから出かけなさい。そのときに何を飲んだにしろ、それが順に（時計回りに）めぐるのは吉兆であり、出立《しゅったつ》してもよいが、逆にめぐるようであれば、出ることを控えなさい。

三、飯にかけた湯に自分の姿が映らないときは注意しなさい。

四、鼻の先に縦に筋が出たときには注意しなさい。青色であれば害しようとする人がいるし、紫色であれば毒を食おうとしているとさとりなさい。

五、眼のうちに、縦に筋があるのは吉と凶がある。目頭にある場合には喜びがあり、目尻にあるときは、三日のうちに大事に遇うと知りなさい。

六、手のひらがむらむらと赤くなることがある。これは穢れたのだと悟って、身を改めて摩利支天《まりしてん》（武道の神）を念じなさい。

七、手の中と、蟻の門渡《と》り（会陰部）とがかゆくなったならば、大事があると覚りなさい。ただし、右手の中がかゆくなったならば吉兆である。

八、にわかに耳鳴りがした場合に、それが子（二十三時～一時）寅（三時～五時）辰（七時～九時）巳（九時～十一時）午（十一時～十三時）申（十五時～十七時）のときならば吉兆、丑（一時～三時）卯（五時～七時）酉（十七時～十九時）戌（十九時～二十一時）亥（二十一時～二十三時）のときならば、凶兆である。

九、おとがいと手の脈と一度にうかがって和合して同じようにうつのは吉、違っているのは注意しなさい。

右の内容を見ると、九番目の事項は先に説明した三脈法であり、天海口伝と類似のものもある。同じ現象に対する説明が少しでも違うと読者の中には困惑してしまう人もいるかもしれないが、大きく分けて、ある現象が起きると吉兆であり、ある現象が起きると凶兆であると理解されるとよいだろう。

さて、他にも「神告」といって無意識のうち

京都・鞍馬山の魔王尊像。

に鼻の頭をさわってしまうことから吉凶を予知する方法とか、ロウソクの炎の色で火災を前知する方法、風災を風知草《かぜしりぐさ》の葉で知る方法、蜂の巣によって洪水のありなしを予知する法、湯気によって地震の近いことを知る法など数多くの危険予知法が存在するが、本書に掲載した方法を自分のものにしてしまえば、あえて他の方法までは知らなくとも危険予知には十分であろう。各人簡易なものから実践して、ぜひその応験のほどを試していただきたいものだ。

第三章

霊術伝授

奥伝編

1 使魂法

魂を宇宙の極みに飛翔させる

神妙至枢の秘法

さて、ここからは霊術の「奥伝編《おくでん》」に入る。

まずは、宮地水位《みやじすいい》（一八五二〜一九〇四年）の『神僊霊感使魂法訣《しんせんれいかんしこんほうけつ》』をもととして霊感使魂法について説明する。

『神僊霊感使魂法訣』は明治九年（一八七六）、水位二十五歳のときの著作である。水位がその天賦の霊資をもって、数千巻の仙書中から真伝の妙法口訣《みょうほうくけつ》をさぐり、一方では神仙界の高級神真の啓導のもとに著したものである。

心を鎮め、瞑目して物に感じる霊感の法は、観想法、感冥《かんめい》法、玄門出入《げんもんしゅつにゅう》法、内観使魂《ないかんしこん》法、また守一玄丹感精《しゅいつげんたんかんせい》法、内外霊現法などとも呼ばれている。その感想の玄理は、凝念する場合において、本魂の使神として身体の内外に自在に出入し、幽中を貫いて万霊万物に感応する霊物である感神というものが、天地の間をつないでいる気線を通じて目的のものに到達し、想念相応の作用を起こす、つまり感通するということにある。

人は二十四時間、いつでも意識しようとしまいと、その想念にしたがってこの感神を放出している。ただその感神が微弱であるために、ほとんど認識されていないだけなのである。この身体外に放出された感神は「離遊《りゆう》の運魂《うんこん》」とも称され、その運魂を身体の中府におさめる方法として、日本には古《いにしえ》から鎮魂法が伝承されている。

久しい期間、実行していると、肉体が若さを保ち、また魂が身体を脱して千里の遠くに飛び、はるか遠くのことを見たり聞いたりすることもできるようになる。しかもそれだけではなく、天地とともに窮《きわ》まりのない身体（霊胎）を得ることができるとされている。したがって心ある人は、徳を積み、精を養い、嗜《しょく》欲を捨て、この法を修するのである。

この法は神仙道では非常に重視され、「感想の秘術は五百年に一たび出して好道の仙官至《せんかんし》人《じん》に伝える。これを伝えるにあたって、血をすすって盟《ちか》い、贄《にえ》を委《ゆだ》ねて約をなし、香を焼き、内外を静謐《せいひつ》にし、その要言を伝える」とか「感想の術を知る者は百術皆畢《みなおわ》る」と道書には記されている。

ひと言断っておくと、特殊な霊符や呪言《じゅげん》や施行法などでわざと抜かしたものもあるが、そうしたものについてはいずれ神縁ある方に伝授したいと考えている。こうした公刊の書物にすべてを公開することは、泄法《せっぽう》の咎《とが》による冥罰《めいばつ》も恐ろしいからである。

水位も「この道は感想の二字にもとづく。しかして玄門はなはだ近しといえども、僊名《せんめい》ある者にあらざれば、軽授すべからざるなり」と注意を喚起している通りである。

しかし「龍の霊たるや、片鱗《へんりん》といえども霊なり」という言葉もあるように、ここに紹介するものは、神仙が伝えるものであって、通俗の書物と同じような気持ちで読まれることは慎んでいただきたい。

引用でも分明なように、霊感の法というものは、神妙至枢《しんみょうしすう》の秘法であり、変化《へんげ》の太祖《たいそ》であり、この門より入るというのが神仙道における捷径《しょうけい》なのである。

欲を捨て、俗を離れる

だが、注意しなければならないことがある。霊感の法を修めようとする者は、まず俗を離れ、我欲を捨て、妄想を除き、清澄な心で修行しなければならないということである。かくしてこそ、初めて成果を得ることができるからである。

とはいっても、この浮世を離れ、山に籠《こも》らなければならないというわけでは決してない。古人の言にもあるように、俗仙は山に入り、真仙は市井《しせい》に隠れるのであって、人間として普通に人とつきあいながら修行できないようでは、まだまだ本物ではないのである。

いろいろと神仙道の行法を実行してみたが、どうも芳しい道果を得ることができないという人は、貪《むさぼ》る心、汚れた心があり、またこの法をおろそかにし、真面目に実行しようとしなかったからである。そのために、神仙道の玄妙な幽理、真一《しんいつ》の幽玄な働きを悟ることができなかったのだ。

つまり、玄なる一を霊悟していないということは、自分の心に汚れた心があるということである。自分の心が汚れているために法を成就できない人が、神仙の道術を実行したとて何の霊果もないなどと、我欲を捨てて清澄な心で神仙の道に励む人（賢人）を馬鹿にするというのは、大愚のはなはだしいものといえよう。

だから水位は、この玄想法に関して、「これ則《すなわ》ち霊妙至枢変化の大元にして、心ここにあらざれば、これを視れども見えず、これを聴けども聞えず。これを存すれば、則ち在り、これを忽《ゆるがせ》にすれば則ち亡《な》し。これに向えば則ち賢、これに背《そむ》けば則ち愚、これを保てば則ち仙、これを失えば則ち凡なり」と記している。

「これを保てば則ち仙、これを失えば則ち凡なり」というのは、この玄想法を保ちうる者は、無量の寿命を得、幽顕《ゆうけん》に出入し、荘厳な幽宮《かくりのみや》において宴し、天地の初めをもうかがい知ることが可能だからで、それゆえにこれを得る者は仙なのである。

そのため、この玄想法を神仙は非常に秘密にし、ほとんどの仙経にはその妙訣が抜いて書かれている。したがって、道を好む人々がその法を修しても必ずしも実行できない。そこで真実道を求める人のために、神仙界に出入していた水位が龍窟《りゅうくつ》に蔵せられた秘書などをも参考にして、その陰秘の要訣をさぐり、ついに『神僊霊感使魂法訣』一巻を編し、十二の真法を公開したのである。

水位は、これより紹介する法について「神仙至ってこの法を尊秘す。ゆえにこれを知る者は万法已《ばんぽうすで》に畢《おわ》る」と明言し、数千巻の道書中、真と思われる書物はほんのわずかであり、その中にも疑わしいものがあるが、一つひとつ審神《さにわ》して、正伝のものを選んだのがこの法であり、仙中の秘法であるとも明記している。

なお、紙幅の都合上、遺憾ながらここでは六法のみを記すにとどめたことをお断りしておきたい。

童子法

第一番目に紹介するのが「童子《どうじ》法」である。

童子法は次の順序で修するように定められている。

①まず、五更《ごこう》（午前三時〜五時）にいたって東に向かい、静かに座し、瞑目して、心を鎮め、次のように唱える。

「東王十天《とうおうじってん》、大方多魂《だいほうたこん》、東方青華童子《とうほうせいかどうじ》、東青《とうせい》天神《てんじん》、東方華天《とうほうかてん》、東岳大仙《とうがくたいせん》、東精霊《とうせいれい》、東方万《とうほうばん》霊《れい》、東方長男《とうほうちょうなん》、左官先生《さかんせんせい》、我者《われは》中央《ちゅうおう》之《の》黄積《こうせき》童子也《どうじなり》、霊魂感通《れいこんかんつう》」

②唱え終ったら、今度は西に向かって座し、

「五天大霊《ごてんたいれい》、西方万霊《せいほうばんれい》、西精土霊《せいせいどれい》、百天金神《ひゃくてんきんじん》、西方素天《せいほうそてん》、西岳大仙《せいがくたいせん》、西生魂《せいせいこん》、西王十天《せいおうじってん》、西《せい》方童子《ほうどうじ》、西方長男《せいほうちょうなん》、生霊七化《せいれいしちか》」

③次に南方に向かい、

「小方多神《しょうほうたじん》、南方万霊《なんぽうばんれい》、南精土魂《なんせいどこん》、南火天神《なんかてんじん》、

南方丹天《なんぽうたんてん》、南岳大仙《なんがくたいせん》、南方童子《なんぽうどうじ》、南王八十天《なんおうはちじってん》王《おう》、南方長男《なんぽうちょうなん》、三皇大感《さんこうたいかん》」

④次に北に向かい、

「天明白六《てんめいはくろく》、北王五十天《ほくおうごじってん》、北精土魂《ほくせいどこん》、北岳大《ほくがくたい》君《くん》、北方玄天《ほっぽうげんてん》、北玄天神《ほくげんてんじん》、北方童子《ほっぽうどうじ》、北方万《ほっぽうばん》神《じん》、北方長男《ほっぽうちょうなん》、右官先生《うかんせんせい》、我者《われは》中央之《ちゅうおうの》黄積《こうせき》童子也《どうじなり》、无極《むきょく》八方飛天神《はっぽうひてんじん》、乾坤感通《けんこんかんつう》、如律《にょりつ》令《れい》」

⑤呪文を唱え終わったならば、自分の行きたいと思うところを念じる。たとえば、北極紫《ほっきょくし》微宮《びきゅう》にいたろうと念じる。するとややしばらくして、身心は座ったところにないように感じられはじめ、自らの魂が肉体を脱出して、たちまちのうちに天御中主神《あめのみなかぬしのかみ》の坐《いま》す紫微宮に到達する。そしてもとに戻ろうと思えば、その魂は、たちまち自分の身体に帰るのである。

この方法ができるようになれば、瞑目して千里の先を見、耳を覆って千里の光の先の音を聞くことも、また自在である。この方法によって宇宙間の万物のいかなるものにでも感通できないことはないと伝えられている。

想満法

想満《そうまん》法は日が暮れて夜が始まろうとする頃に行い、思うところに感通する術である。

①日の入る頃に、空に向かい、呪して次のように言う。

「今我《いまわ》が分魂《ぶんこん》、八方《はっぽう》の天神《てんじん》に感ず」

②唱え終わって気を八方に吹き、また呪して言う。

「八方の精霊我《せいれいわ》が丹田《たんでん》に入《はい》り、天地上下《てんちじょうげ》の万《ばん》霊同気《れいどうき》にして帰一《きいつ》す」

③唱え終わって退いて室に入り、横になり、目を閉じ、心を鎮めて、また呪して言う。

「今我が分魂、五気《ごき》に合《がっ》して太空《たいくう》の諸星《しょせい》を見る」

④唱え終わって開目して（閉目ではない）天井を見ると、まるで天井はないもののように、天空の諸星が見える。これが想満法の初段階である。この法を達成した者は、安眠して後、魂を脱して、めざす所に行くことができる。この法を学んで達成できない者はいないという。

ここで注意だが、もしこの法を三十日間修して達しない者は六十日を加え、六十日にいたっても達しない者は、また七十日を加えれば、必ずその妙用を得ることができるとされている。数日間実行して効験がないと実修をやめてしまい、この法はどうも本物ではないとか、自分には合わないようだなどと、ごまかすようなことがあってはならない。

水位によれば、この法は、東海大司命小童《とうかいだいしめいしょうどう》君《くん》（日本的にいえば、少彦名神《すくなひこなのかみ》）が極秘とする秘法であって、『上太内観経《じょうたいないかんきょう》』にいう「想満昇天法」とはこの法のことであるという。

長全感一法

長全感一《ちょうぜんかんいつ》法は、宮地水位によれば、『老君空《ろうくんくう》洞経《どうきょう》』という仙書に記されているものだという。この法は使魂長全法とも、また感一の法とも、玄胎守《げんたいしゅいつ》　太玄《たいげん》法ともいう。また稚川翁《ちせんおう》（葛《かつ》洪《こう》）のいわゆる胞胎元一内《ほうたいげんいつない》法とは、まさにこの法である。

さて、その施行《せこう》法は次の通り。

①夜、北極星に向かい、次のように呪文を唱え祈る。

「皇天上帝《こうてんじょうしい》、中極北辰中央大君《ちゅうきょくほくしんちゅうおうたいくん》、天上諸《てんじょうしょ》星司命神《せいしめいしん》、我が体中《たいちゅう》に降《くだ》り、長全《ちょうぜん》を得んことを願う」

②唱え終ったら寝室に入り、横になり、腹を十六回撫でさすり、また次のように祈る。

「天霊節栄真人《てんれいせつえいしんじん》、王甲願得長生《おうこうがんとくちょうせい》、太玄之一《たいげんのいつ》、某甲《ぼうこう》の身形《しんけい》五臓君侯《ごぞうくんこう》を守る、願長安寧《がんちょうあんねい》」

③次に瞑目し、空中に向かって意識を集中し、霊物が出現することを観想する。ややしばらくすると、左目から美男が出現する。身長三寸（約九センチ）であって衣冠《いかん》を身につけている。右目から美女が出現する。身長三寸で、衣服を着ている。この男女が、自分の額の上で遊ぶのである。

ここで注意しなければならないのは、それを肉眼でみようと、このとき目を開けると、たちまちその姿は消えてしまうということである。

この法を行ってその妙用を得ようとする者は、一年の間たゆまず実行しなければならない。するとその男女は徐々に長大となり、ついには合して一人となる。修行者が男の場合は男となり、女の場合は女となるのである。ここまできたならば、目を開いてもその姿が消失してしまうことはない。こうなると、いつも自分の傍らにいて、身体を守護してくれるし、また自分を害そうと企む人があれば、必ずその人名を告げてくれるのである。

このときに出現するのは、自分の霊魂の分化したものである。この魂は一睡中に空間を飛行し、黎明《れいめい》になると体に帰り、身近に待機する。永い間、この法を怠らず行えば、しまいにはその魂は霊的な身体を結成し、形は心のままに変化し、肉体はついに風消して、玄胎不滅の道にいたる。この玄胎結成した仙のことを、真々の神仙という。

感根法

感根《かんこん》法は、「霊宝混沌五岳真形図《れいほうこんとんごがくしんぎょうず》」を用いて、いまだ天地が分かれる以前の根源の世界を感

五岳真形図

五岳真形図には、さまざまなバリエーションがあり、そこに宿る霊力にも違いがある。真伝の霊符はかなりの修行年月を重ね、よほどの道縁がないと入手することはできない。この五岳真形図は、平田篤胤の『五岳真形図説』に掲載されているもの(『五嶽眞形圖集成』八幡書店より)。

想するという秘法である。残念ながら真伝の五岳図は、かなりの修行年月をへて、よほどの道縁がないと入手できない。とりあえずはここに掲げた五岳図を真伝の五岳図と観念して用いていただきたい。

①夜半にいたり、心を落ち着けて座り、次のように呪文を唱える。「天一元君《てんいつげんくん》、元始天王《げんしてんおう》、五《ご》岳大神《がくたいしん》」

②唱え終わったら、五岳図のうちの東岳《とうがく》図を東方に、西岳《せいがく》図を西方に、南岳《なんがく》図を南方に、北《ほく》岳《がく》図を北方に安置する。

③中岳《ちゅうがく》の図を持って部屋の中心に座り、瞑目し心を鎮めて混沌の世、天一神《てんいつしん》ならびに万物出生の始まりを感想する。本当は、赤黒二色からなる真伝の「霊宝混沌五岳真形図」を観想するといっそう混沌の世界が目に映じやすいのだが、とりあえずは本書の読者は、五岳図のうちの中岳図を書写したものを手に持ち、心の目で観てほしい。

④ややしばらくすると、万物未生以前の混沌の形を見ることができるようになる。この観想をしばらく続けていると、万物の構成要素である元気の発生する様をはじめとして、自らの身体がどのようなものであるか、神仙変化の理を悟り、かくして玄妙の源に通じることができるようになる。

空玄想感法

空玄想感《くうげんそうかん》法は、『空玄微妙経《くうげんびみょうきょう》』という呪文の霊験によって神仙にまみえ、その神仙の啓導によって天地の間に自在に霊魂を飛翔させるという秘法である。

その施行法は、次の通り。

①毎夕、一人静かに座して、清浄な匂いのする香を焼き、ロウソクに火を灯す。

②次に左に示した『空玄微妙経』の咒を唱える。
「夫《そ》れ人《ひと》は皆《み》な空玄真一《くうげんしんいつ》に本《もと》づき、真一に出《い》で真一に帰す。真一変化《へんか》して人と成り、人また人を生ず。人は腎を生じ、腎また人を生ず。故《ゆえ》に腎は人也。腎はまた空玄の精霊に本づき、精霊また真一に帰す。真一、我が明堂《めいどう》に有り。明堂は神霊を通ずるの所、分霊《ぶんれい》の舎《やど》る所、四大八方皆此《しだいはっぽうみなこれ》に本づく。今我れ空玄に居し、仙道の旨要《しよう》を感想す。五方感応《ごほうかんのう》し、神霊速《すみや》かに降《くだ》り出現して、神仙導引《どういん》す。急々如《きゅうきゅうにょ》律令《りつれい》」

③呪し終わったら、ロウソクの火を消し部屋の中を暗くして、目を閉じ、ゆっくりと鼻から息を吸い、口から息を吐いて心を鎮める。

④心身が鎮まってきたのを感じたならば、神仙が降臨して、自分を導いて下さるように念じる。

右のことを毎晩繰り返していると、何もない空中から笙《しょう》や鼓《つづみ》の音が聞こえてくるようになる。そしてついには、眼前に神仙が出現するのである。

あるいは眠っているときに、夢の中で神仙に謁《えっ》して秘事を授かったり、あるいは神仙の導きによって、天に昇り下に降りて神仙界にも出入できるようになる。もちろんこれは、夢の中とはいっても通常の夢とは違って、現実以上に非常に活き活きとしたものなのである。

これが、空玄想感法の入口で、この方法に熟達すれば、自在に使魂法が駆使できるようになる。

通谷法

通谷《つうこく》法は、器に盛った潮水を用いて、海神界に感通し、出入できるようになるという妙法である。

①まず海水と手ごろな大きさの蓋のある器を用意する。海水はできうるならば、宮地水位が海宮《わたつみのみや》神界に出入した浦戸龍王宮《うらとりゅうおうぐう》のある土佐（高知県）の桂浜《かつらはま》、また美保《みほ》神界のある三保の松原（静岡県清水市）の潮水など、神仙界に霊的につながった場所の潮水がよいが、そうした海水をわざわざ入手するのもたいへんなので、とりあえずは清浄であればよい。もちろん、器も清浄なもので、他の用途に用いたものであってはならない。

②次に、真夜中になってから海水を器に入れ、清められた床の間に置き、部屋の四方に香を焼き、ロウソクを灯す。

③次に器の前に座って、次の呪文を唱える。

「一器《いっき》の海水《かいすい》、大海《たいかい》の如《ごと》し、変化大小《へんかだいしょう》、霊妙《れいみょう》奇顕《きけん》、九原仙都《きゅうげんせんと》、八方海童《はっぽうかいどう》、水中霊下《すいちゅうれいか》、仙《せん》堺宮嶋出現《かいきゅうとうしゅつげん》」

④右の呪文を呪し終わったら、前もって磨っておいた朱墨《しゅずみ》と墨、つまり赤黒二色の墨汁を器中に投じ、その器に蓋をする。

⑤次にロウソクの火を消して暗くし、海の中にある神仙界の宮殿を感想する。

⑥しばらく感想を続けたら、蓋をとり、ロウソクに再び火をつけて、器の中の水をうかがい見る。

　このようにすると、最初のうちはぼんやりとだが、熟達するとその小さな器の海水がまるで大海のように感じられ、その中に島があり、神仙の住む言語につくしがたいような美麗な宮殿があるのが見える。そしてさらには、仙人、玉女《ぎょくじょ》が往来している様子さえも見ることができるといわれる。慣れるにつれて速《すみ》やかに見え、また長時間その光景が維持されるようである。

　繰り返しこの法を実践し、完全に修得したら次の段階がある。

　晴れた夜に海浜に出て、海の中にある神仙の住む宮殿を感想するのである。すると魂が肉体を脱して、神仙界に達するようになる。つまり小さな容器の中の海水中に見えた島に到達し、その風景に魂をもって接することができるようになるのである。

このようなことを五十度繰り返して実践し、仙宮が出現したときに海に入れば、魂だけではなく肉身をもって仙界にいたることができるとされている。

しかし、常人はそうしたことは行わないほうが安全である。

2 霊胎凝結法

身外に霊妙な胎を生じさせる

霊胎とは何か

永遠の生命と肉体。――それは、古来人類の願望であり続けているが、数ある霊術の秘法のうちには、不滅の身体を獲得することを可能とするものがある。霊術では、その方法を「霊胎《れいたい》凝結《ぎょうけつ》法」あるいは「霊胎結成法」「玄胎《げんたい》結成法」などと呼んでいる。

それでは、宮地水位の『霊胎凝結口伝』にもとづいて、霊胎とは何か、またその凝結の法とはどのようなものかを記していこう。

人間《じんかん》に胎を得て生まれたかぎりにおいて、聖俗、貴賤を問わず、どのような人であっても生命存続の期間にはかぎりがある。寿命を終えて玄素に還元し、冥々の中に入るというのが一般的な定めである。

たとえ真一《しんいつ》をもって精《せい》・気《き》・神《しん》を養い、還丹《かんたん》の術、錬形《れんぎょう》の法を行い、数十の霊宝真形図《れいほうしんぎょうず》を帯びてその法を執行し、あるいは胎息の法をも修行し、房中の術に至るまで丹誠を込めて行ったとしても、霊胎（玄胎）を凝結する感念法を知らなければ、不滅の体を存することはできないとされている。

そのため、神仙道を修する者は、必ず感念の法を修して不滅の霊的な胎を生成し、それを永遠に留めるべく修法するのである。身心を鎮め、座して瞑目し、天地に先立って存在する自分を想像し、その思いを凝らせば、自分の心と霊物が凝結する。このときにあたって、念力を集中し、自分の無形の霊魂の力を使役して、身外の無形の玄素をもって有形の物に化作《かさく》することを思念するのである。

すると、おのずから玄素である霊物に交わることができる。天地は同一体であるから、自分の無形であるものをもって、他の無形なものに一致することができるのである。これこそ宇宙の大真理であり、道家において合一《ごういつ》というのは、このことである。

このように、有形の物を凝結する際に、感念という霊物が自分の身体を出ようとするときに、空より来る妙なる存在があって、幽玄の内に交わる。このとき、自己の身体は存在するようでもあり、存在しないようでもあり、形体が消えたかのようになる。

霊物と玄素と空より来る妙なる物とが凝結して、身体の外に霊妙神化の身体が現われる。これが、造物主（天御中主神《あめのみなかぬしのかみ》）の分霊と玄素と自己の霊魂とを、感念の術をもって結合した「霊胎」である。

この法を名付けて、霊胎凝結法という。世に生ある者はすべて死を免れることができず、一切の根元である玄気を除いた他は、生ある物は必ず終わりがある。しかしながら霊胎を得れば、肉体が滅しても自らの魂はこの不滅の身体に移り、永遠の生命を保持することができるのである。これこそが玄気の幽妙なる変化なのである。

霊胎凝結の玄義

霊胎とは、玄胎とも、天胎ともいい、五元の気を感念の力によって凝結させ、肉体に似た一種の霊的な身体を造るものである。神仙はこれに自らの霊魂を依らしめ、顕幽自在に活動する。いわゆる「身外に身を生ずる」とは、このことをいうのである。

さまざまな神仙伝には、肉体を保ったまま幾百年も生きつづけている神仙の話が記されているが、もとより肉身《にくしん》のまま数百年も世に永らえることは通常は不可能で、仙法によって形を錬り消して、霊胎を結び、魂を転入したものなのである。

霊胎とは、自己の霊魂の舎《やど》である。現世において霊魂は身体を宿としているので、宿舎としては変わらぬようであるが、霊胎は不滅の舎、身体はついには滅亡してしまう家である。霊魂はその家主であって、破滅する身体の家を離れて、霊胎という不滅の舎に転住するという秘事が、すなわち霊胎凝結法なのである。

人は霊魂のみでは安らぐことはできず、自由に行動はできない。たとえば、この世の中に住む人も、家がなければその身を安めることはできず、路上で徘徊《はいかい》するようなものである。

また形体は尽きることがあっても、霊魂は滅亡することはない。したがって、感念を凝らすことによって霊魂を養い、霊胎という舎を造化し、霊魂をここに移すと、有より出て無に入るのではなく、有に入るのである。これこそ、有形を無量不尽の有形に変転する妙理であり、有を保つ術である。

この境地に至れば、自然に天帝に接することができるのである。

霊胎凝結法の実践

真一は本来、元一《げんいつ》（天の真一を元一ともいう）から出たものであるから、合一するという理がある。この真一より出る感念をもって、天の元一に合し、空中に散満している玄素（玄素も天の元一から出たものである）を身体の外に凝結し、真一を移し、霊魂を転じて、己の肉体に替わる霊胎とするときには、百事の変化、万機の働きいずれも意のままとなる。

さて霊胎凝結の第一歩は、心を散乱しないことにある。感念を凝らすにあたっては、昼間であると周囲に眼を奪われるので、夜半過ぎに闇室に静座し、手を軽く握り、耳に音を聞かず、目に物を見ることなく、一念を眼中に凝して、眼前に何物かがやって来ているかいないかと、より一層感を凝らすのである。

このときに各種の霊図を所持している方は、それを併用するのがよいだろう。本書に記された五岳図（187ページ参照）を朱書し、守り袋に入れて身につけ、また大きい図を朱書して東西南北と天井に配置して、それをロウソクなどを灯して、薄暗い明かりの中でしばし凝視する。そして、図から微光が発したり、その他の変化が生じたら、静かに明かりを消し、前方を眺めるのである。心を前方に注意し、思念を凝らして見ていると、物とか色が見えてくる。

五岳真形図は神仙道において最も重秘とされている霊図である。地上における造化の中枢である五方五岳の神界と、その各五岳に鎮まり座す五元神の奇霊《くしび》な働きに霊通し、霊妙変化の働きに感通している霊図である。本来は霊真の信といって、仙籍に加えられて真位に列した者に対して、その霊信つまり印として授与されるものである。

神仙道は一名「僊道《せんどう》」というように、人間から変化して神真に遷《うつ》る道、まさに変化の妙道であり、人体を小宇宙というように、人体も天地の生成変化の玄理に則して変化窮まりないものであり、得道登仙《とくどうとうせん》して霊威の徳を備え、造化という神業をも分担するような高い段階にまで到達した道士に五岳真形図が与えられ、霊真の信たらしめることは当然のことと思われる。そのことは神仙道研究の基本書とされる『抱朴《ほうぼく》子《し》』にも、次のように記されている。

「予鄭君《よていくん》が言を聞《きけ》るに、神仙道書の重く秘密し、尊び重んずる所の書は、三皇文五岳真形《さんこうぶんごがくしんぎょう》の図より尊く重んじ秘すべき書はなく、古人仙宮至人この道を尊び、この書を重んじて仙名ある者にあらざれば軽々しく授けたまわず。これを授かりて四十年に一度また他人に伝える。是《これ》を伝えるに血をすすり、誓《ちかい》をなし贄《にえ》を委《ゆだね》て約《やく》を為《な》す」

　つまり、必ず軽々しく人に伝えないという誓いをしなければ、仙人はこれを伝えない。このように、尊び重んじられるのが、五岳真形の図なのである。

　またその真図の由来は、伊邪那岐大神《いざなぎのおおかみ》が五岳いわゆる五天柱を立てたときに、空中からその混沌元始の真の形を写したものであり、玄気が初めて発動して五気の精を固め、五元神がその徳を変じて開闢《かいびゃく》した五大神界にその霊気を結ぶ神物であり、まことに深いいわれのものなのである。

　ちなみに、「道士となるも真形を得ざれば、すなわち魂気定まらず三尸乱干《さんしらんかん》せん。術士となるもこの図文を得ざれば、皆は成就せざらん」と道書に記されたように、道士の修行に不可欠のものであり、またこの真形図が家にあれば、五岳の神界より分掌《ぶんしょう》の神々を遣わし、山、海、川、産土神《うぶすなのかみ》とともにこの真形図を祭る家を守護し、またこの霊図を身につけていればその人を助けるという、大いなる霊験を有するものなのである。

　さて、眼前に見えてきたその色は、変転して数色が替る替る現れて、また元の一色に還る。このとき数色のなかに童子の形が見えるのが最もよく、これが脱魂凝結の初めである。

　何らかの形が見え始めても、その色が黒いままで、変色しないのは妄想の産物であるから、そのようなときは続けて修しても意味がない。

　また数色に転ずるうちに、五色の種々異形の物がまざって見えるのは、五臓の精英であり、玄素の凝結物を幽化するものである。なお、これが青衣童子《せいいどうじ》、赤衣《せきい》童子、白衣《はくえ》童子、黒衣《こくい》童子、黄衣《こうい》童子となって見えるようになれば、修行の功であり、最後にはこの五童子は合して一体となり、玄素の凝結とともに天霊に混ざって玄胎となるのである。

　また数色が見えるときに、火色なのは魂《こん》であり、水色なのは魄《はく》である。水色が数色の中に混淆しているのは、魄霊《はくれい》（陰気の霊）の姿であり、妄想の混合であると知らなければならない。この妄想を去らなければ、異形の物が見えても、凝結の行を修し終えることはできない。この差別をよく知っておかなければならない。

　このように修していると、やがて霊胎はしだいに長大になり、それにしたがって自己の元気はその霊胎の引気に惹かれて、肉身は憔悴《しょうすい》し、ついに自己の霊魂は玄胎に転入する。すると肉身は死んでしまうが、天地とともに長久な存在である霊胎は存在し続ける。これを人間《じんかん》より上昇する神仙というのである。

　このような段階にまで至るならば、自分の意にしたがって形を隠したり、形を顕すことができるようにもなる。また、奇霊《くしび》なことであるが、感念法の妙術によって、この霊胎を凝結できるほどになると、百事の根底も、森羅万象の真理も、ことごとく分明となるといわれている。

山形老仙伝霊胎凝結秘法

霊胎凝結法の秘伝を、もうひとつ紹介しておこう。

　この法は肉身のまま峯から峯へと空中飛行し、そのまま昇天したとされる明治の神仙・山《やま》形《がた》嶟《たかし》の高弟の白井輝一郎が某氏に伝授した神法で、筆者が随分と昔、某氏と面談した折には、某氏はおおむね六、七割は霊胎を凝結したといっておられた記憶がある。

　山形老仙については、宮地厳夫《みやじいずお》の『神仙の存在に就いて』に詳しい。

「備前国《びぜんのくに》（岡山県）赤磐郡《あかいわぐん》太田村《おおたそん》大字《おおあざ》万富《まんとみ》小《しょう》字《あざ》梅《うめ》という地に、山形嶟という本年三十歳になる盲人がありますが、この嶟、若年の頃音楽を学ばしめられましたけれど、生来記憶力に乏しく、いかに教《おしえ》を受けても覚えることができませぬのを嘆いて居る折しも、ある人より安芸国《あきのくに》の弁財天すなわち厳島大神《いつくしまおおかみ》に火の物を断ちて祈願すれば、必ず覚えのよくなる由《よし》を聞き、十二、三歳のとき、七日間火の物を断ちて七日間遙かに祈願いたしましたが、少しもその験《けん》無きに失望して世を詮《せん》なく思い、死を決して同国和気郡《わけぐん》大字板根といえる処の橋の上に参り、その川に身を投げましたが、図らずもある神仙、実は同国同郡熊山《くまやま》に住む神仙に助けられて同山に伴われ、種々《くさぐさ》の教えを受くることとなりました」

右のようなわけで、山形は熊山の神仙の教えを受けるようになり、神仙よりさまざまの霊器を授かり、さらに種々の禁厭《まじない》や秘伝を授けられたというのである。その一が霊胎凝結法である。

さて、山形老仙の霊胎凝結法の伝は、「秘息真法秘伝」と「凝結本法秘伝」の二つからなる。

秘息真法秘伝――気息を流通させる

【秘息真法秘伝の一】

①両手を左右に開き、胸を大きく開くようにして息を吸い、両手を脇に戻して息を出すようにして、深呼吸を五十回する。

②次に両手を組み合わせて腹部に当て、腹部にまで息を落とすつもりで腹式呼吸を五十回行う。

③次に両手は腹部に当てたまま左の鼻より息を吸い、吸息《きゅうそく》を延髄、胸部、腹部、腰部の各々の全脊椎骨《せきついこつ》の左側を通過せしめ尾骶骨《びていこつ》まで降ろす。吸息の感が尾骶骨まで来たならば、今度は息を吐きながら、その吐息を尾骶骨の先端から右に廻らせ、全脊椎骨の右側を上へ上へと通過させて右鼻孔にいたらせる。これを五十回繰り返す（200ページ図一参照）。

これは多少、感想力がないと難しいかもしれないが、息が脊椎骨の左右を通っているかのように感想しながら呼吸していると、やがては実際に息が脊髄《せきずい》の左右を通っているように感じられるようになる。

【秘息真法秘伝の二】

「秘息真法秘伝の一」を熱心に修し、実際に息が脊髄の左右を通っているかのような感覚が得られるようになった段階で、次の修法に入る。

①両手を左右に開き、胸を大きく開くようにして息を吸い、両手を脇に戻して息を出すようにして、深呼吸を五十回する。

②次に両手を組み合わせて腹部に当て、腹部にまで息を落とすつもりで腹式呼吸を五十回行う。

③両手は腹部に当てたまま口から息を吸い、その吸息を前胸正中線《ぜんきょうせいちゅうせん》、前腹《ぜんぷく》正中線を通して尾骶骨まで下ろす。吸息が尾骶骨まで来たならば、今度は息を吐きながら、その吐息を全脊椎の中心を上へ上へと上らせ、口腔《こうくう》にいたらしめる。これも五十回なす（図二参照）。

これまた息が実際に体の前後の中心を通っていることが感覚できるようになれば次の段階に進む。

【秘息真法秘伝の三】

①両手を左右に開き、胸を大きく開くようにして息を吸い、両手を脇に戻して息を出すようにして、深呼吸を五十回する。

②両手を組み合わせて腹部に当て、腹部にまで息を落すつもりで腹式呼吸を五十回行う。

③両手を腹部に当てたまま、左の鼻孔より吸息し、その吸息を左脊椎を通過させて腰椎のヘソの真裏まで降し、そこから腹中に突入させ、ヘソに到達させたのち、ヘソを中心にして時計廻りに次第に渦を巻かせながら腹部一杯に拡大させる。さらに、その渦巻の最後の部分から息を一気にヘソに戻し、その心気

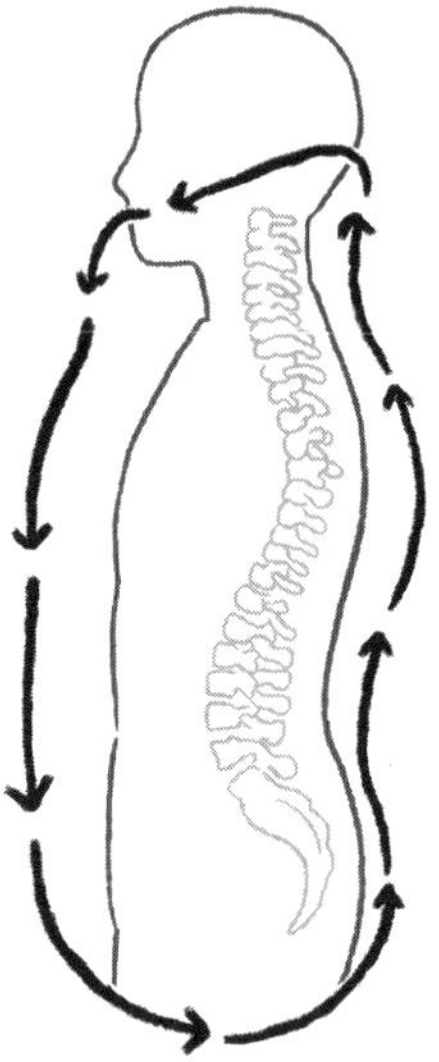

図二　秘息真法秘伝の二

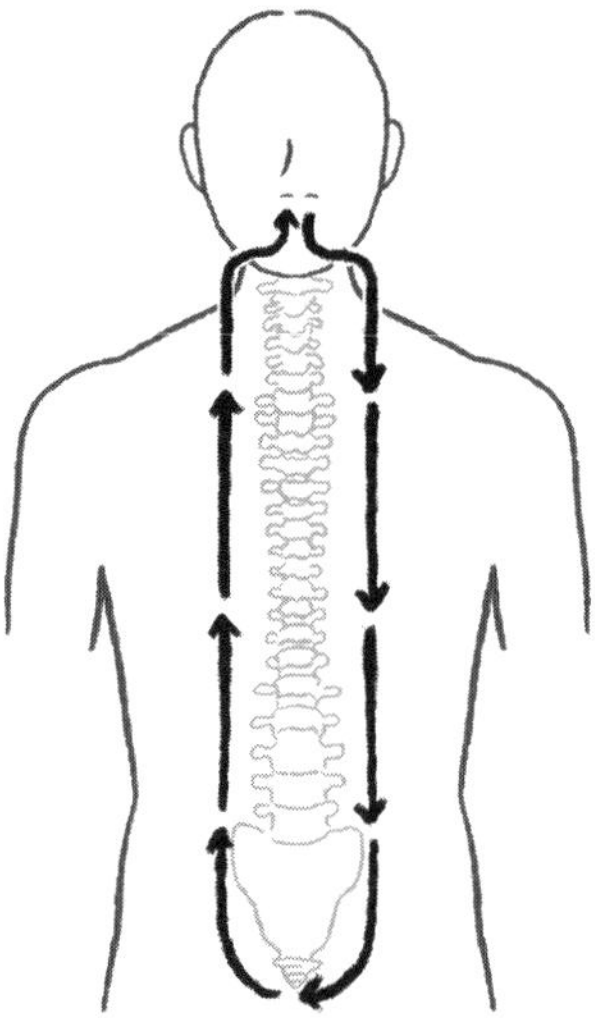

図一　秘息真法秘伝の一

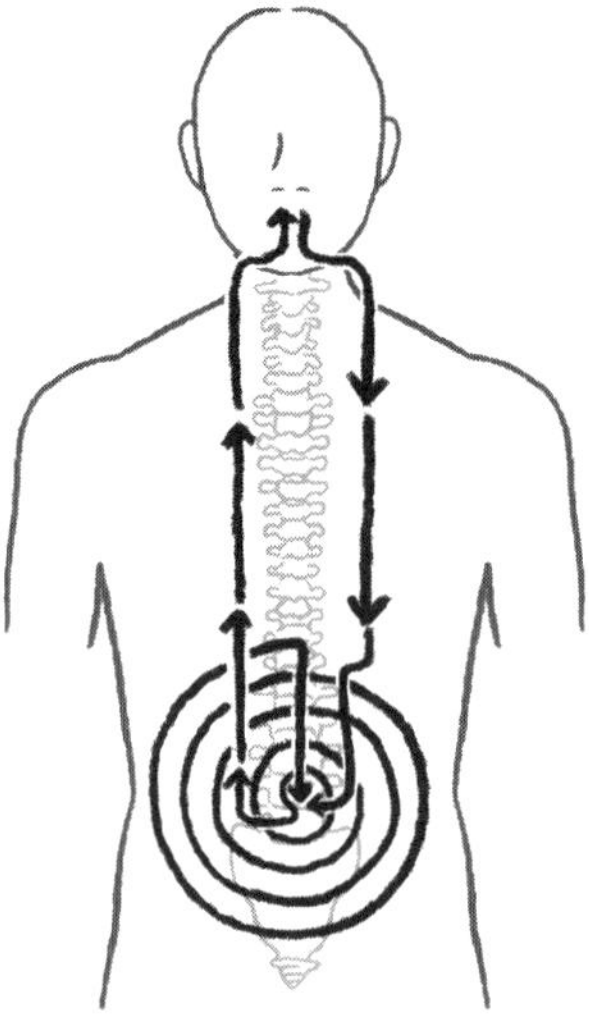

図三　秘息真法秘伝の三

霊胎凝結法を体得するには、気息（呼吸）の流通が重要な鍵となる。

を右脊椎の腰椎の臍の真裏に進ませ、脊椎の右側を吐息《といき》して右側の鼻孔にいたらせる（図三参照）。

凝結本法秘伝――霊玉を霊体化する

右三段の秘息真法秘伝を会得し、気息の流通が明瞭に感得できるようになれば、この「凝結本法秘伝」へと進む。

①両手を組み合わせて腹部に当て、腹部中に卵大の一個の霊玉《れいぎょく》を観想する。

②左の鼻孔より気を吸息し、その吸息を左脊椎を通して腰椎のヘソの真裏まで下げ、そこから腹中の観想した霊玉に霊気が注入され、霊玉が少しずつ充実拡大することを観想する。

③霊玉の充実拡大を観想した後、心気を霊玉より腰椎の右側に帰らせ、脊椎の右側を吐息することにより、上まで昇らせ右の鼻孔にいたらせる。

④このように霊玉の充実拡大を観想しながら、一呼吸のうちに気息をして脊椎の左を下り、右を上らせること五十息をなす。五十息の呼吸の後には、霊玉は拡大して腹部一杯にまで充実していなければならない。

この法を修めるにあたっては、日に何度と行うという規定はないが、一日に何十回も行じてあとの数日はこれを怠るというようなやり方よりも、一日に一回でもよいから毎日倦《う》むことなく続けることが秘訣である。

一意専心に行じ続けるうちに、やがて腹中の霊玉に心気が集中充実し、当初は観念的のものであった霊玉が実在のものとして感じられるようになり、霊体化してくるのである。

そうなった段階で自らの生命を霊玉に移すと、肉体は大地に還っても霊体は永遠不死であり、現世に肉身を以て生ける人と同様に地上の物体を自在に左右し、しかも観想凝念を以てできた体であるから出没、集散が自在であり、空中飛行も海上歩行も自在となるのである。現にこの法を伝えた山形老仙も、そうしたことは欲するがままに行ったと伝えられる。

しかしながら、己の命を霊玉に移し得るような段階にまで霊玉を霊体化することは通常はきわめて困難であり、また仮にできたとしても次第に肉体が憔悴《しょうすい》し、現世的な寿命を縮める結果ともなるので、よくよくの注意が肝心である。

『古事記』に見る言霊の奇跡

日本では、「言霊《ことだま》の助くる国」「言霊の幸《さき》わう国」といった言葉があるように、ある願いを言葉に出して発すれば、それが成就すると神代より考えられてきた。つまり、言語にたんなる記号を超えた霊的な作用を感得し、それを言霊と呼んだのである。すなわち、人間や動物に霊があるように、言葉にも霊があって、諸々のことの実現を支配すると古代人は信じていたのである。

『古事記』上巻に次のような記述が見られる。

葦原《あしはら》の中国《なかつくに》に降った天若日子《あめのわかひこ》は、八年間も復《ふく》奏《そう》せず、あまつさえそれを問詰するために遣わされた雉名鳴女《きぎしななきめ》を、矢をもって射殺し、その矢は天安河《あめのやすかわ》の河原にまで到達した。高御産巣日神《たかみむすひのかみ》が「もし天若日子、命を誤《あやま》たず悪神を射《い》たりし矢の至《いた》りしならば、天若日子に中《あた》らざれ。もし邪《きた》き心《な》あらば、天若日子、この矢にまがれ（当たって死ね）」といって、その矢を下界に落とすと、過《あや》たずその矢は天若日子の胸に当たり、天若日子は死ぬのである。

あるいは、大山津見神《おおやまつみのかみ》が、姉石長比売《いわながひめ》に関しては「天神の御子の命は、雨零《ふ》り風吹けども、恒《つね》なること石《いわ》のごとく、常《ときわ》に堅《かきわ》に不動に坐《いま》しませ」と、また妹木花之佐久夜毘売《このはなのさくやびめ》に関しては「木花の栄《さか》ゆるがごと、栄え坐せ」と誓約《うけい》して、奉った姉妹のうち、邇邇芸命《ににぎのみこと》は木花之佐久夜毘売のみを止めて、石長比売を返したので、今にいたるまで、本来天皇の命は長いはずであるのに、短くなったのだということが記されている。

　また、日子穂穂手見命《ひこほほでみのみこと》（山幸《やまさち》）が兄の火照命《ほでりのみこと》（海幸《うみさち》）に借りた釣針を返却するに際して、海神から伝授された通りに「この鉤《ち》（釣針）はオボチ、ススチ、マヂチ、ウルチ」と咒《まじな》うと、火照命には凶事ばかりが続いたという。

　また、応神天皇の御世《みよ》、兄の秋山之下氷壮夫《あきやまのしたひおとこ》が約束を違えたのに対して、その弟の春山之霞《はるやまのかすみ》壮夫《おとこ》が、八目《やつめ》の荒籠《あらこ》を作り、河の石を取り、塩とともに竹の葉で包んで、「この竹の葉の青むがごとく、この竹の葉の萎《しぼ》むがごとく、青み萎め。また、この塩の盈《み》ち乾《ひ》るがごとく、盈ち乾よ。また、この石の沈むがごとく、沈み臥《こや》せ」と呪詛《じゅそ》すると、その兄秋山之下氷壮夫は、その呪詛を解くまでの八年の間、病床にあったという。

　あるいはまた、神武天皇が天香山《あまのかぐやま》の土をとって、天平瓮《あまのひらか》、厳瓮《いつべ》を作り、厳《いず》の呪詛《かじり》をして、賊軍を平らげた話、伊弉諾尊《いざなぎのみこと》と伊弉冉尊《いざなみのみこと》との泉津平坂《よもつひらさか》での咒言《じゅげん》の応酬など、記紀のみでも言霊の威力が関わる話は数多い。

　言葉に力があるとすれば、みだりの言挙《ことあ》げは忌避《きひ》されなければならない。幽真界の重秘の神名などは、たとえそれを知る者といえども、書物に発表することはおろか、みだりに口にすることも慎まなければならないといわれることの一端もここにあるのである。

　言霊の持つ力、働きは、じつに絶大なものとされる。言霊の秘密をつかんだ人は、一声の下に天地を揺るがし、一言の下に風雨雷電を自由に駆使するといった奇跡をも自在に行えると伝えられている。

　つまり言霊とは、言葉に宿る神秘的な存在である。古代の人々は洋の東西を問わず、言葉には精霊が宿り、その霊妙な力によって、人々の幸も不幸も左右すると考えていた。そして、超越的実在としての言葉の、その力、働きを古代日本人は端的に「言霊」と名付けていたのである。

空海が操った言霊パワー

空海（七七四～八三五年）なども自分の開いた教えを真言密教《しんごんみっきょう》と名付け、真言（言霊という語の仏教的言いかえと考えていただければ、わかりやすかろう）の力を実証した人だ。

たとえば弘仁《こうにん》元年（八一〇）、大和国（奈良県）でイナゴが異常発生した。さまざまな手段でそれを駆除しようとしたが成功せず、田畑の緑はたちまち消えていった。そこにやってきた空海が密教の秘印と真言をもって祈禱《きとう》すると、一夜にしてイナゴの大群が消え失せた。

また天長元年（八二四）、この年は日照り続きで山川は乾き、魚は死に、農作物も枯れ果てた。ところが天皇に命じられて、空海が宮中の神泉《しんせん》苑《えん》に壇を築き、印を結び、真言を唱え、念を凝らすとたちまちに雲がわき起こり、大雨が降ったという。

そればかりではない。全国各地に、空海（弘法大師）が「かくなれ！」と命じて起こしたといわれる奇跡譚が何百と伝承されているのだ。

キリストなども、言葉のみで死人を蘇らし、邪霊を去らしめ、病を癒し、水を酒に変え、弟子に水上を歩かしめ、七つのパンをさいて五千人の飢えた人々に与え、そのあまりを籠《かご》にひろうと、なんと七つの籠に一杯になったというような奇跡を行っている。

もっとも空海もキリストもずいぶんと昔の人で、そうした奇跡の目撃者が生存しているわけではない。単なる伝説さ、と思われる方もいるであろう。ところが現代にもいたのだ。言霊の力を信じ、その修行をし、その力を獲得し、また弟子にも実行させ、数々の奇跡を起こした人物が。

それが神道系の各教団に大きな影響を与えた大本教《おおもときょう》の出口王仁三郎《でぐちおにさぶろう》だ。

言霊の達人・出口王仁三郎

出口王仁三郎は明治四年（一八七一）、現在の京都府亀岡に生まれた。祖母から文字の読み書きだけではなく、言霊の秘伝をも伝えられたという。というのは祖母宇能《うの》は、あとで触れるが、中村孝道《こうどう》つまり言霊学中興の祖といわれる人物の妹（姪ともいわれる）であったからだ。

王仁三郎は言霊学の研鑽に若い頃から精根を傾け、人のいない山野で日夜、言霊発声の錬磨にいそしんだ。たまたま目撃した村人からは頭がおかしくなったのではないかと思われたこともたびたびであったという。

ここでは王仁三郎の奇跡的生涯を語るスペースはないし、また王仁三郎の起こした奇跡の数々は本書を手に取るような方であれば、ご存じであると思うので、一、二、王仁三郎とその弟子が共同で起こした言霊に関する奇跡を記すことにする。

大正八年（一九一九）八月のことだ。王仁三郎は大本の幹部のうちの二十四人を三班に編成して、これを「言霊隊」と名付け、自らは一隊を率いて鎌倉に向かい、他の二隊はそれぞれ近江の伊吹山、大和の大台ヶ原《おおだいがはら》に派遣した。

もっとも、その目的は「言霊の実験」というだけで、その実験が成功するとどういうことが起きるのか、詳しいことは発表されていなかった。

各自、白装束に草鞋《わらじ》、菅笠《すげがさ》をかぶり、手には六尺棒を杖にして出発した。大台ヶ原に派遣された隊は、八月九日の夕方に山頂についた。ここには大台ヶ原教会といって神仏混淆《しんぶつこんこう》の修験《しゅげん》道《どう》の大きな建物が建っていた。

翌朝になって、そこの教会長が一行にこう助言してくれた。

「わざわざ重い雨具をもって、神業に出られる必要はない。今日の天気は快晴だから雨具はお

出口王仁三郎は祖母から言霊学、本田親徳の高弟・長沢雄楯から鎮魂帰神法や審神学などを伝授され、後に出口なおに会う。「大本」は、なおを開祖、王仁三郎を聖師として発展していった。

預かりしよう。わたしは三十年近くこの山に住んでいるから天気のことはよくわかる。今日の快晴はわたしが保証する」

一行はその言葉に従い、蓑《みの》、笠などの雨具はすべて教会に預けて、十一時半にはその周辺の踏査を終え、一番の高所とされる日の出岳に登った。

そして正午になると王仁三郎に命じられた通り、天津祝詞《あまつのりと》を奏上し、言霊を臍下丹田《せいかたんでん》から伊吹放ったのだ。すると不思議なことに一天にわかにかきくもり、大暴風雨の様相をていし、風が猛《たけ》り狂い、大雨がドッと降りだした。

一行はあまりのことに呆然とし、王仁三郎の言っていた言霊の実験とはこのことであったのかと、その威力のすごさにあらためて感動したという。

この話には後日談がある。

言霊の波動は嵐となって大台ヶ原山麓、紀州沖に現れ、名古屋、静岡、信越地方を通過して東に向かった。その勢いがあまりに激しく、このままでは東京方面にひどい被害を与えそうになった。それを知っていたかのように、王仁三郎は一隊をひきいて鎌倉の神宮山に上り、神歌を一首読み上げたのだ。すると、スッーと波も風もうそのように治まった。

王仁三郎と一緒にいた人々は、激しい風、荒立つ波が言霊を発するやいなや、たちまちに鎮まったので、言霊の力に今さらながらに恐れ入ったという。

また奇跡というほどではないが、もと大本教の信者であった合気道の創始者・植芝盛平《うえしばもりへい》（一八八三〜一九六九年）にも次のような体験があるという。

戦前、大本教では神苑に配置して庭造りをするために近くの山から出た大石を運んでいた。盛平があるとき、そうした作業をしている現場を通りかかると、作業中の一人が「植芝さん、ちょうどいいところに来てくれた。あなたのところに使いを出そうと思っていたのです。この石をもち上げてくれませんか」というのである。

盛平が武術で鍛練し、その力が普通の人に倍するものだということが知られていたからだ。見ると千貫（三・七トン）はありそうな大石である。しかも、それが大地にめりこんでいる。「これは、だめだ。いくら力があっても無理だ」と盛平が答えているところに王仁三郎が出てきて、「植芝さん、これは言霊で力を出して動かさねばあきまへんで」と言った。

まだ大本の教えをよく知らなかった盛平が、「コトダマとはなんでしょうか」と聞くと、簡単に言霊の説明をし、「この石を動かすには、ウの言霊やな。やってみなされ」と王仁三郎は盛平を促した。

盛平は巨石に両手をあて、全身の力をふりしぼり、「ウ」の言霊を発すると巨石はムクムクと動きだしたという。

よみがえる言霊秘法

王仁三郎とその弟子が言霊によって引き起こした奇跡は枚挙にいとまがないが、さて王仁三郎などの奇跡の源となったといわれる言霊、またそれを研究するという言霊学とは、どのようなものであったのであろうか。

先にも触れたように、一言で言えば、言霊とは、言葉に宿る神秘的な存在だ。超越的実在としての言葉の、その力、働きを古代日本人は端的に「言霊」と名付けていたわけである。

秘伝として隠されていた古代からの言霊がその全貌を現し始めたのは、江戸時代の中期から末期にかけてである。次々と発見された、各地の古い神社に秘蔵されていた古文献や永らく秘められていた古文書によって明らかにされていったのである。その中心となったのが、近世言霊学再興の祖といわれる山口志道《しどう》と中村孝道《こうどう》である。

山口志道の言霊学

言霊学の一方の雄、山口志道は安房《あわ》国（千葉県）の人で、明和二年（一七六五）の出生である。

志道の家には代々「布斗麻邇御霊《ふとまにのみたま》」、別名「火《か》凝霊《ごたま》」と呼ばれる奇妙な図形が伝わっていた。この「布斗麻邇御霊」の図形の謎を解明しようと、三十年間、国学の研鑽に努めたが一向にその研究は進まなかった。しかし文化十二年（一八一五）、志道五十一歳のときに荷田訓之《かだのりゆき》という国学者から「稲荷《いなり》古伝」という図符を授かり、積年の疑問が一気に氷解していったという。

この「稲荷古伝」は「水火《みずほ》の御伝《みつたえ》」ともいって、山城《やましろ》国稲荷大社（現在の伏見《ふしみ》稲荷）に「御神体」として祭祀されていたものである。

志道は『古事記』神代巻にとくに意を注ぎ、代々家に伝わる布斗麻邇御霊と、訓之より伝えられた「稲荷古伝」を以て、日本古来の古言と仮字の幽理を明らかにし、千古の謎・言霊の妙理の一端を解き明かしたのである。

中村孝道の言霊学

近世言霊学再興の祖といわれるもうひとりの人物、中村孝道も志道と同時代の人である。「言霊」の秘密を探ろうとして京都に上り、このとき宮中より出た反故紙《ほごし》の中に「ますみの鏡」と呼ばれる「音」の図表を見つけて、そこから霊感を稟《う》けて言霊学を大成したという。この「ますみの鏡」と呼ばれる図表には、濁音、半濁音を含むすべての音声七十五音が宇宙的な秩序と霊的な響きによって配列されている（213ページ参照）。

言いかえれば、この「鏡」は天・地・人の三才を映す鏡であって、天地開闢《かいびゃく》から天文地理、修身斉家《しゅうしんせいか》、社会制度のあるべき姿など、あらゆるものの原理がここに照らして明らかになるというのだ。

志道の体系は七つの図形で五十音を理解するのだが、孝道は同一の表中にある「音」の相対的な位置関係から、七十五音のそれぞれが持つ「意味」というより、「力」を演繹《えんえき》するのである。

その見方の一例を「ス」の音から考えてみよう。「ますみの鏡」の図を見るとわかるように、七十五音が普通の五十音と違った形で配列され、サ行が中段（中津棚・中津緯）にきて、全体の中心に「ス」がある。「ス」は「天皇《すめらみこと》」や「統《す》べる」の「ス」であり、万物を統一する働きがあるというわけだ。この十五段の「音」の並び方は、宇宙に響く言霊の秩序であり、言霊によって支配される万象の位相を示すものである。

そして明治の世の中になって、この志道と孝道の二つの言霊学を合わせて研究し、言霊をもって未来を予言し、病気を癒し、風雨をも自在に駆使したのが出口王仁三郎なのだ。

ここで紹介する言霊実践法は、現在いくつかのところで伝えられている行法を実行しやすいように、筆者が再編成したものだ。その実際的利用法、奥伝など、より深いところは拙著『言霊玄修秘伝』（八幡書店刊）に詳しく記したので、興味ある方はそちらを参照していただきたい。

言霊発声法の基礎練習

では早速、言霊の神秘力を実感するために、基礎的な発声法から説明してゆこう。

これは、次に説明する言霊神感法（言霊によって吉凶・未来などを占う方法）と言霊神咒《しんじゅ》法（言霊によって願望などを成就する方法）の基本となるものである。これには213ページに掲載してある「ますみの鏡」の図が必要だ。

なお、正式には水茎《みずくき》（瑞組木）文字が記された図を使用するのが望ましいが、これだと初心者には対応する仮名がわかりづらいと思うので、仮名のみの略式の図も用意した。

まず、この図を見やすいように拡大コピーするか、他の見やすい大きさの紙に写しとるなどして、自分から一メートルくらい前の壁に貼ってほしい。そして、その前に正座するのだ。手は古神道で用いられる「鎮魂印」を胸の前に組んでいただきたい。これは魂を鎮めるための印で、この印を組むだけでもかなり心が落ちついてくるはずだ（119ページ参照）。

次に腹式呼吸を三度する。鼻から息を吸い、お腹に息を止め、そして口からわずかずつ、息を吐く。苦しくない程度に、なるたけゆっくり行うのがよい。最初は数を七数える間吸い、そこで止め、七数える程度で吐くのがよいだろう。

次に、大きな声を出して高天之棚《たかあまのたな》（高天緯）、天之棚（天津緯）、中津棚（中津緯）、地之棚（地津緯）、根之棚（底津緯）の順に文字を読んでゆくのだ。もっともこのとき、横に「カコクケキ」

とか「キケクコカ」とか読んではならない。初柱、内柱、中柱、外柱、留柱の順に三語ずつ読むことになっている。

つまり次のように読むことになる。

①高天原之棚＝カガダ、コゴド、クグヅ、ケゲデ、キギヂ
②天之棚＝タラナ、トロノ、ツルヌ、テレネ、チリニ
③中津棚＝ハサザ、ホソゾ、フスズ、ヘセゼ、ヒシジ
④地之棚＝パバマ、ポボモ、プブム、ペベメ、ピビミ
⑤根之棚＝ヤワア、ヨヲオ、ユ羽ウ、恵ヱエ、伊井イ

ここで「ヲ」は「うお」、「羽」は「うう」、また「恵」は「いえ」、「ヱ」は「うえ」、「伊」は「いい」、「井」は「うい」というように発声していただきたい。もっともそれが難しい方は、この基礎練習ではその位置に注意をはらっていただければ、「ヲ」が「お」となり、「羽」が「う」となってしまっても、さほど気にする必要はない。

ここで注意していただきたいのは、慣れてきたら「カガダ」「コゴド」というように三語ずつ発声してもよいのであるが、はじめは、一言一言を口を大きく開けて「カーガーダー」というようにハッキリと発声していただきたいということである。

できれば、一音一音を発声しながらその「力」を観想するようにすると（大石凝真素美《おおいしごりますみ》著『大日本言霊』を参照していただきたい）、大和言葉を成り立たせている根本原理を悟ることができるばかりか、いつしか言霊と自己とが一体化し、道の機微に触れ、自らの魂がじつに至大にして無外であること、同時に誠に至小無内の霊であることを如実《にょじつ》に実感できるはずだ。

「ますみの鏡・略式図」

	表		身中主	裏		
高天之棚	キ	ケ	ク	コ	カ	牙之音
	ギ	ゲ	グ	ゴ	ガ	
	ヂ	デ	ヅ	ド	ダ	
天之棚	チ	テ	ツ	ト	タ	舌之音
	リ	レ	ル	ロ	ラ	
	ニ	ネ	ヌ	ノ	ナ	
中津棚	ヒ	ヘ	フ	ホ	ハ	歯之音
	シ	セ	ス	ソ	サ	
	ジ	ゼ	ズ	ゾ	ザ	
地之棚	ピ	ペ	プ	ポ	パ	唇之音
	ビ	ベ	ブ	ボ	バ	
	ミ	メ	ム	モ	マ	
根之棚	伊	恵	ユ	ヨ	ヤ	喉之音
	井	ヱ	羽	ヲ	ワ	
	イ	エ	ウ	オ	ア	
	牙韻 留柱	舌韻 外柱	歯韻 中柱	唇韻 内柱	喉韻 初柱	

「ますみの鏡・正図」

一日、十分か十五分で結構だ。とりあえず、最初の三日間は、一言一言を発声する練習をし、次に三語ずつ発声する練習をまた同じく三日間は続けていただきたい。

つまり一週間ぐらいは、この基本練習を続けていただきたいのだ。霊的なセンスがよほど豊富な人の場合は、そうした基本練習もさほど必要がない。つまり、こうした図表をわざわざ作って発声の練習をしなくてもよい人もいる。しかし通常の人には、次の言霊秘法を実践する前にこのような基礎的な練習が絶対に不可欠である。砂上の楼閣という言葉があるように、土台がもろい所にどんな立派な建物を建てようとも何の意味もないことになってしまう。

一言霊修法

基礎練習では、「ますみの鏡」の順に従って、七十五音を発声したわけであるが、ここでは心で思わず、頭で考えず、魂の底からわき上がってくる一言を発声する練習をする。この「一言《ひとこと》霊修法《れいしゅうほう》」は、天《あめ》の真名井《まない》の水がひとりでにコンコンと湧き出てくるように、自然と声が出てくる練習とでもいえようか。

そんなことができるか、何も考えないでいて言葉が出るわけがない、と初めての人は思うかもしれない。だが、誰にでもそうした経験はある。間違えて熱いものに触ったとき、思わず「アチッ!」と言い、難しい問題がわかったとき、これまた思わず「ワカッタ!」と叫ぶ。どれも言おうとして言った言葉ではないはずだ。

その経験を思い出して練習をしていただきたい。フッと口から声が出てくるのに任せればよいので、その出てくる言葉は何でもよい。予定もせず、はからいもなく、ただ魂の奥底から出てくるのに任せればよいのである。

まず正座し、鎮魂印を組み、基礎練習でしたようにゆっくりと腹式呼吸をして心を鎮める。

基礎練習をしっかりとしてきた人は、思わず知らずに一言が出てくる。それを限りなく、続けてゆくのだ。

「アーキートーナーヤートームールーヒーミーツー」というように、どんな一言がでてきてもよい。同じ一言が出てきてもよい。意味があってもよい。意味がなくてもよい。ただ出るのに任せるのだ。

万が一、何の声も出てこない人は、「ウーオーアーエーイー」と一種の迎え水として五母音を発声してみていただきたい。そのあとに自然と思わず知らずに声が出てくるはずだ。この方法を試しても何の声も出てこないようならば、まだ基礎練習が足りないということなので、もう一度基礎の練習を、腹式呼吸を十分ほど、発声法を十五分ほどに時間を増やし、六日間、復習してから、一言発声法を実修していただきたい。

ここまで練習して、自然と一言が出ない人はほとんどいないのだが、万が一、それでも一言が出ない人がいたならば、再復習していただきたい。必ず頭で考えずして、一言の霊言が出るはずだ。指導者について実修すれば、非常に簡単なことなのだが、独習の難しさがここにある。この一言霊修法も一日十五分ほど、三日間、練習する。

三言霊修法

次に三言《みこと》霊修法だ。

これもじつは、根本的には一言霊修法と変わるところはない。ただ「トー、キー、ツー」というように一言ずつ発声していたのを、「マーユーノー」「ターラーネー」「クーモーオー」というように、三言で切りながら発声してゆくだけだ。

ここで注意すべきことは、何か意味ある言葉を出そうなどとしてはいけない、ということである。「まこと」「いのり」「かみよ」などと、つい意味ある言葉を発声してしまうのであるが、一言霊修法で出てきた言葉が、思わず知らず、魂の奥底から湧き出てきたもので、必ずしも人間の使う言語としては、何の意味も有していなかったのと同じように、この三言もたんに一言を三つ合わせたものにすぎないのであるから、なまじ意味を持つ言葉が出てくるよりも、無意味の言葉が湧き出てくるほうが好ましい。

さて、その実修方法は一言霊修法と同じだ。正座し、瞑目して、鎮魂印を結び、静かに腹式呼吸法をつづける。ただし、このとき、三言の言葉が出るのだと強く思うのだ。すると、フッとお腹の底から湧き出るように「ノーコーヤー」「チーラーネー」「ヌーオーハー」などと自然と思わない言葉、意外な言葉が流れるように出てくるのである。

一言霊修法に成功している人にとってこの三言霊修法はさほど難しいものではない。しかし、これまた容易にできない人は、一言霊修法をもう一度復習してから、この三言霊修法に着手していただきたい。

五言霊修法・七言霊修法

五言《いつこと》霊修法、七言《ななこと》霊修法ともに、三言霊修法と根本的に変わるところはない。ただ「トーナーイーノーター」とか「ニーミーオーノーカーターヤー」というように、三言が、五言、七言に増えただけである。

これも、三言霊修法で注意したことを守り、同様な方法で各々《おのおの》、一日十五分ほど三日間ずつ実行していただきたい。このように実修して七言霊修法が自在にできるようになったならば、これから先は、ものに応じて、時に際して、自在に不思議な言葉が発せられるようになる。

神道においては、高御産霊神《たかみむすひのかみ》、神産霊神《かみむすひのかみ》の「結び（産霊）」の働きによって森羅万象が生じるとされているが、この言霊の修法においても一言が無限に結びあい、言葉が魂の奥から次から次へと限りなく流れ出てくるのである。

この言葉は、次第に無意味な言葉から、意識せずして有意味な言葉に変わってくる。思いがけない、かかわりのないような言葉が、じつはその日のその人の運勢を語るようにもなる。自ずから出てくる言葉が真実となるのだ。

言霊神感法（言霊占法）

さてこれから、言霊による神感法（吉凶・未来などを占う方法）を説明しよう。神感法というとおおげさだが、これはそう難しいことではない。

じつは、七言霊修法まで熱心に修得した人は何かを実行しようとして、そのことの吉凶を占おうとするならば、「〇〇をすることの良し悪しを、言霊をもってお教え下さい」と念じて正座し、印を組み、静かに呼吸していれば、自ずから「なせ」とか「やめよ」という言葉が湧き出てくるようになっている。

あるいは、もっと長い言葉になることもあるが、いずれにせよ瞑目のうちに吉凶の判断が自ずと言葉になって発せられるのである。

もちろんこれは、基礎練習を完全にマスターしている人にのみ可能なことである。その意味で、簡単そうに見える基礎練習が意外に重要なことがおわかりだろう。

また「言霊の神よ、和歌の調べをもってお教えください」と念じれば、自然と「このことは、神も見ておる、人も見る、命かけても、なすべきことぞ」とか、「いかになし、いかにつくせど、この世では、もとむすべなき、報いもとめて」などと五七五七七の和歌で出てくるものである。

もっとも、読者のみなさんが実際に試してみられるとわかるが、通常に話すように言葉を出すのでは、次から次へと魂の奥底から自分でも思わない言葉、真実の言葉を出すことは、じつは難しい。それよりも、五七五七七の和歌に何らかの節をつけて言霊を出すことのほうが、いかに容易かわかってくるはずだ。

私は、かつて出口王仁三郎が使用していた節回しを主として使わせていただいているが、至極、自在に次から次へと言霊が無限に出てきて、一日中でも歌が出てくる。もちろん、和歌の素養のない私であるから、駄作ばかりであるが、その出てくる和歌は自分の運命を暗示するものであったり、行動の指針となったりするものも多い。また、和歌による言霊修法を実修していると、自然と心から雑念が去り、心身ともに不可思議な妙境に入ってゆくこともおもしろい。

言霊五十音秘義

さて神感法には、もうひとつのやり方がある。七言霊修法までが完璧にできなくても、言霊による占いは可能なのだ。ここでは、「御占《みうら》木《ぎ》」を使う方法を紹介しよう。

桜の木の五角柱（女木という）、十角柱（男木という）に、それぞれ神代文字といわれるアヒル文字を記したものだ。五角柱にはアヒル文字で「アイウエオ」、十角柱には「アカサタナハマヤラワ」を順に記す。

この御占木が用意できたら、次の秘歌を繰り返し唱えて、それを振るのである。

まず男木を手の中に入れて、

「ウラトヘバ、カミノミタマノ、アモリマシ
シラジナシラス、カミノマニマニ」

と唱える。そして男木を転がすと、ア行〜ワ行までを示す文字が出る。

次に女木を手の中に入れて、

「カミウラノ、ミワザカシコミ、スガカミノ
ミムネニトヘバ、タガフコトナシ」

と唱えて女木を転がすと、五十音を特定する

文字が出る。たとえば、男木がカ行で女木が「イ」なら「キ」となり、男木がカ行で女木が「オ」なら「コ」となる。

　この得られた文字によって、物事の吉凶が明鏡を写すようにはっきりとわかってくるというわけだ（詳しくは、佐野経彦《つねひこ》『宇良奈比真伝《うらないしんでん》』、松原皎月『神伝霊学奥義』八幡書店刊を参照してほしい）。

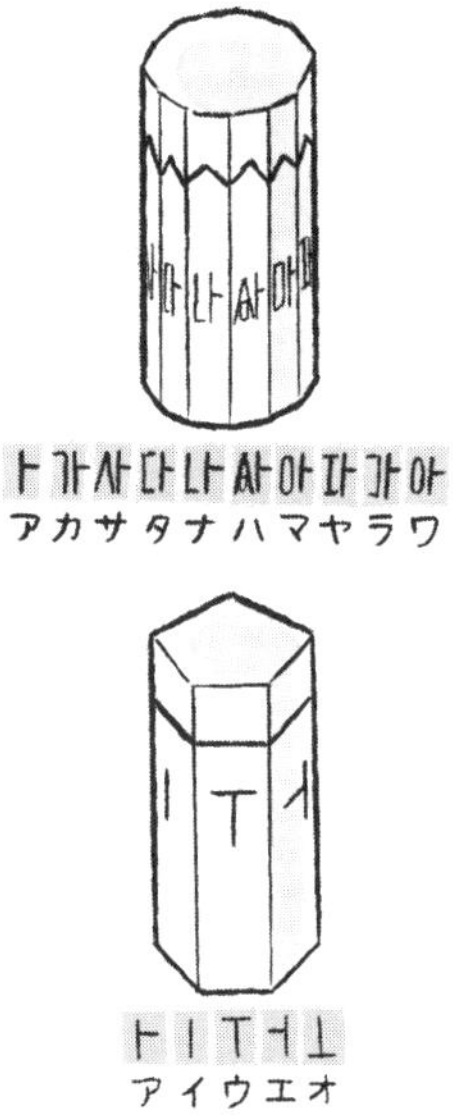

言霊神感法で使用する御占木の例。上は十角柱の男木、下が五角柱の女木。それぞれに神代文字の「アヒル文字」を記している。

　御占木の場合は二文字の結合で占断を下すが、一言霊修法に熟達した人ならば、「言霊の神、○○についてお教え下さい」と念じ、フッと一言が湧き出るのを待って、その一言で判断してもよい。

　いずれにせよ、こうして得られた文字は、解釈をほどこさなくてはならない。言霊学では、七十五声、まだ五十音それぞれに玄妙な意味が付せられており、その解説だけでも大冊の本になっているほどであるが、ここでは簡略に、占いに用いる場合のそのもつ意味を記しておこう。より興味を持たれた方は、山口志道の『水《みず》穂《ほ》伝《でん》』、中村孝道の『言霊秘伝』もしくは、『大石凝真素美全集』などを参照していただきたい。ここでは佐野経彦著『宇良奈比真伝』を参照してみた。

【言霊占法・五十音象意一覧】

ア…すべてのものの形が現れる兆し。よって物事が成立する兆しとも読める。

イ…日の光を受け、万物の生い育つ象。気強く、盛んであることがわかる。

ウ…活気があり、浮かび現れるの意味がある。もっとも、上より抑えられるの意味もある。

エ…活気が動き昇り、陽気の盛んな意味がある。よって幸運を得る兆しとも読める。

オ…水蒸気の昇りゆく、その元をなす兆し。何事も徐々に実現する。

カ…陽気の盛んな象。運気強く、神の助けあり。心平静になりえず、すべてに変化がある。

キ…働き通う兆し。人とよく交際することによって徐々に物事が成就する。

ク…陽気強く、かえってものを枯らす象がある。よくよく心を和らげる必要がある。

ケ…金気が土中にあって日気を吸う象。すべてのことに一歩退いて対処すること。

コ…万物が生まれ、少しずつ成育する象。よって万事成就すると考えてよい。

サ…災いが去り、福がやって来る象。よくよく慎めば、栄える前兆である。

シ…悪いことが去り、良いことが備わる象。いざこざがあっても穏やかで素直であれば吉。

ス…茂り栄える象。他より害せられる意味もあるが、正しき心を保てば幸運を得る。

セ…すべてのものが移り変わろうとする象。苦しむ人は楽になり、盛んな人は衰える。

ソ…大空の気が進み昇る象である。また親子、上下で背き争う意味もある。

タ…気の行き通う象である。よって人と人とが親しみ、男女合い和するときでもある。

チ…少しずつ進み行き、満ち足り栄える象。目上の人にかわいがられ、良くなるとき。

ツ…ものの絶えることのない象である。人々の和を得て栄える徳がある。

テ…神より、ものを賜《たまわ》るという兆しである。幸運ですべて成就するということになる。

ト…すべてのことが凝り成る象である。物事が成就し、先行きも安定する兆しである。

ナ…陰気が去って、陽気が栄える象である。難に出会っても、そこから浮かび出る兆し。

ニ…陰陽合い並び、ものの生まれようとする象。人と和して大きな喜びがある。

ヌ…気を受け、物が生じ、すべての栄える兆し。目上の人の助けを得て盛んになる。

ネ…大地に根があって、おい出る兆しである。人の助けを得て、良い出だしとなる。

ノ…流れる水のように妨げるものはない象。困難にある人も気運が上昇し、幸運におもむく。

ハ…日が射して木が栄える象である。人々に慕われ、大いに栄えることができる。

ヒ…万物の生まれ出でる根を含んだ象。信義をもって人に接すれば人の頭となる。

フ…ものが満ち足りて、神人妙合の兆しである。上より恵まれ、下から慕われる。

へ…天地が一つとなり、乱れたものも治まる象。家が富み栄える盛運である。

ホ…水蒸気の立ち昇る勢いの象。人に認められるとき。ただ争いを慎むこと。

マ…人の上に立ち、名を知られる象。外から害を受ける兆しもあるから争いを避けること。

ミ…物事が始まろうとする象。まだ恵みは薄いが、深慮遠謀《しんりょえんぼう》をもってすれば成就。

ム…天地がふさがって、まだ開けない象。ものごとに信義をもって対処すべきとき。

メ…ものの象をそのままに現わす象。嫉妬心の強すぎることが多い。

モ…大地に水が潤って、水蒸気となって立ち昇る象。ことを始める好機である。

ヤ…すべてによく叶い、成立する象。勢いあり、他より親切を受ける兆し。

井…井戸を掘って清水を得た象。上下の人に親しみ信頼を得れば、万事成就する。

ユ…天地上下合い和して、もの成り集まる象。万事が成立するときである。

ヱ…上下の人に親しみ交われば、さまざまのものが集まってくるが、ことはなりがたい象。

ヨ…付き寄る象である。さまざまのものが集まってくる。悪いことも来るので注意。

ラ…何事であっても栄える象である。ただし身を慎むことを要する。

リ…何事も満ち足り、備わっている象。人とともにことを成すことが吉祥を招く。

ル…神人妙合し、物事が備わる象である。高ぶりすぎれば運を損なうことあり。

レ…ものに和し、したがう象である。人の求めに応じることがなければ悔いることがある。

ロ…色の薄らぐ象である。はじめは栄えても、内の気が弱くて衰えることがある。

ワ…天の気が満ち足りて、すべてが成る象。何事も調《ととの》い、治まる兆しである。

伊…万物成育し、分かれ栄えゆく象である。何事も成就するという兆しである。

羽…日の照りわたる象である。勢い盛んで、その名を天下にとどろかす兆しである。

恵…日の西に沈み、治まる象である。物事の静かに治まる意、また別れの意味がある。

ヲ…ものの小さく分かれ、子を生む象である。小は成り、大は成らない兆しがある。

言霊解釈法

また言霊学の研究は、決して言霊学の研究のみに終わるものではない。古神道において、秘伝口伝《くでん》とされているものが、言霊学にある程度まで通暁《つうぎょう》してくると、自然とその玄義が朝風、夕風に朝霧、夕霧が払われて、今まで霧に覆われて見えなかったものが見え出すがごとくに明瞭となってくるものである。

たとえば、万象を生成化育する神秘力を、玄門（神仙道）において「化作《かさく》」と云い、神道において「産霊《むすび》」という。

その万物の生成変化の産霊の神術の極則を伝えているとされる太古真法《たいこしんぽう》（約二千年前、伊勢神宮を現在の地に定められた倭姫命《やまとひめのみこと》より、神事奉仕のための枢要《すうよう》極秘のものとして代々、斎宮《さいくう》に伝えられたもの）の一部に内宮《ないくう》、外宮《げくう》の千木《ちぎ》を神的象徴と見るものがあって、陰陽・水火の交流、交合を解き明かしている。

千木は神社などの社殿の屋根についた交差した木であるが、それは山口志道の言霊解によれば、「ツルギの返しチなり。カカミの返しキなり。ゆえに神宝の霊を棟の上に表して是を千木というなり」として、三種の神器のうちの剣と鏡を象徴したものが千木であるという。

そればかりではない、さらに「タカミムスヒノカミの返しチにして、男神の霊なり。カミムスヒノカミの返しキにして女神の霊なり。ゆえに女男縁を結ぶに、男は剣の霊のチをもってし、女は鏡の霊のキを以てチキなり」として、千木は産霊の神である高御産霊、神産霊二神の所現として解釈されているのだ。

以上の事実は、太古真法において神秘的象徴形象によって啓示されている千木の秘義の一端が、言霊学によっても解明することができることを示すものである。

これをさらに広げてゆけば、神典に示された各種の神名なども、言霊学の助けを借りることによって、より深い玄意を悟ることができるともいえる。

これまで知られているように、神代の日本には、いまだ大きな謎が渦巻いている。その解明に言霊学が大きな助けになることが予感できるのである。

初心の方には無理だとしても、興味を持たれた方は、その方面の研究にも言霊学を応用していただきたいと思っている。

言霊神咒法の理論

言霊が願望をどうして成就することができるのかということについては、さまざまの説が唱えられている。万象は波動からなっているから、言葉の波動が外界のものに影響を与えるのであるとか、言霊は神の言葉であるからだとかだ。ここでは言霊学者・山口志道の理論を紹介しておこう。

志道は、古神道において、神火清明《しんかせいめい》、神水清《しんすい》明として、最も尊ばれる水火の二元をもって、森羅万象の根源たる言霊の理を解明する。

志道の思想を略していえば、こうだ。

「天地万物をはじめ、人の呼吸言語にいたるまでことごとく、火と水の二元より成立している。天地も水火の凝《こ》り、人も水火の凝り、すなわち人は小宇宙であり、万物照応の玄理にもとづき、わが水火の発現たる言霊によりて天地が動く」

志道は森羅万象（それが社会科学的なことであろうと、自然科学的なことであろうと）すべてを水火の交合、妙同によって説こうとするのである。これは古代中国における叡知の結晶たる易《えき》が陰陽、八卦《はっけ》また八卦を重ね合わせたる六十四卦によって万象を説明しようとしていることに符合する。

つまり、水火は易の陰陽に符合し、八卦、六十四卦に対応するのは、志道においては主著『水穂伝《みずほでん》』で示された五十音図表である。それは、天地の玄理にもとづいて生成された神聖なる図表であり、「アイウエオ」の母音と、「カサタナハマヤラワ」の九行の父音の「美斗能麻具《みとのまぐ》波比《はひ》」、つまり、水火の交合の結びなす大宇宙の曼荼羅《まんだら》である。

物質が電子の配列のいかんによって水素と

なり、あるいは酸素となるように、それぞれの声音が、それぞれの位置によって、その特性を示すのである。

さらに、その水素と酸素が組み合わさって水となるように、五十音それぞれが単独で意義を有しながらも、さらに二つ、三つと組み合って、また違った意味を有してゆくのである。

そして『古事記』における神名秘義の一つに、天地開闢の始めに出現する「天之御中主神《あめのみなかぬしのかみ》」を解して、「御名霊主神《みなかぬしのかみ》」という伝えもあるように、名はすべての始まりであり、万物はその名《なの》霊《たま》通りの性質・特性をもつと、また森羅万象は水火の言霊の響きに応じて生成変化すると、志道は考えるのである。

その中では、「音」または「響」がそれぞれ特有の原型的「形」をもっている。

その「形」の総体が象徴的図形で表現され、その「形」が「母の水」とか「父の一滴」というように「意味」を生み、陰陽、正邪などの二元対立の根源となっている。

さらに志道の論は、日・月・星の形象を表し、宇宙論へと発展してゆく。

志道は、「音」は「形」をもち、その「形」は「意味」を生み、同時に森羅万象の形成力であると考えているのである。この「音」と「形」と「宇宙」の三位一体《さんみいったい》は、ピュタゴラス派の形《けい》而上《じじょう》学を想起させるものである。

では、ピュタゴラス派の「四位《よんみ》一体」のひとつ、「数」についてはどうであろうか。

志道もまた『水穂伝』火の巻三で、「ヒフミヨイムナヤコト」の十音を「数」の御霊として、「音」と「数」とを緊密に結びつけているのである。

これは『先代旧事本紀《せんだいくじほんぎ》』巻三によれば、天照大神が饒速日命《にぎはやひのみこと》に授けた「十種《とくさ》の神宝《かだから》」の秘儀に用いた咒詞《じゅし》であった。「もし痛むところあらば、この十種の神宝を一二三四五六七八九十《ひふみよいむなやここのたり》と謂《い》いてふるえ。ゆらゆらとふるえ。かくせば死《まかれる》も反《かえ》り生きん」。この十の数は、古代の医療や鎮魂でも重要な役割を果たしていたのである。今でも石上《いそのかみ》神宮の系統では、この数詞《すうし》を使って儀礼を行っている。

　このように志道の体系では、言葉は根源的には「音」であり、意味は「形」を介して、そこから出発したものであった。それは「星」や「数」と一体化して、顕界・幽界の一切を統べる原理となっていた。言葉を単に「意味」というひとつの局面に限定してしまう現代人の言語観念と比べると、古代の言葉は途方もない大きな力を持つと考えられていたことがわかるだろう。

　一つの言葉の連想作用をできるだけ少なくし、意味の厳密化をはかる——これは近代人が言語に客観的伝達機能をもたせようとして追求してきた方向である。

　ところが古代人は、まったく逆方向に言葉の本質を見ていた。彼らの言葉はあらゆる方向に流出し、すべての次元に関連する。逆にいえば、あらゆるものにいくつかの根元的な「音」の支配が及んでいたと考えられるのだ。

　志道は原型的な「音」として五十声をあげ、五十音表を宇宙の実相をあらわす「形象」に仕立てたのである。五十音は万物を支配する根源的な力の体系であり、その一音一音に通底すれば万物を支配できるはずである。「音」として発せられたものや、言われた通りの「言」が「事」となって実現するという「言霊」信仰は、その奥にこのような形而上学的様相を秘めているのである。

言霊神咒法の実践

　これまでの修法により、言葉に宿る神秘的な存在、言霊の霊妙な力を体感すれば、どうしても叶えたい願いを叶えることもできるようになる。

もうすでにこの修練法を行おうとしている人は、基礎練習を終えられたことと思う。何度も繰り返すようだが、しっかりした土台がなければ、その上に立派な建物を建てることはできないということを肝に命じておいていただきたい。

気の発現法

さて、その実修法だが、じつは「気」を体験できる人であるならば、まことに簡単なのだ。気といっても、初歩的な段階ならば、直接教授で五分か十分もあれば、すぐに体感できるのだが、とりあえずここでは、読者に気の体験がないものとして、その発現法から記していこう。

①まず膝を十センチぐらい離して正座し（できれば神前がよい）、両手を合わせ胸の前で合掌する。

②次に左の秘言を十分ほど唱えつつ（無声・有声のどちらでも、そのときに応じてさしつかえない）、自分の全身から気が放射し、自分のまわりすべてを照らし出しているのを想像する。

「天地《てんち》の玄気《げんき》を受けて福寿光無量《ふくじゅこうむりょう》」

※このとき、「福寿光無量」は「ふくじゅうこうむうりょう」というように発声する。

③次に左右の腕をやや広げて伸ばし、腕全体を外側へねじれるかぎりねじり、「福寿光無量」と七回念唱する。

④そのまま左右の腕全体を内側へねじれるかぎりグッとねじり、同じく「福寿光無量」と七回念唱する。

⑤さらに「福寿光無量」と念唱しつつ、両手のひらを数十回握る。

⑥次に、手首から先の力を抜いて、水滴でも払い落とすように激しく手の先を振り動かしつつ、「福寿光無量」と二十一回念唱する。

⑦最後に、両手を再び胸の前で合掌し、これを上下に激しく摩擦し、「福寿光無量」と二十一回念唱する。

※念唱の数が途中でわからなくなりそうな人は、指に意識をおいて数えるとよい。たとえば一のときは親指、二のときは人指し指というようにである。また、二十一回の念唱のときは、二十一まで一気に数えようとせず、七回を三つ繰り返すと考えて数えると、最初のうちは混乱がないようである。

以上で「気の発現法」は終わりである。非常に簡単な方法であるが、修法を体験する十人中八、九人の人が即座に合掌した両手にビリビリと電気のようなものを感じたり、蟻のはっているような感じがしたり、温風を感じたり、涼風を感じたりするものである。

これは霊気の放射作用が強化されたためで、修法を重ねるにつれ、ますますその霊気の発現は強力になるものである。朝夕一回、都合一日に二回この実修をすれば、日ならずして人によっては肉眼をもっても、その気の放射をみることができるほどに、その霊気が充実するものである。

願望成就の祈願

気が体感できるようになったら、いよいよ願望成就の神咒法である。

⑧両手の間を十センチほど開けて向かい合わせにし、「ウーオーアーエーイー」と母音を発声するのである。このとき、気の発現ができている人は、声に応じて手のひらに、異なった響きが感じられるはずである。それが感じられない人は、気の発現法の練習不足なので、感じられるようになるまで繰り返し練習してほしい。

⑨手のひらに言葉の響きを感じられるようになったら、今度は自分の眉間でその響きを感じ取れるように練習する。ここまできたら、あなたの発する言葉には霊が宿り、物事を実現する力を有するようになっている。

⑩この段階で、「〇〇が実現せよ」と霊の宿った言霊で発声し、願いが実現した有様を心の中に想像すればよい。あとはあなたが、その願い事をほうっておいても、宇宙に充満する未知なる力に言霊が作用して、その願望を成就してくれるのだ。

オールマイティの秘言

以上が基本的な神咒法だが、独習ではなかなか言霊の響きを感じがたい人もいるかもしれない。そんな人のために、より容易に万事を実現するための古来伝わる秘言がある。

そこで、どんな祈願の場合にも用いて効果のある秘言を紹介しておこう。

もちろん言霊の響きを感じられる人がこの秘言を用いれば、鬼に金棒というわけだ。

さて、そのやり方だが、まず自分の祈願を半紙に墨で書き、机の上に置くか、もしくは壁に貼る。もちろん神棚のある人は、神棚の上に置くのが一番よい。

そして、合掌もしくは鎮魂印を結んで、次の秘言を毎朝唱えるのだ。意外な速さで願いが実現することにきっと驚かれることと思う。

まず、「神火清明《しんかせいめい》、神水清明《しんすいせいめい》」と三度唱え、先に記した秘言「天地《てんち》の玄気《げんき》を受けて福寿光無《ふくじゅこうむ》量《りょう》」を繰り返し繰り返し修唱するのである。

このとき「福寿光無量」を「ふくじゅうこうむうりょう」というように発声することを忘れないように。言霊神咒法を会得した方は、響きを眉間のところに感じ取りながら奉唱することはもちろんのことだ。

霊障を祓う呪詞

さて言霊学においては、このような秘言・呪語はたくさんあり、本書ではその全部を紹介することは、残念ながらとうていできない。そこで最後に、どんな祈願の場合にも用いて効果のある、ごく実用的な秘言を紹介しておこう。

本書の読者は、きっと霊学的な分野に興味を持っている人だと思う。そうした人は、おおむね繊細な神経、鋭敏な感受性をもっており、常人では感知できない「何か」を感知し、悩まされることも多いはずだ。

そんなときに役立つのが、次の二つの呪詞だ。まず、祓いのための呪詞を教えておこう。神拝《しんぱい》のとき、祈願のとき、どんなときにも用いて心身の汚れを祓うのに役立つ呪詞だ。

「吐普加身依美多女《とほかみえみため》　祓比給比清米給方《はらひたまひきよめたまへ》」

次に、霊的なことに関心ある人は霊障に悩まされている人が多いので、邪霊退散、悪霊退治の呪詞を公開しよう。

「アチメ　オーオーオー　ノボリマス　トヨヒルメガ　ミタマホス　モトハカナホコ　スエハキホコ」

この呪を誠心誠意唱えれば、たちどころに邪霊は退散するとされている。ここで注意していただきたいのは、「アチメ　オーオーオー」までは声を出して唱えるわけだが、それ以降は心の中で唱えなければならないということだ。また口伝として「モトハカナホコ　スエハキホコ」を二度唱えることになっている。

簡略であるが「言霊神感法」「言霊神呪法」について記した。この言霊の法は用いれば用いるほどに深みを増し、その神秘力をより発揮してくる秘法だ。あとは読者の善用、活用、実践を待つばかりである。よい結果を期待している。

4 太古真法・神折符

幸運を呼ぶ折り紙

神人一体を悟る真法

ここに紹介する霊妙にして、不可思議な効験を持つとされる符（神折符《かみおりふ》）は、日本独自のもので、古来より綿々として絶えることなく、古神道において秘密裏に伝えられてきた真法《しんぽう》（神法、霊法、霊術）の一つである。

古神道とは、儒教・仏教・道教などが日本に伝来する以前より、我が国にあった固有の大道だ。それは教義をもって人を律するものでもなければ、教典をもって教え諭すものでもなかった。しかし一枚の和紙、一本の紐などを用い、特殊の形象を「折り・包み・結ぶ」ことによって、宇宙発生、万物生成の過程を宇宙の絶対者と自らが合一して、追体験する真法を擁していた。

たとえば、結んだり折られたりした一つひとつの結びや折りに深い意味が込められおり、各自がそれを折ってゆく過程において師資《しし》相承《そうしょう》的に口伝《くでん》され、霊悟すべきものであった。本来、文章にしてしまえばその本質を失い、各自の悟りとはほど遠いものとなってしまうが、一つ例としてあげておくならば、折られる以前の紙一枚にも口伝が付せられている。それは古代の皇女・倭姫命《やまとひめのみこと》以来伝わってきたとされる口伝で、「天事《あまこと》の伝《つたえ》」というものだ。

その口伝を簡略に説明すると、紙とは神を示現するものであり、一枚の紙は必ず、表裏・陰陽・上下・左右・四大《しだい》を備え、しかも清浄そのものである。この表面に折り目も何もない状態を名付けて「天事」という。つまり大宇宙の活動する前の未発の状態、易でいう太極とほぼ同意義である。「あま」は高天原で大宇宙を意味し、「こと」は混沌であって、まろかれたる様で、霊子《れいし》の充満していることを意味している。

紙は折り目をつけない以前において既に折られた状態のものの一切の玄意を内包具有しており、この状態をさして古伝では「かみつまり」というのである。また紙は、折り包む行為を加えざる以前も、折り上げた後においても、その質と量において少しも増減はないのであって、天事は終始一貫して同質同量であることを意味しているのである。

それはまた、結びにおいても同様である。紐の端と端を結ぶとき、そこには結び目ができる。結びによって目が生じるとは、芽が生じるということである。芽が出て万物成育するのである。『古事記』の冒頭「国稚《くにわか》く、浮ける脂《あぶら》のごとくして、久羅下那洲多陀用幣琉時《くらげなすただよへるとき》に、葦芽《あしかび》のごとく萌え騰《あが》る物によりて成りませる神の名は……」は結びにおける目を説明するものなのである。

そして、結ばれる紐の質も量も変化してはいないのであるが、そこに小宇宙である「〇」ができる。紐は一度、結びを与えるごとに、ある一つの形態をとり、そこに大宇宙の幽理、玄則を示し現すのである。紐は結ばれて一つ結びの形態をとるが、それは同時に他の結び形態への変化の自由性を失うことである。自由を失わずして一形態を表象することはできず、一形態を表象すれば他の形態に変ずることは難しいのである。

だが、その紐は結ぶ以前も以後も、質量ともに変化することなく、紙の場合と同様に不増不減なのである。ここに不増不滅なる天之御中《あめのみなか》主神《ぬしのかみ》が産霊《むすび》の神である高御産霊神《たかみむすひのかみ》、神産霊神《かみむすひのかみ》と一体となって、宇宙の生成化育に関与している「ますみのむすび」の玄理（本質的には違うのであるが、仏教的にいえば色即是空《しきそくぜくう》、空即是色《くうそくぜしき》）が如実に表現されているのである。

ともあれ、この法すなわち太古真法において用いられる一枚の紙、一本の紐に対してもまず口伝としてこのような教えがあり、太古真法を行ずる者はそれを常に心に銘記し、自分自身の悟りとすることが要求されるのである。

蒼古の神伝真法

太古真法の起源は古く、伝承によれば天孫降臨の際に、神々を祭祀する秘法として三種の神器とともに天上界からもたらされ、それ以降は天皇家に代々伝えられてきたとされる。だが、崇神《すじん》天皇の時代に、皇女・豊鍬入姫命《とよすきいりひめのみこと》が、ある事情から天皇の命令により、天照大御神《あまてらすおおみかみ》の御神体である御神鏡を倭《やまと》（大和）の笠縫邑《かさぬいのむら》に天皇家から遷し、祭祀することになった。そのときに神事において用いられたのが、この秘密の法であった。

この真法は、こうして御神鏡とともに天皇家の手を離れ、さらに豊鍬入姫命のあとを継いだ倭姫命（古代の英雄・倭建命《やまとたけるのみこと》のおばである）が、三重県伊勢の現在の地に伊勢神宮を定められ、そこに天照大御神（御神鏡）は斎《いつ》き祭られることとなった。その後、内親王が代々伊勢の地に斎宮《さいくう》（伊勢神宮に奉仕する未婚の姫君）としておもむき、真法にもとづき重秘の神事を行っていた。

しかし、南北朝時代の内乱のおりに、斎宮の制度は途絶え、その真法は巷間《こうかん》に漏洩《ろうえい》した。そして嵯峨東派、天行居《てんこうきょ》といった団体（ここでは神法と呼ぶ）、また松浦家、紫龍仙道人《しりゅうせんどうじん》といった人たちにおいて綿々と相承されて現在にいたっている。

とはいうものの、そうしたものは秘伝として一般の前に公開されることはなかった。そのため重要な秘事などで不明となったようなものもあり、すべてを隠してすべてを失うよりはと考え、私自身が知っているいくつかの系統の伝を、さしつかえない範囲において『太古真法玄義』（八幡書店刊）として過去に公開した。

その太古から伝えられた真法のすべてを、限られた紙幅で書きつくすことはできないが、それは一枚の清浄な紙を折り、包み、あるいは紐を結ぶことによって、そこに特殊な形象を形作り、宇宙の神秘な力を天下らせ、その場所を清め、神々を呼び寄せ、神々を祭り、あるいは妖気を祓攘《ばつじょう》し、天地の平穏と天下国家の太平を祈願するものである。個人的にも使用でき、先祖を祭り、自らの霊性を開顕し、災いを祓い、福を招き、病を癒し、願いを叶える作用などをももっている。

折り・包み・結びの秘義

そもそも「折り」とは「天降《あおり》」であり、「天《あ》振《ふり》」であって、天意の降下したものであり、天意の律動である。また「天降」は「天孫降臨」の約言であるから、「折り」は「天孫降臨」とも深いかかわりをもつものである。

「包み」とは、中に何ものかを宿すもの、「み」を包むものである。「み」とは実であり、真実であり、実相であり、一切の実相を包むことであり、また「み」とは三であり、真善美の三つであって、それを包み込んでいるのが包みである。つまりは「み」を包むとは、内部に万有と自分自身の本体を宿すということである。したがって、我々が常に自分の本分として守り慎みて行わねばならぬ真理を包み込むものが、「包み」ということになる。

「結び」とは産霊であって、神道における造化《ぞうか》の神である高御産霊神、神産霊神二柱の神力を内包するものであって、陰陽相対的なものが和合すれば、そこに必ず一つの新しい活動が起こるということを表している。人と人との結び、悪因縁を良因縁に結び直す力を有するものが「結び」であるといえる。

私たちは「折り・包み・結び」によって、つまり一枚の紙（神）を折り、一枚の紙で包み、一本の紐を結ぶという修行を積み重ねることによって、自ずから宇宙の玄妙なる霊理を体得し、神人一体の境地を悟り、自由自在の境界に入ることができるようになる。それればかりではなく、「折り・包み・結び」の真法を活用するときは、運勢を転換し、願望を成就させ、魂を鎮め、災いを祓い、寿福を招来することも可能なのである。

折りの心得

それでは太古真法の中のいくつかの神折符《かみおりふ》を紹介する前に、まずはとりあえず、神折符の謹製と折ったものを処分する場合の心構えとか注意を記しておく。

①折る前に禊《みそぎ》をすることが望ましいが、少なくとも手を洗い、口をすすぐ。

②神折符を作る場合には半紙を用いる（普通の書道用半紙でもよいが、できれば手漉《てす》き和紙が望ましい）。

③紙は原則として裏（ざらざらした方）を上にして折りはじめ、折り線をつける場合には息を止める。

④折り間違えたからといって、折り直しをしない。新たな紙で折ること。

⑤折り間違えた紙とか、役目を終えた神折符はほぐして、新たに一本の折り目をつけて、「神《しん》火清明《かせいめい》、神水清明《しんすいせいめい》」と呪《まじない》を唱えて川に流したり、庭などで焼く。これによって、そこにこもった霊気を天地の間に返すことになっている。霊的な力があまり発揮されていない人の場合には、ごみ箱などに捨ててもあまり影響はないが、霊的な力を発揮している人の場合には、折り損ないであっても気をつけて処分するようにし、神社などでお焚きあげしてもらうのもよい。

神祈符の例

ここでは練習の折り、転運《てんうん》之《の》符《ふ》、悪夢《あくむ》祓《ばらい》之《の》符《ふ》、持符《もちふ》などを紹介する（各折符の折り方の手順は238ページ以降にまとめて記した）。他にも数多くの折符とか折る場合の口伝などがあり、興味のある方は、拙著『太古真法玄義』（八幡書店刊）を参照していただきたい。

練習の折り（238ページ参照）

この符は各種の神折符を折る前に、手馴らしのために用いる折りである。普通の神折符を練習に用いると霊気がこもりやすく、その折符の処分に困るが、この折りの場合にはそうした心配は無用である。しかし繰り返し折ることによって、その人の霊性が高められ、神折符を折った場合に効験を増すという効用がある。

ここには「畳み折り基本形」と「内違い（左旋）基本形」を紹介する。これは練習のための折りではあるが、「畳み折り基本形」では、陰陽の合体（また幽の幽、幽の顕、顕の幽、顕の顕を知り、現界に先んじて、幽界に事象が起きること）を悟り、「内違い（左旋）基本形」では常に右側を折ってゆくことで、天の運行である左旋の原理（古神道では時計回りを左旋という）を習得する。

ここに紹介する折りは、形が同じようになれば、その折り手順を気にする必要はないが、通常は下から上に折り、また回す場合には左旋させるので、それをこれによって身につけるのである。

転運之符（240ページ参照）

人間、悪運にとり憑かれると、次から次へと悪いことが続き、どうしようもなくなるときがある。そんなときにこそ、用いる霊符がこれだ。悪運を良運に転換してくれるのである。神棚があれば、神棚に安置すればよいし、ない場合は不敬にならないような場所に置き、転運を祈願すること。

悪夢祓之符（242ページ参照）

悪い夢を見てうなされるといった人に最適の神折符がこれだ。紙に包んで枕の下に入れることになっている。枕をしていない人なら、敷布団の下の、頭を置くくらいの場所に置けばよい。悪い夢を不思議なくらいに見なくなるだろう。

持符（244ページ参照）

この符は、邪気、悪気を払いのけ、祥気を招来する力がある「持符《もちふ》」といわれるものの一つで、この符を謹製し、汚れたりしないように紙で包むか、ポチ袋などに入れる。そして、ポケットとか定期入れなどに入れ所持するだけで、さまざまな災いを避けることができる。

練習の折り

陰陽の合体と左旋の原理を習得する

畳み折り基本形

※陰陽の合体を学ぶ

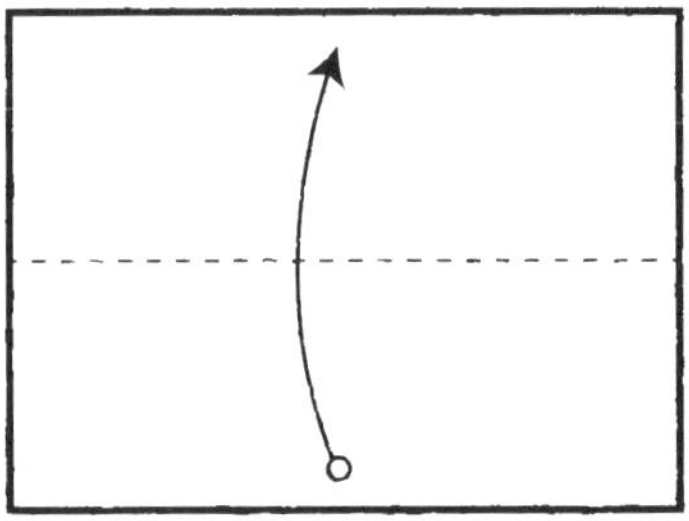

1 紙を横にして折り上げる

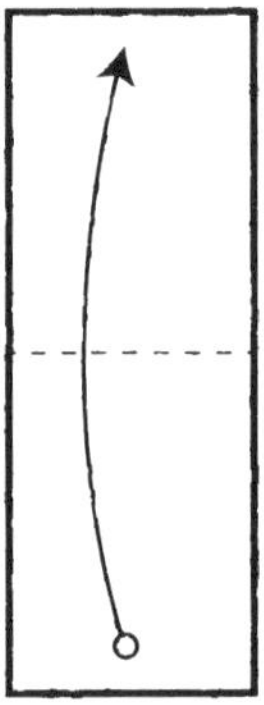

2 90度右に回して（左施）折り上げる

完成

内違い（左旋）基本形

※1回折るごとに左旋することと、下から上に折る原則を身につける

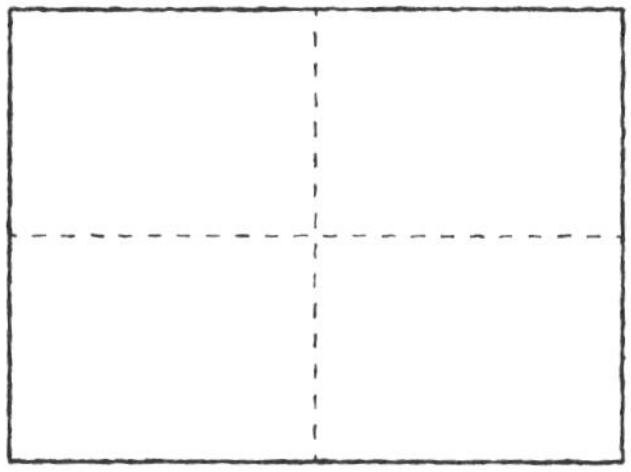

1畳み折りで折り目をつける

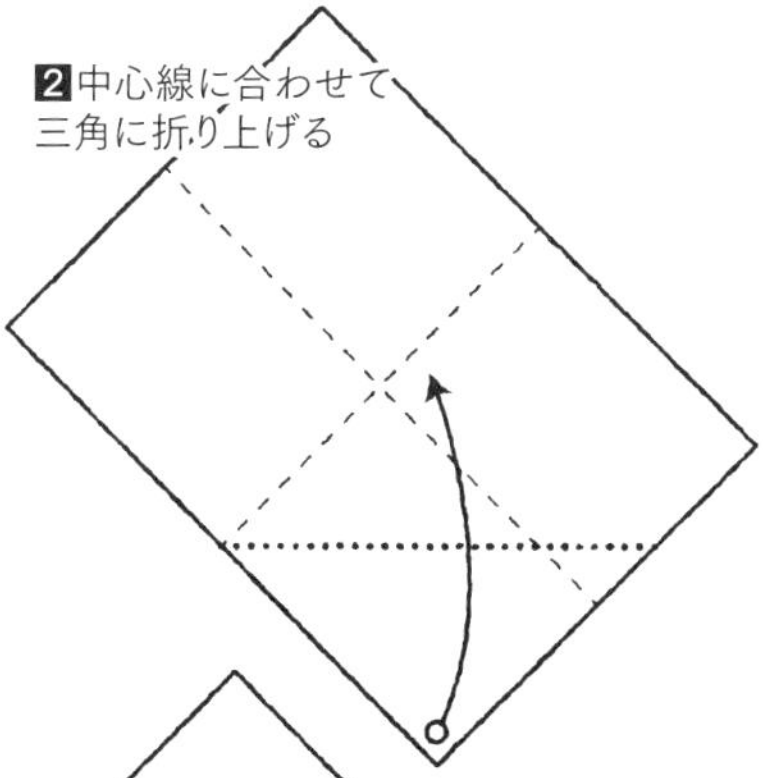

2中心線に合わせて三角に折り上げる

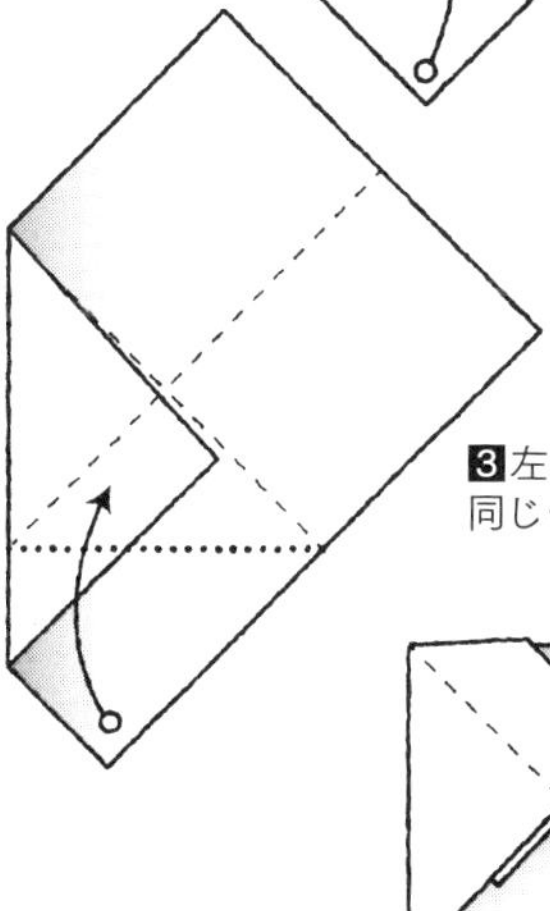

3左旋して同じく折り上げる

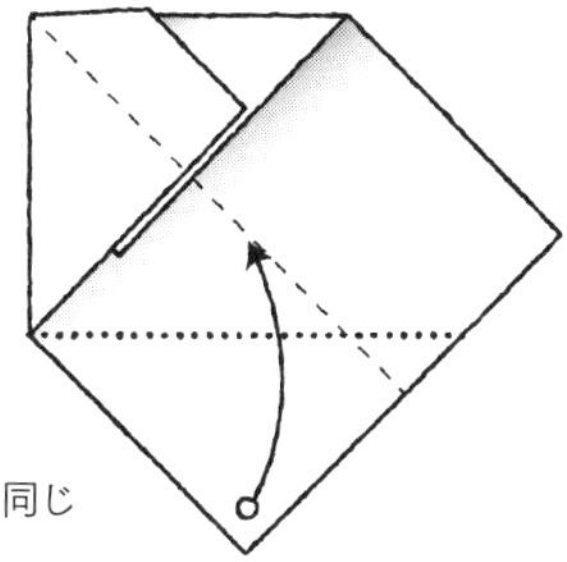

4前に同じ

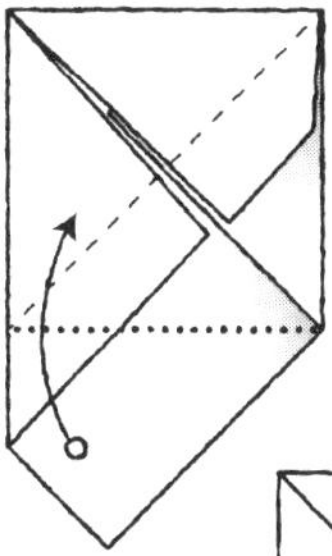

5前に同じ

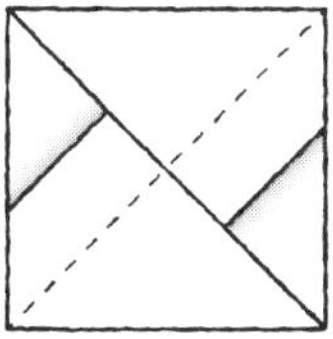

6この状態で裏返す

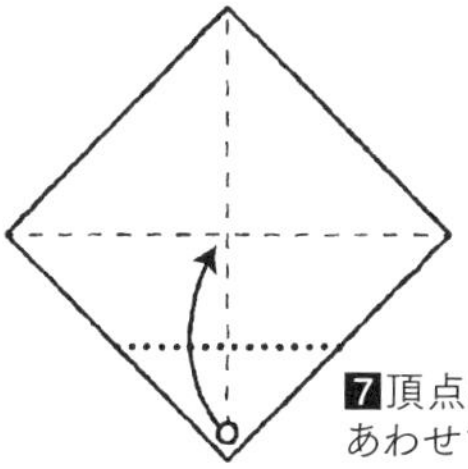

7頂点を中心点にあわせて折り上げる

8残りも左旋しながら同じように折る

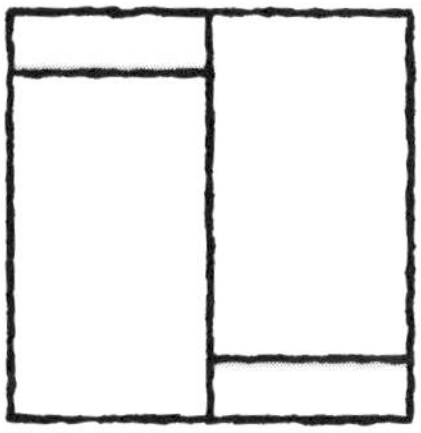

9裏に返して完成

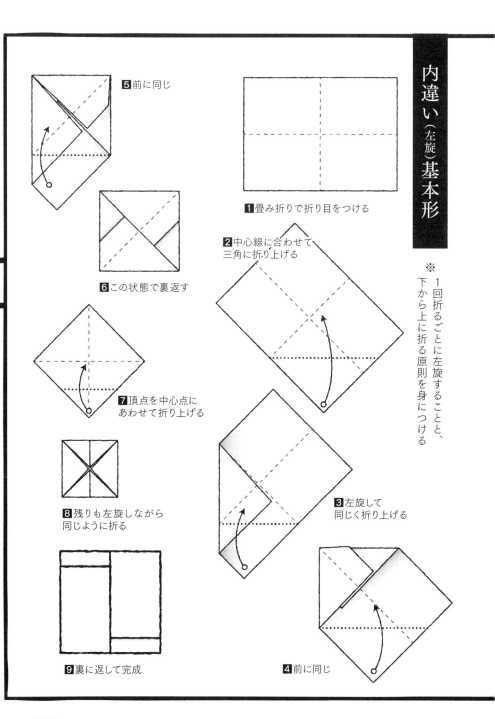

転運之符

神棚などに安置し、運を好転させる

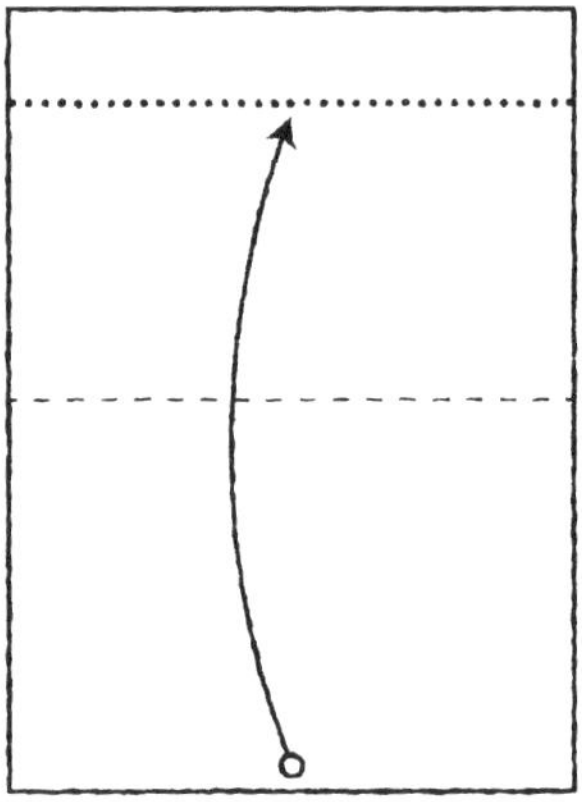

1 上を約 45 ミリ残して折り上げる

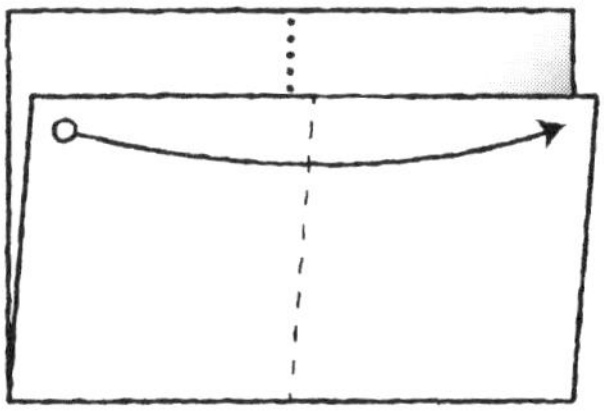

2 真ん中から右に折って
折り目を入れる

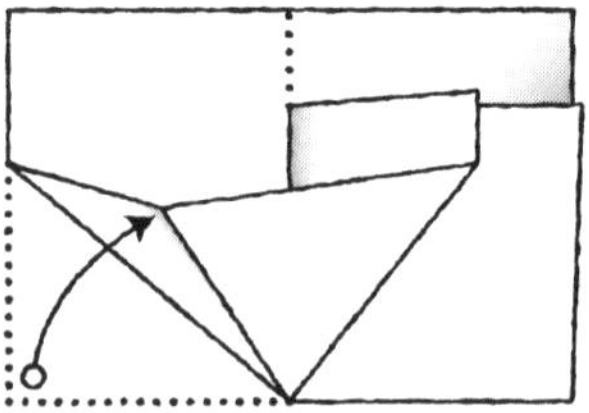

3 左角を中心線にあわせて折る

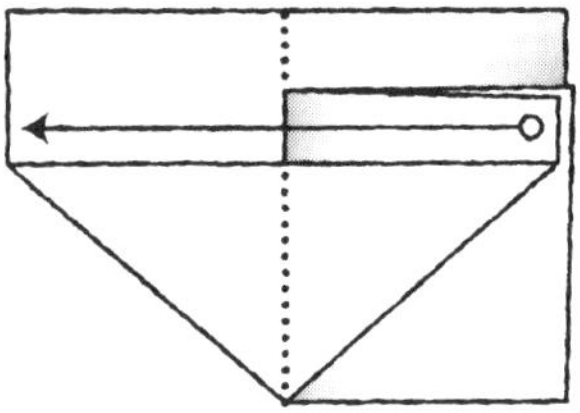

4 上 1 枚を左に戻す

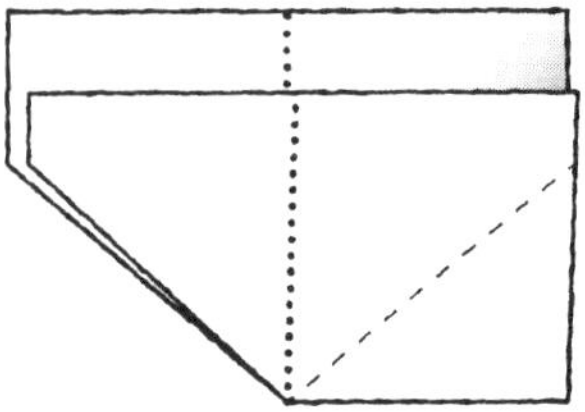

5 右側も 3 4 のように折る

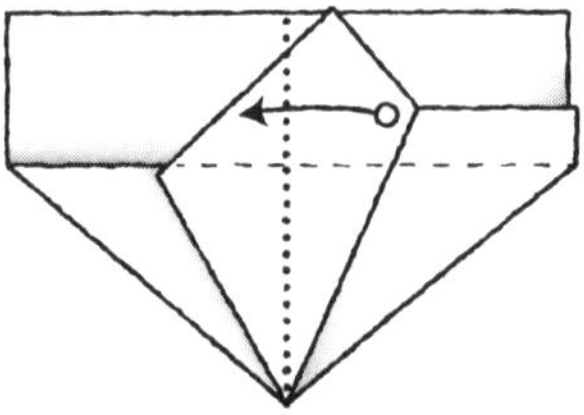

6 左側の上 1 枚を広げるようにして
折り目を中心線にあわせて折り、さ
らに右側にはみ出した部分を中心
線を境に折り返す

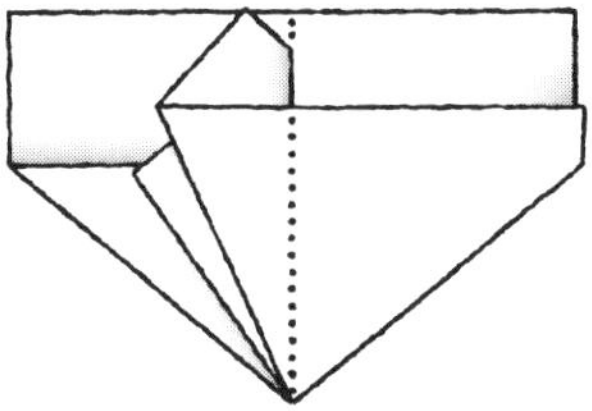

7 左側は図のようになるはず。
右側も同様に折る

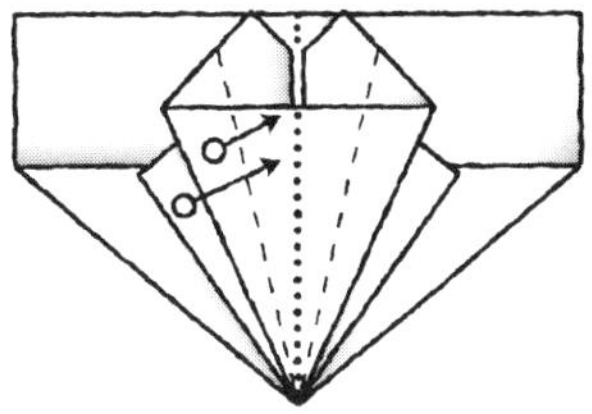

8 中央部分にできた袋状のもののうち、まず左側の前面部分を半分に折り、続いて、これを包み込むようにその背面部分も半分に折る

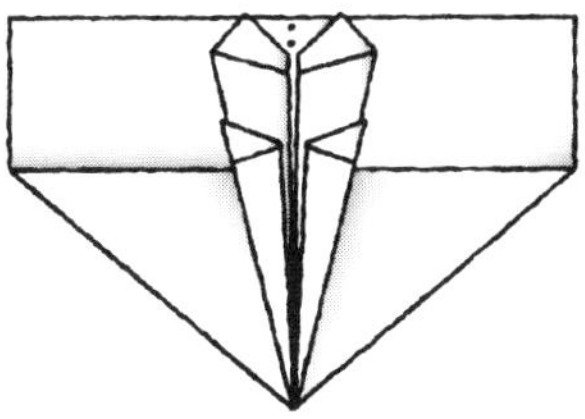

9 右側も同じように折る

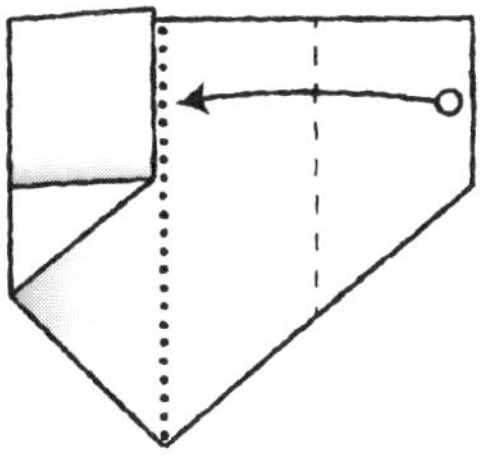

10 裏に返し、左右の翼を半分に折る

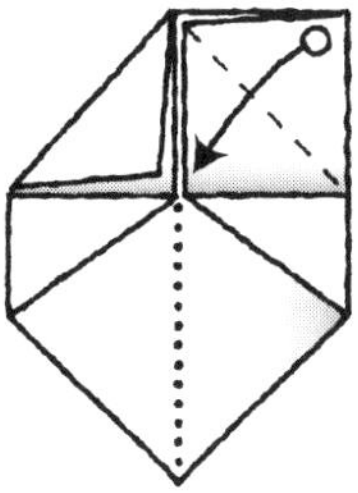

11 上方の左右にできた正方形部分をそれぞれ内側へ三角形になるように折り込む

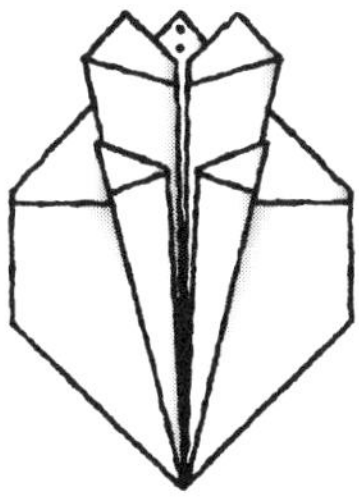

12 もう一度裏に返して完成

悪夢祓之符

紙に包んで枕の下に入れ悪夢を祓う

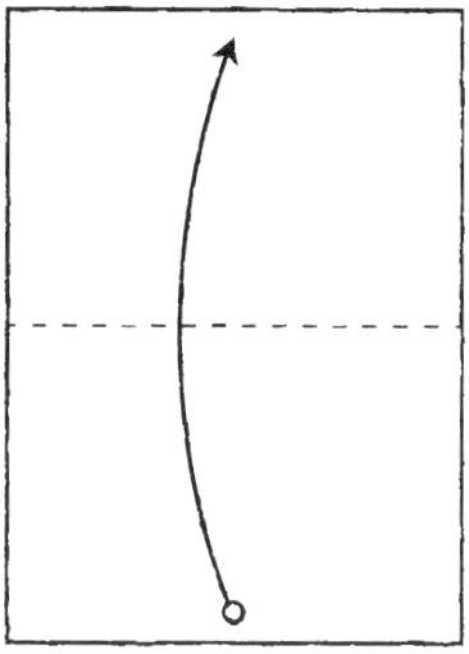

1 下から半分に折る

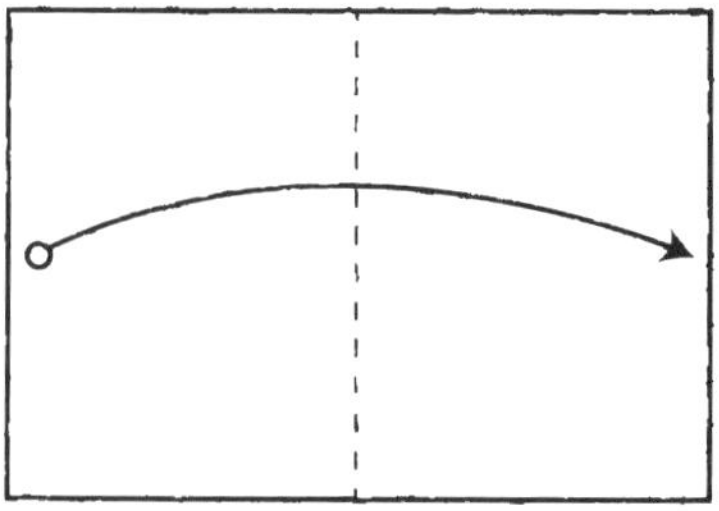

2 真ん中から右に折って折り目をつける

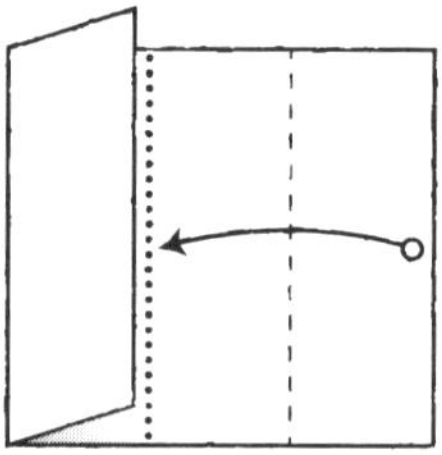

3 一度横に開いてから左右を半分に折り込んで観音開きにする

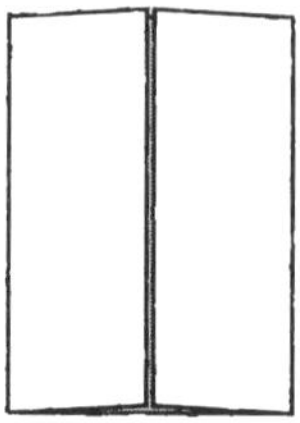

4 観音開きになったところ

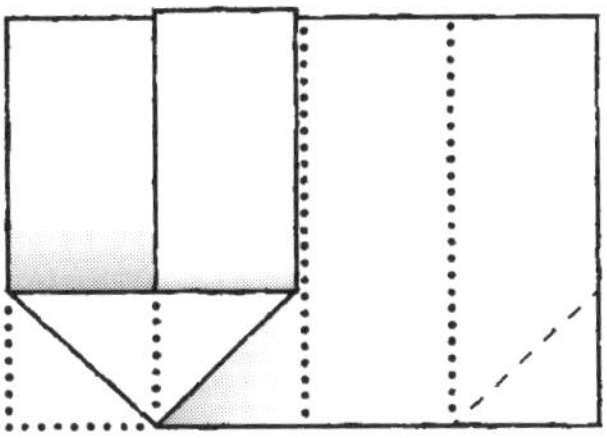

5 観音開きを一度開いてから、まず左側の下方に三角の袋ができるように折る

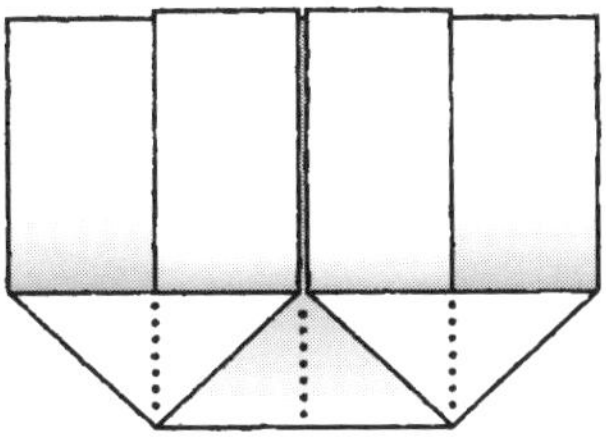

6 右側も同様に折る

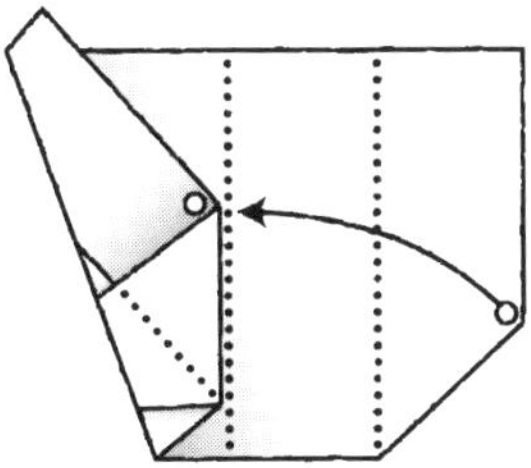

7 裏返しにして、左右の角（○印の箇所）を中心線にあわせて、図のように折る

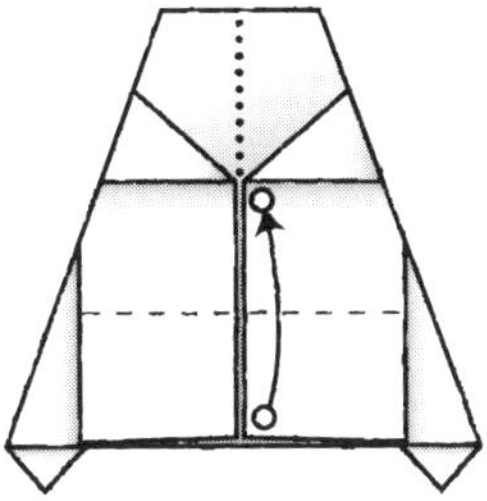

8 上下逆様にして裏に返し、下側の○印の箇所を上側の○印にあわせて折り上げる

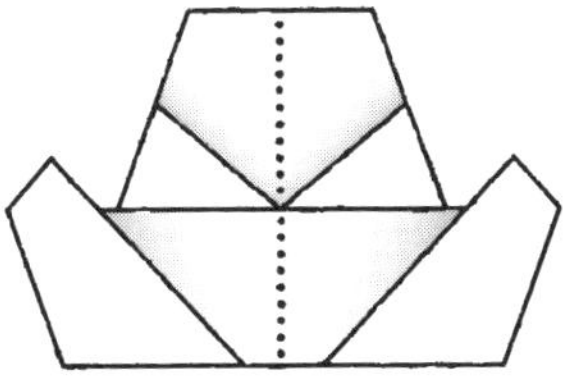

9 折り上げたところ

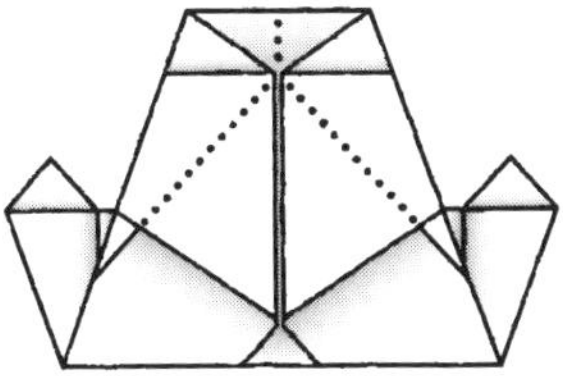

10 もう一度裏に返して完成

持符

汚れないように紙などに包み、ポケットなどに携帯して災いを避ける

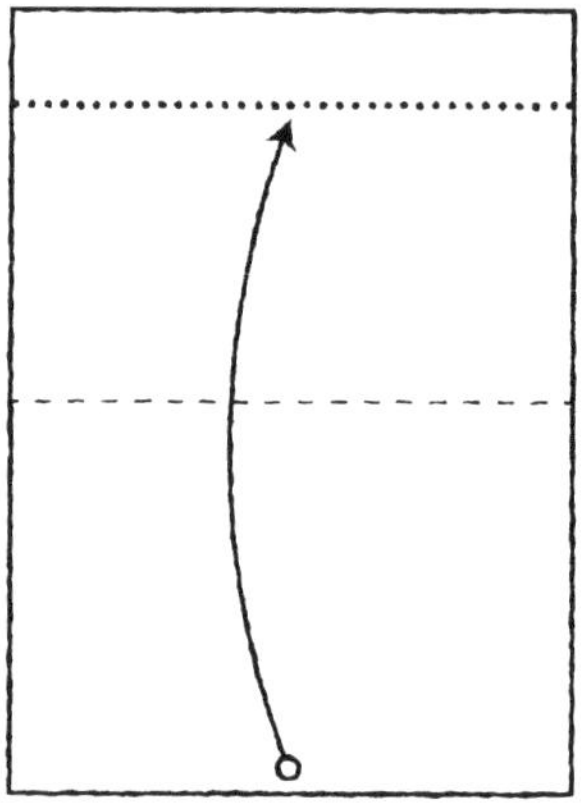

❶半紙16分の1の大きさの和紙を用意し、上約1センチを残して折り上げる

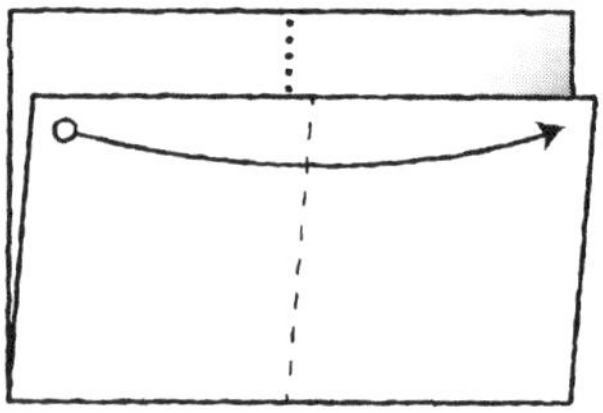

❷真ん中から右に折って折り目を入れる

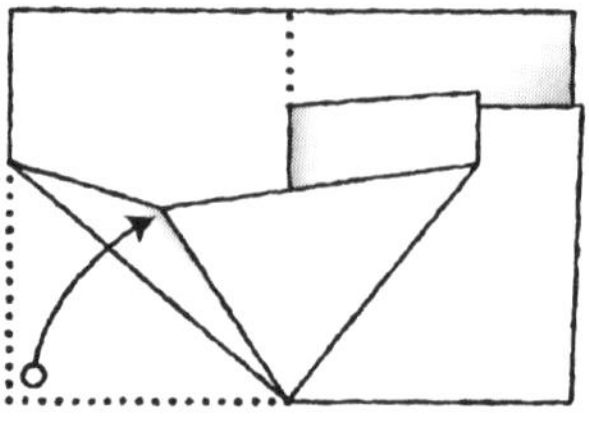

❸左角を中心線にあわせて折る

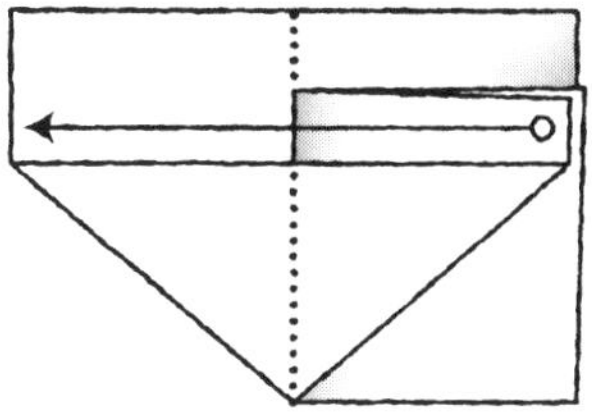

4 上１枚を左に戻す

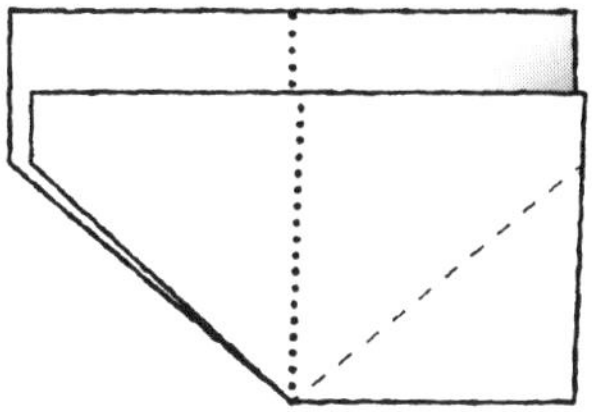

5 右側も２ ３ ４のように折る

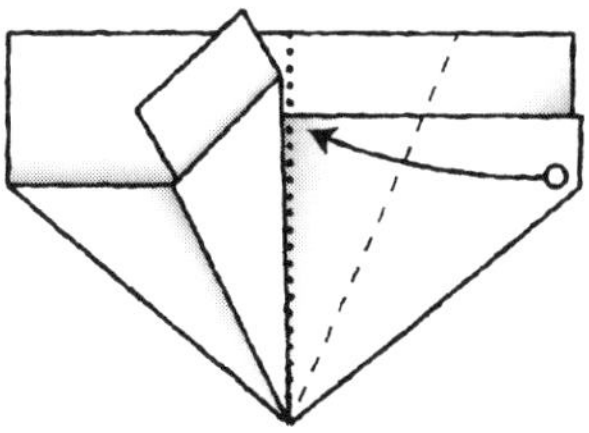

6 図のように左・右の順に折る

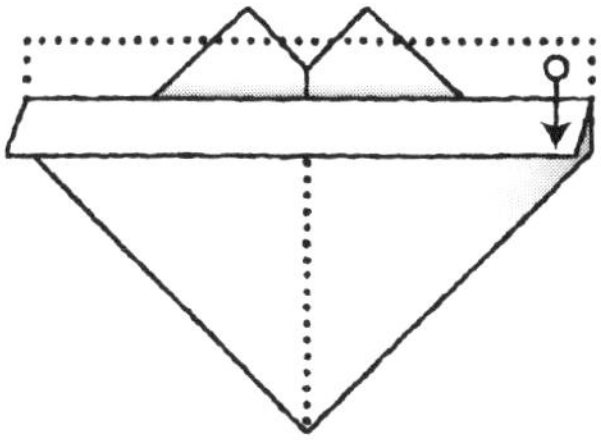

7 裏に返して上１枚の上部に残る部分を手前に折り込む

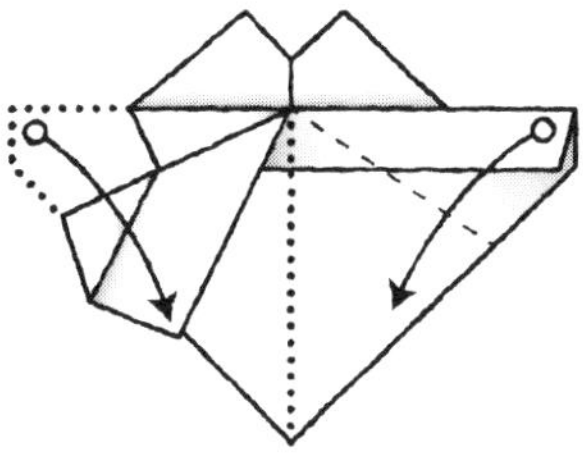

8 両翼を左・右の順に折る

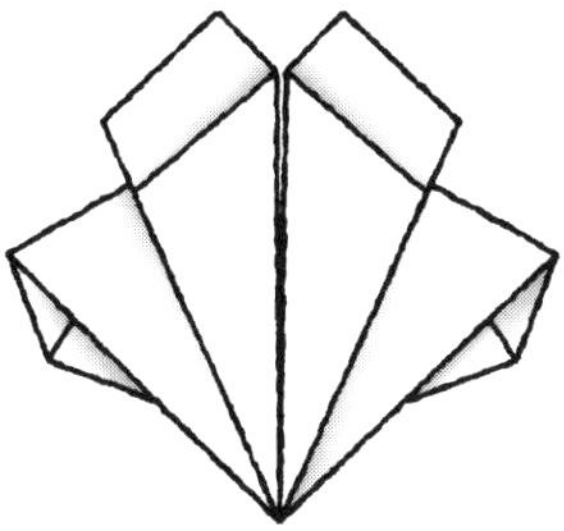

9 表に返してでき上がり

大石凝真素美の探究

日本屈指の神道オカルティスト・大石凝真素美《おおいしごりますみ》（一八三二～一九一三年）は、『大日本言霊学』などを著して、近代神道霊学の礎を確立した古神道界の巨人である。この人こそ、太古から伝承されたと伝えられる謎の秘術「天津金木《あまつかなぎ》」を人々の前に明らかにした人であった。

大石凝真素美、改名前は望月大輔といった。望月家は滋賀県南部の甲賀《こうが》にあって、その祖は大伴氏に遡ることができる名家だ。この望月家にあって、大石凝真素美は若年よりその天賦の才が見出されていたようである。機の熟する日を待って祖父幸智《こうち》は真素美に、その師中村孝道《こうどう》から伝えられた言霊学を伝授し、その奥伝に天津金木学が存在することを教えた。

すでに触れたように、中村孝道は『水穂伝《みずほでん》』の著者・山口志道《しどう》と並ぶ江戸時代における言霊学の大家であり、望月幸智はその高弟として知られた人物なのだ。

だが言霊の全伝と天津金木の秘奥を、口伝を以て伝授する前に幸智は逝去し、それから望月大輔の秘奥を求めての探索と修行の日々が始まったのである。

そんな修行と探索の日々のなか、ついにたどり着いたのが美濃《みの》国（岐阜県）不破《ふわ》郡の山本秀道《しゅうどう》の宅であった。山本家は大変な旧家で、かの水戸家で編纂された『大日本史』には、美濃の豪族が天武天皇を使役し奉《たてまつ》ったことが記されているが、その美濃の豪族こそが山本家の遠祖であった。ときは慶応三年（一八六七）、大石凝真素美が三十六歳のときであった。
鬱蒼《うっそう》とした杜《もり》に囲まれた美濃の一宮の南宮《なんぐう》神社の近く、太い注連縄《しめなわ》の張りめぐらされた門構え、かむさび、神気満ち満ちたたたずまいであった。

奥の部屋に通された真素美は、長い顎鬚《あごひげ》を蓄えた、顔立ちの柔和な、しかし合いまみえるものにすさまじいばかりの霊圧を与える初老の男と対面した。そして己こそはと自負していた高慢の鼻を完膚なきまでに叩き折られ、深く膝を屈して師事したのである。その人こそ山本秀道であり、まさに神通自在、一世の大神人にして国家鎮護の大聖師なりとして世に知られた人物であった。

しかも奇霊《くしび》なことには、山本家には御神体として「天津金木」が代々伝えられていた。秀道からその家の御神体として伝えられてきたという彩色された四角柱を見せられたとき、真素美には即座にこれこそが祖父幸智の言っていた天津金木であることがわかった。しかし、秀道の時代にはその運転操作の法は絶えていた。「しかし、おまえなら神迎えすればわかる。ここで研究してみろ」と研究を促されたのである。

天津金木の秘奥の解明

神界の導きによって出会った山本秀道と、望月大輔すなわち大石凝真素美。彼らの研究と修行が始まった。日夜、秀道は真素美が天津金木を解明できるようにと神に祈り、真素美もまた神に祈りつつ、天津金木の研究に専心したのだ。

真素美は「天地開闢《かいびゃく》以来の経綸《けいりん》の一切を写し出すことができる」秘義として天津金木の存在を祖父幸智から知らされてはいた。だが、その操作法・応用法などは幸智の思いがけなくも早い逝去のために皆目知らなかった。

一人部屋に籠もり、「金木」を前にして、「この神器には、どんな意味があるのか、どのように操作するのか」と思考錯誤を繰り返したのである。

ある日のことである。真素美は、ふとこの「金木」がある形になることを欲しているのを強く感じた。その感じに従い、金木を手に取り並べ始めたそのときである。それまで漠然として思考も形も定まらずにあった何かが真素美のうちで、はじけるようにして湧き出てきたのだ。そして次第に真素美の念が金木に凝集するやいなや、「金木」が形成する形象を中心として空気の色が変化し、空間が揺らぎ、別世界の異空間を真素美は体感したのである。こうしたことは、それ以後何度も体験することになった。

天津金木によるそうした体験を重ねるにつれ、さらには日々、秀道の高い霊格に接することによって、真素美の霊的資質は日増しに輝いていった。そしてついには秀道が審神者《さにわ》となり、真素美が天津御船《あまつみふね》（神主）となって、森厳なる神懸《かみがか》りを行うことによって、より深い段階までも天津金木をはじめとする古神道の謎を解明してゆくことができるようになったのだ。

そのことを真素美は、その霊著『天津神算木《あまつかなぎ》之極典《のきょくてん》』に「この身を天津御船として、夜となく昼となく神などをこの御船に乗せ奉りて……」と記し、天津神、国津神をはじめとして、とくには建内宿禰《たけうちのすくね》の降臨のあったことを記述している。

その過程において自分が『古事記』撰録《せんろく》に係わった人物の一人、稗田阿礼《ひえだのあれ》の生まれ変わりであること、しかも霊統としては、その師、秀道は天《あま》の岩戸《いわと》開《びら》きに際して活躍した玉祖命《たまのおやのみこと》、自らは石凝姥神《いしこりどめのかみ》の系統を受けていることを知るのである。

つまり二人が出会い共同して研鑽することは神代からの神定めであり、天照大御神の岩戸隠れのときのように、これから光を失い、ひたすらに闇の世に向かおうとする混濁の世に際して、それを導く指針としての天津金木を中核とする三大皇学（後節で明らかにしよう）を残すことこそが二人の使命であったのだ。

明治六年（一八七三）になって、真素美は大輔という名から、大石凝真素美という名前に改名する。その名は、石凝姥神とその神が作られた鏡「ますみの鏡」から採った。「ますみの鏡」は、また言霊の象徴である。この天の岩戸開きにちなんだ名を真素美が名乗ったということは、彼自身がこれからの変革の世の中の天の岩戸開きの担い手の一人としての自らの使命を深く自覚したということでもあった。

宇宙を見透かす神器

さて、大石凝真素美が山本秀道の助けを得て研究研鑽し、神懸りなどによって解明した「天津金木」とはどんなものなのか。その運用の秘法とは、また何をするものなのかを明らかにしてゆこう。

天津金木とは、次のように、『延喜式祝詞《えんぎしきのりと》』の中に記されている言葉だ。

「天津宮事《あまつみやごと》以ちて天津金木を本打《もとうち》切《き》り末打《すえうち》断《だ》ちて千座《ちくら》の置座《おきくら》に置き足らはして……」

天津とは「神の」とか、「神聖な」という意味、金木というのは細い木のことをいう。若木の小枝、すなわち天津金木を置き並べて置座、つまり今でいう机のようなものを作り、その上に罪ある者から罪の贖物《あがもの》として、やはり小さな若木を出させ、積み上げて天地宇宙の真理神律にもとづき罪悪を祓う作法をなしたのだと解する学者もいる。

多くの推測はあったのだが、その正体は幽遠な昔より神霧に隠され、大石凝真素美などが公表するまでは知る人は稀だったのだ。

真素美によれば、一柱の「天津金木」は大宇宙の縮図、すなわち一個の小宇宙であり、同時にその運転操作は神々の神業霊動をそのままに写映したものであり、「天津金木」には一切のことが秘められているというのである。

したがって天津金木を繰ることによって、つまり方柱の天津金木を一定の原則にしたがい、平面的、もしくは立体的に幾柱も組み合わせてゆくことによって、神典『古事記』を解読し、宇宙の造化生成、森羅万象の真象を知ることはもちろんのこと、同時にその神器を操作する者はその神器と形象の作用によって、宇宙の過去・現在そして未来をも神秘的領域において実体験することができるというのである。

例をあげれば、万有万生を産霊《むすび》出された伊邪《いざ》那岐《なき》、伊邪那美《いざなみ》二柱の神が天の浮橋の上に立たれて、「天の沼矛《あめぬぼこ》」で海水をコオロコオロにかきなした状は、一本の天津金木を立て、その側面に四本の天津金木を置き並べることによって示される。

そうして右の形に置き並べた天津金木を見つめていると、その象形が暗示するさまざまな意味が少しずつひらめいてくる。だが天津金木の働きは、それだけのことではない。習練によって観想力が次第に強くなると、終いには左《さ》旋内集《せんないしゅう》、左旋外発《がいはつ》、右旋内集、右旋外発する大きな力の渦を感じ、宇宙創造の原初的な風景にも接するのである。

ちなみに、天津金木の淵源《えんげん》は、『古事記』において天津神から伊邪那岐、伊邪那美の神が賜ったとされるこの「天の沼矛」にある。天の沼矛は『古事記』によれば森羅万象を生成する神器であり、同時に宇宙の縮図でもある。この天の沼矛を象《かたど》ったものが伊勢神宮の深秘とされる「心《しん》の御柱《みはしら》」なのだ。

大宇宙の霊体を顕す天津金木

宇宙の創造者、あるいは宇宙そのものの縮図でもある天津金木は、霊・体両面から観察することができる。霊的に見るときは「御霊代《みたましろ》」といい、体的に見るときは「御樋代《みひしろ》」という。大宇宙の霊と体をそのまま小さなものに移したものが天津金木なのである。

つまり、金木は霊的に見て四魂《しこん》、体的に見て四体をも象徴するものとなっている。四魂というのは、奇魂《くしみたま》、荒魂《あらみたま》、和魂《にぎみたま》、寝魂《ぬるみたま》をいい、四体というのは「精体」「気体」「液体」「固体」をいう。

ちなみに、奇魂とは奇しき魂という義で、神通力自在の魂である。超意識状態で、普通では理解しがたい不可思議を顕すことのできる魂である。荒魂は普通の意識状態をさすもので、別名「動物性魂」とも呼ばれる。和魂は半意識状態をさすもので、別名「植物性魂」とも呼ばれる。寝魂は寝ている魂という義で、無意識状態をさす。別名「鉱物性魂」とも呼ばれる。

また「精体」というのはラジウム、電気、光熱などの超物質の意味であり、「気体」「液体」

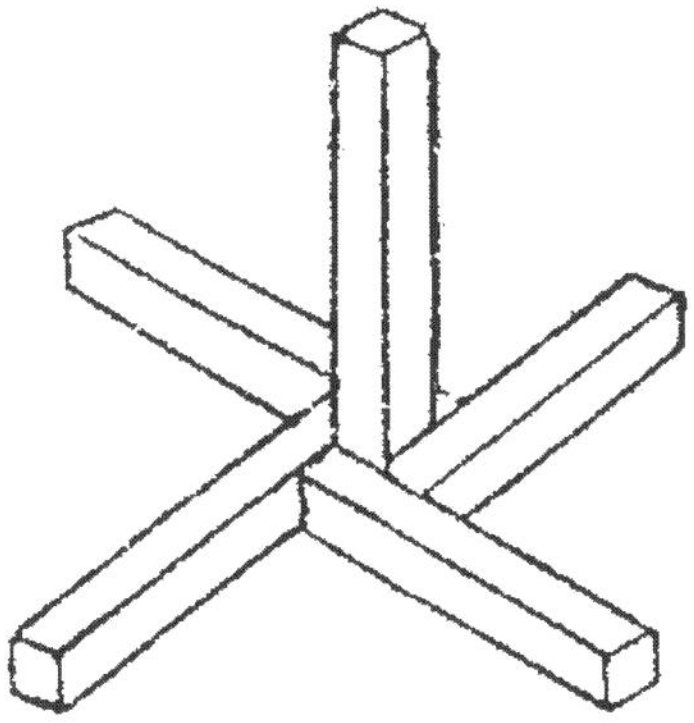

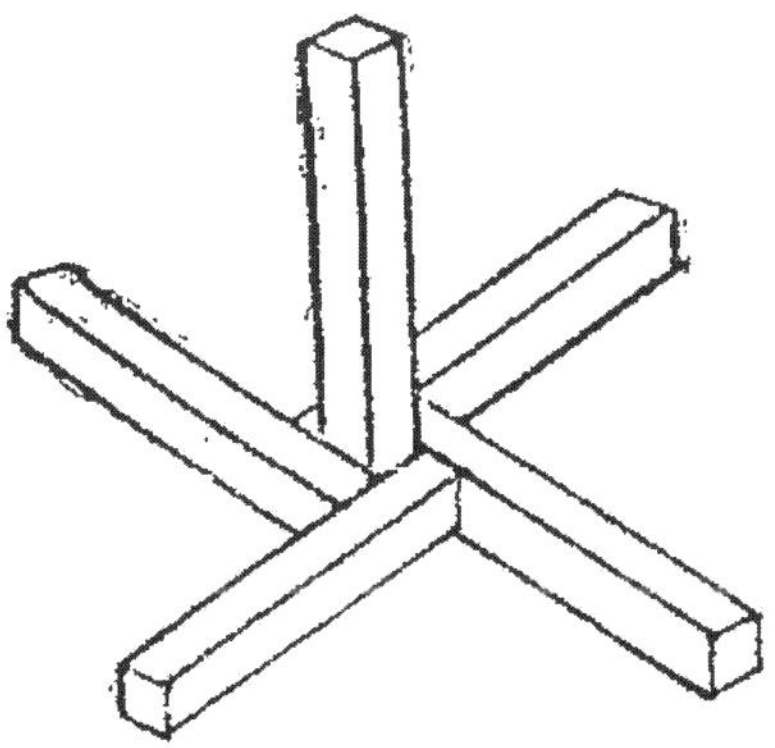

天津金木で、伊邪那岐神と伊邪那美神が「天の沼矛」で混沌とした海をかき回した状態を象形した図。上図は右旋、下図は左旋で、これは天津金木の配座の基本相を表してもいる（水谷清『古事記大講』八幡書店刊より）。

『古事記』では、伊邪那岐神、伊邪那美神の両神が天の浮橋に立って、天の沼矛で海をかき回した際、矛の先から滴り落ちたしずくが積もって「オノコロ島」になったとされる(小林永濯『天瓊を以て滄海を探るの図』)。

「固体」は物理学上でいう気体・液体・固体と考えてよいであろう。

天津金木が内包する四魂四体は、その根本を宇宙の一大人格に発しており、それは同時に霊・体を有する万有とも有機的関連を持つものなのである。

物質的文明から霊的文明への架け橋

このように一柱の天津金木にも天地一切の情報が記されている。天津金木は宇宙を写したホログラムの一断片と考えてもらえばわかりやすかろう。ホログラムとはホログラフィーという立体写真の感光板のことである。

ホログラフィーとは物体の像を三次元的に

リアルに再現することのできる方法のことをいう。レーザー光線などをハーフミラーで二つに分け、その一方を写したい物体に当て、そこから得られる光（作業光と呼ばれる）と、もう一方の光（参照光と呼ばれる）との干渉パターンを感光板に撮影・記録する。そうして作られたものをホログラムというが、これに同様の光を当てると物体の像を三次元的に再現することができるのだ。

ホログラムの特徴は、それに含まれた情報を生き生きと立体的に再現するだけではない。「全面分布」という性質をもっているため、右の方法によって得られた感光板をいくつにも割っても、その一片に光を当てると精粗《せいそ》の差はあれ、写された物体の全体像を得ることができるのである（その一片が大きいほど精密な全体像が得られる）。ちょうど私たちの身体の細胞の一つひとつが、もう一体まったく同じ複製を作るのに必要な、すべての遺伝子情報を保有しているのと同じなのである。

宇宙を写した一柱の天津金木は、どのホログラムの一片も大小にかかわらず全体情報をもっているのと同様に、宇宙一切合切すべての情報をそこに保有しているのだ。そして、より一層精密な情報を得るためには、それを二つ、三つと組み合わせてゆけばよいのだ。ホログラムの一片が大になれば、より一層精密な像を得ることができるのと同様なのである。

したがって、天津金木を一定の法則によって平面的、もしくは立体的に幾柱も組み合わせて操作するときは、天地開闢の有様から、生成化育する宇宙の進展の様相、宇宙に働く根本玄理、また森羅万象、人事百般まで、およそわからぬことはないとされるのだ。と同時に、その神器を操作することは小宇宙であり、小天之御中主神である我々が造化神《ぞうかしん》（天之御中主神）によって成された大造化を神秘的領域において追体験することでもあるのである。

大石凝真素美が予見していたように、現代は西洋文明に行き詰まりが生じ、さらに大きな変動の波にさらされている。これに対処して、今の世における天の岩戸開きをなさしむべく、真素美はその鍵ともなる天津金木の秘法を我々に残した。それは物質的な文明から霊的な文明への架け橋ともなるものであった。

しかし、後世に託されたこの古神道の秘器の活用と運用、また自らが霊的文明の先駆けとなるのかどうかは、読者諸君に任されているのだ。

神秘の扉を開く三大皇学

大石凝真素美が未来を予見し、霊的な世界確立のために神助を得て開顕した天津金木学というのは、じつは三大皇学といわれるものの一部なのだ。三大皇学というのは次の通りだ。

第一、天津金木学（一名日本神相学）
第二、天津菅曾《すがそ》学（一名日本心霊学）
第三、天津祝詞学（一名日本言霊学）

この各々の名は、かの大祓祭《おおはらえのまつり》に奏上される大祓詞《おおはらえのことば》に由来するもので、

「天津金木を本打切り末打断ちて千座の置座に置き足らはして、
天津菅會を本刈断《もとかりた》ち末刈切りて八針《やはり》に取りさきて、
天津祝詞の太祝詞事《ふとのりとごと》を宣《の》れ……」

とあるのが、これである。

天津金木学は、一名を日本神相学というところからも明らかなように、形や様相などを見て、その形や様相が含蓄している玄意を究める学術だ。天津金木を用い、神々の様相から、御所持の鏡、玉、剣などの一切の宝具をはじめとして、森羅万象一切をことごとく子細に研究できるところのものである。

天津菅曾学というのは、一名日本心霊学ともいわれるもので、これは吾人の心霊が直接宇宙の本体に触れてゆくことによって一切を研究する学術で、神の意志に修行者の意志が直ちに感応し道交してゆくという深刻な研究方式である。

その中には、修行者の体験のみによって行う方式、神と修行者の間に神主（霊媒）を使用する方式、天津菅曾という細い植物茎を使用して行う方式があるが、日本心霊学においては、最後の天津菅曾を用いる方式を本位としているので、天津菅曾学というのである。

天津祝詞学というのは、一名日本言霊学ともいう。宇宙に霊動し、森羅万象を生成化育している言霊、つまり大いなる言葉を一切研究の基盤とするところの学術である。

この三学は密教における身《しん》・口《く》・意《い》の三密《さんみつ》（手に印契《いんげい》を結んで身密、口に真言を唱えて口密、心に本尊を観想して意密という）に相応するもので、天津金木学は身密学、天津菅曾学は意密学、天津祝詞学は口密学ということがいえよう。

元来、三学一体のものであり、全学を修することが望ましいのであるが、どれか一つだけであっても、その深奥《しんおう》にいたれば天地一切を知り、神通自在の境涯に至れるとされており、ここではあまり紹介されたことのない天津金木学を紹介しようというわけなのだ。

天津金木の基本構成

天津金木は、形の上では、「天の沼矛」を象った伊勢神宮の「心の御柱」を二千五百分の一に縮尺したもので、四分角二寸（約一二ミリ角で長さ六〇ミリ）の檜《ひのき》で造られた方柱である。また四面に、宇宙を構成する要素と考えられている天、火、水、地になぞらえて、青色、赤色、緑色、黄色と彩色を施し、上下の二面は、上側には白色、下側には黒色が塗られている。また一切は数からなるところから、四面に「・」によって一、二、三、四の数を示す目盛りが施してある（次ページ参照）。

「おや、数は一から十までの十数が基本であり、それが限りなく結合して万象を数的に表しているはずだ。一から四の数では足りないのではないか」と考える読者もおろう。その心配は無用だ。ピュタゴラスなども言っているように、一・二・三・四の四つの数は基本中の基本数である。全部を合すれば十となり、他の五も六も七も八も九もこの基本数から発している。しかも、点、線、面、立体の諸形態もこの基本数に帰するものとなっているのだ。

ついでに言及しておくと、天津金木の基本相といわれるものは、天・火・水・地となっており、それぞれに一から四までの目盛りを与え、一点を天に、二点を火に、三点を水に、四点を地になぞらえている。

ちなみに真言密教では、十指でさまざまな印を結んで宇宙の真義を写象しているが、金木は密教における印契に相当するものである。しかし、印契と違って金木は幾柱もその配列の数を増すことによって、その内容を詳細に開顕することができるので、その効験の程は比較にならないものがあるのだ。

密教のもっとも有名な印である大日如来《だいにちにょらい》の結んでいる智拳印《ちけんいん》も奇妙なことにこれと同じ構成になっており、天は覆うものとして一本の親指で表し、火は立ちのぼる象として二本の人差し指で表し、下降する相の水は右手の残りの三本の指で表し、地は載せる相として左手の四本の指で表している。

天津金木の謹製法

天津金木を自ら謹製しようする読者のために、簡単に謹製法を紹介しておく。上質の檜材を用い、四分角二寸（約一二ミリ角で長さ六〇ミ

天津金木の構成

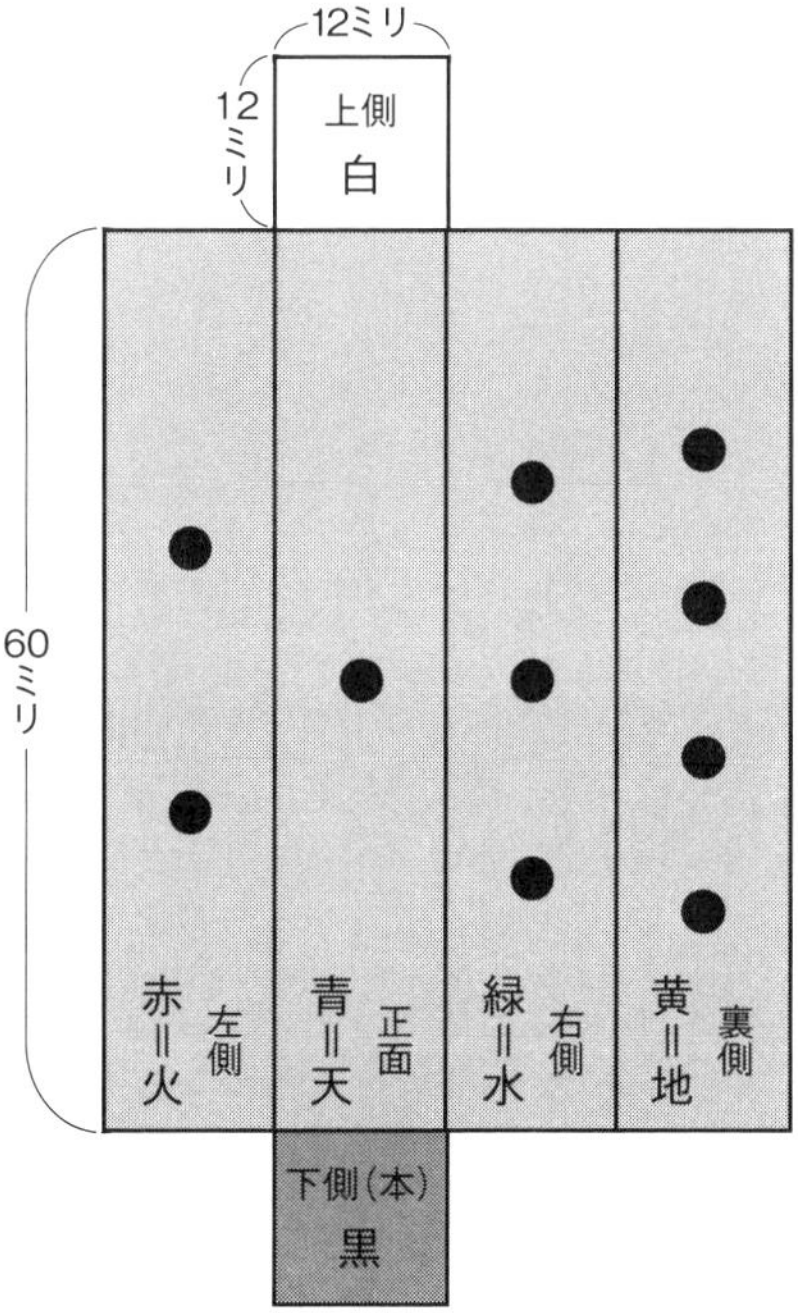

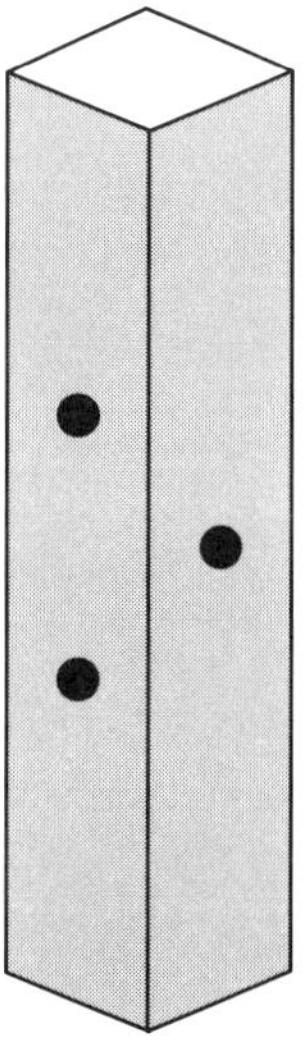

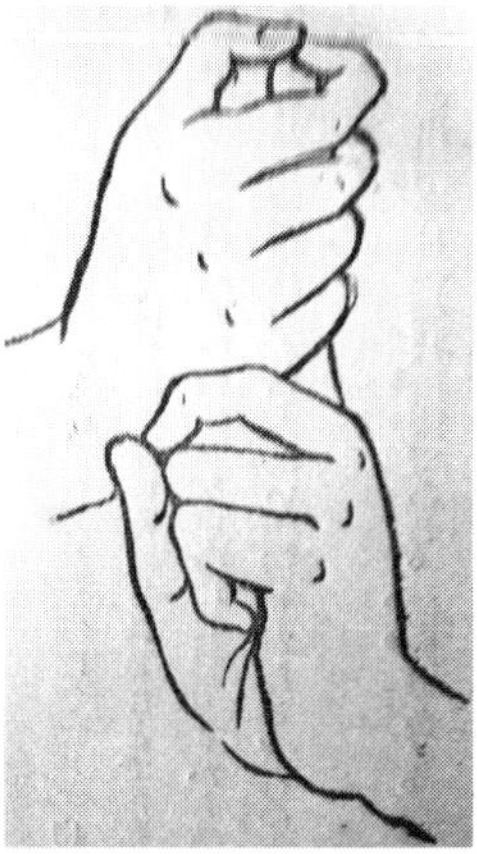

大日如来の印を正面から見た図。指により天・火・水・地を表現する密教の智拳印は、天津金木の構成と見事に一致している。

大祓詞にも登場する天津菅曾（『天津神算木之極典』より）。

り）の角柱を制作し、木の根のほうを本として、そこに墨を塗り、木の末のほうには白粉を塗る。

そして墨を塗った面を下として角柱を直立させ、向かって正面（木の外皮側の面）に青、裏側（木の中心に向かう面）に黄色、向かって左側に赤、右側に緑を塗り、それぞれ万有を構成する要素である天・地・火・水を象徴するものとするのである。

ただし実際には、一本一本どちらが根のほうでどちらが末であるとか、外皮に近いほう、中心に近いほうなどを確認し、制作することは困難である。だから、これは本である、これは末であると見立てて（観想し、思い定めることで、古神道においては重視される概念である）色を塗ればよい。

そして数量を示す点も、一点を天に、二点を火に、三点を水に、四点を地に墨で記すのである。図を筆記用具で紙に書いて研究することができないこともないが、より深く研鑽しようとする人は、ぜひ自分で作成し、基本的には三十六柱（厳密にいうと数え方は本ではなく、柱を用いる）用意してほしい。自ら天津金木を作るという過程自体にも深い意味があるからだ。

もっとも本書では略法を説明する。正式に天津金木、天津菅曾（易占で筮竹《ぜいちく》に相当するもの）を用意するのは普通の人にはなかなかに難しいからだ。正式な天津金木、天津菅曾の運用法を学びたい方は、水谷清の『古事記大講』全三十巻（八幡書店刊）を参照していただきたい。

さて本書の読者は、青、赤、緑、黄の色が鮮明な厚紙を用意してほしい。そして、それをカッターなどで、横約一二ミリ縦六〇ミリの大きさに丁寧《ていねい》に切って、青九枚、赤九枚、緑九枚、黄九枚を用意する。この場合、青の厚紙が天すなわち一点、赤が火すなわち二点、緑が水すなわち三点、黄が水すなわち四点を表すことになる。もちろん、わかりやすいように、それぞれの厚紙に点を記してもかまわない。

なお、この謹製した金木は紙であっても疎《そ》略《りゃく》な扱いは避けてほしい。これはひとたび操作するとき、代用であってもまさに神器と変化するからだ。

天津金木観想法

天津金木の観想法は、金木の配列や運転および変化を観察して、天地の玄理を発見したり、万物、万象の性相《せいそう》を種々に正観《せいかん》したりする法であり、天津金木学はこの観想法を徹底することによって、初めてその真価を充分に発揮するのである。

古来、観想法の修行にはいろいろな作法が伴っていた。あるいは潔斎《けっさい》、あるいは禊祓《みそぎはら》いなどである。そうした形式的な作法も決してゆるがせにはできないものではあるが、とくに重要なことは、心の備えである。つまり修行にあたっての心の持ち方が大切なのだ。

これは古神道においては「赤心《あかきこころ》」とされる。つまり清明な心であり、誠の心だ。鎮魂帰神法《ちんこんきしんほう》の中興の祖とされる本田親徳《ちかあつ》も、「霊学は浄心を以て本となす」と喝破《かっぱ》しているように、汚（気枯）れた心では古神道のどのような行法であっても、その堂奥《どうおう》に達することはできないのである。

とくに天津金木の運用は日本国の真実義を顕示し、神々の末裔たる己を顕現し、それにもとづいて善根功徳《ぜんこんくどく》をあまねく衆生《しゅじょう》に施し、天にあるがごとく地にあらしめる。つまり、この世に高天原《たかあまはら》を実現せしめることを目的とするものであるから、なおさらのことなのである。

少なくとも天津金木を運用しようとする人は、これを正しい目的のために使うという清明な心持ちを保持してもらいたい。

一柱の金木の徹底凝視

天津金木観想法の第一歩は、「一柱の天津金木」の凝視からはじまる。まわりに心を動かさず、息長《おきなが》の呼吸をしつつ、至誠の念を以てひたすら一柱の金木を凝視するのである。

ちなみに息長の呼吸法には、いろいろと流派によってやり方に差異はあるが、その一つを紹介する。まず正座し、頭をまっすぐに保ち、鼻口の線がヘソの上に落ちるようにし、肩に力を入れず、身体の各部に凝りが存することのないよう、つまり「天の浮橋」の状態をとるのだ。そして臍下丹田《せいかたんでん》に心を集中しつつ、ゆっくりと腹式呼吸を行うのである。臍下丹田はすなわち神典にいうオノコロ島であり、ここに精神を集中して「天《あめ》の御柱《みはしら》（信念の御柱）」を立てるのである。そこから霊的修養の一切が始まるのである。

まず天を示す青色金木（本書の読者は指定の大きさに切った青色の紙、以下同じ）を見やすい大きさ（七センチ四方程度）に切った橙色の紙（観想盤という）の上に置いて観想し、次いで火を示す赤色金木を緑色の盤、水を示す緑色金木を赤色の盤、地を示す黄色金木を紫色の盤の上に置いて観想するとよいだろう。どの場合にも最低一分以上は眼をあちこち動かさないようにして見つめることが肝心だ。

そして金木を観想するときに、補助的に「スメ、タカアマハラ、ミコト」という言霊を繰り返し唱えるのである。

これを続けていると青色に青光あり、赤色に赤光あり、緑色に緑光あり、黄色に黄光あり、というように、あたかも天の岩戸が開いたかのように各色は光を放ってくる。そして精神集中の極点にいたったときには、そこに雲漂う天を見、あるいは燃え上がる炎を見、またあるいは清く流れる水を見、あるいは万物を載せて磐《ばん》石《じゃく》たる大地を見るのである。

しかし、初めからそんな簡単に事象が見えてくることはまずない。初めは光が見え始めたら目を閉じて、まぶたの裏に残っている金木の残像を見つめるのである。あるいは心の目で、その金木を見つめるのである。金木をありありと思い浮かべ、それと自らが一体となったと感じられるように努めるのだ。

金木の残像を保持できるようになったり、あるいは心の目で見続けることができるようになったならば、その中に天、火、水、地の様相、あるいはその混合変化したものが出現することを念ずる。すると目の前に見える残像あるいは心像は刻々と変化し、さまざまな事物、風景、あるいは何ともわからぬ文様が見えてくるのである。

金木の配座・配列

こうしたことがある程度できるようになったならば、次には天津金木を何本か配列して、これを凝視するのだ。そこに現前するものは天地の開闢かもしれない。あるいは未来のある風景であるかもしれない。

天津金木の配列には螺状《らじょう》配列、段階配列、雲状配列、円輪配列などがあり、それらは宇宙構成のひな型、星雲、星座のひな型、一切の天界の諸現象の組織相、神像相、桐葉《きりは》御紋章《ごもんしょう》相、三種の神器相、地球相、人体相、人生の一代順律相などを示すものとなっている。

金木の運転変化

さらに行が進むと、またある配列からある配列への運転変化が行われるが、その場合においても単に動かすというのでなく、観想法が用いられる。

たとえば、円輪配列から蛇状配列に移る際は(264ページ参照)、天地一切合切を集め来たって、その中央に包蔵する作法であるから、修行者は

螺状配列

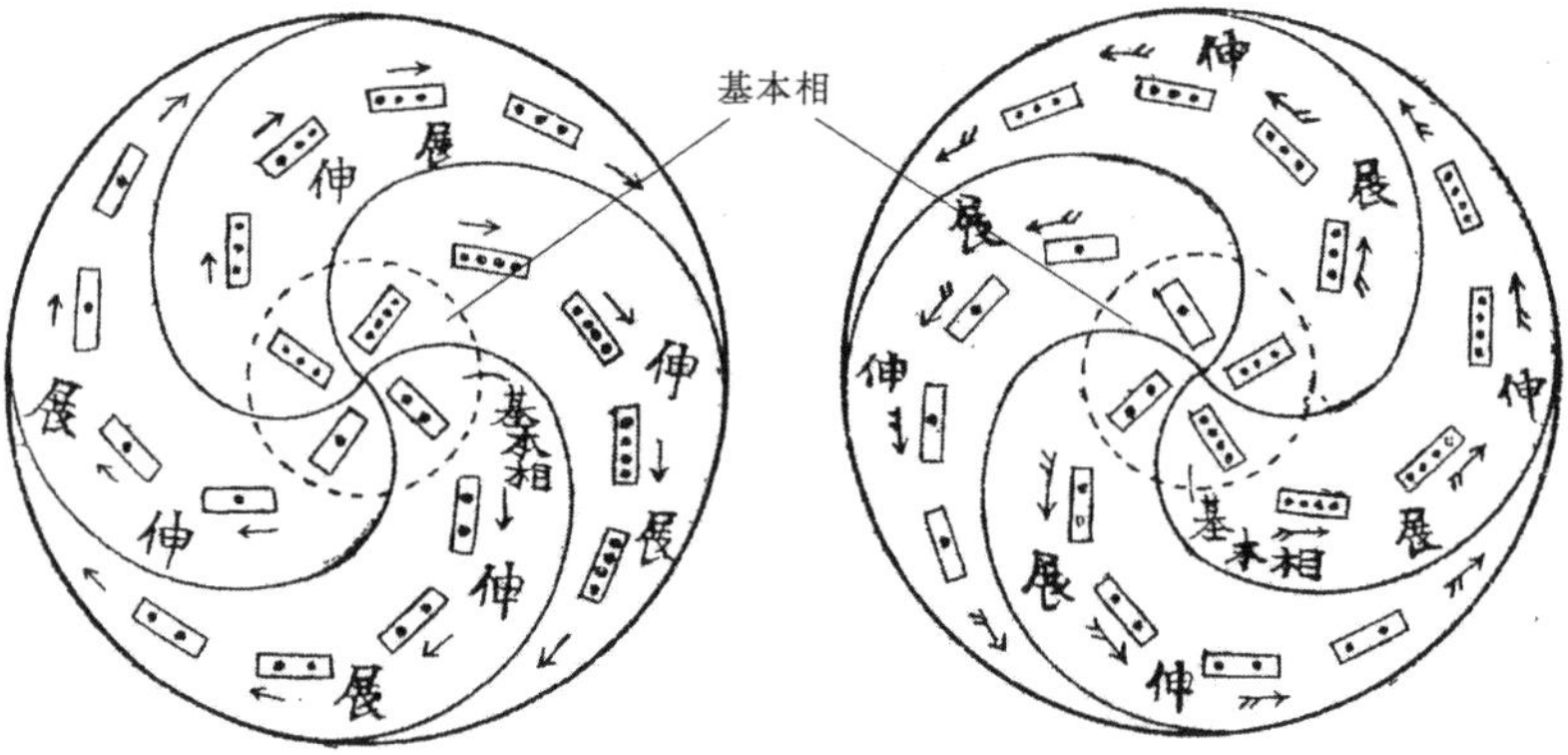

天津金木の運用において、金木の配座と配列は要になる。中心基本相の配座から始め、伸展拡大することで配列となし、結合全相の妙諦を観想する。螺状配列では、「天の沼矛」の配座（各図の中央部分）を基本相とし、ここから発して上の左図の左旋（向かって右旋、本質は左旋）と、右図の右旋（向かって左旋、本質は右旋）が結合して、下図のように最終的な螺状配列になる。他の配列（段階配列、雲状配列、円輪配列）でも徹底して基本相を観想することで一つの玄理が見出され、その筋道をたどることで最終の結合が得られる（水谷清『古事記大講』八幡書店刊より）。

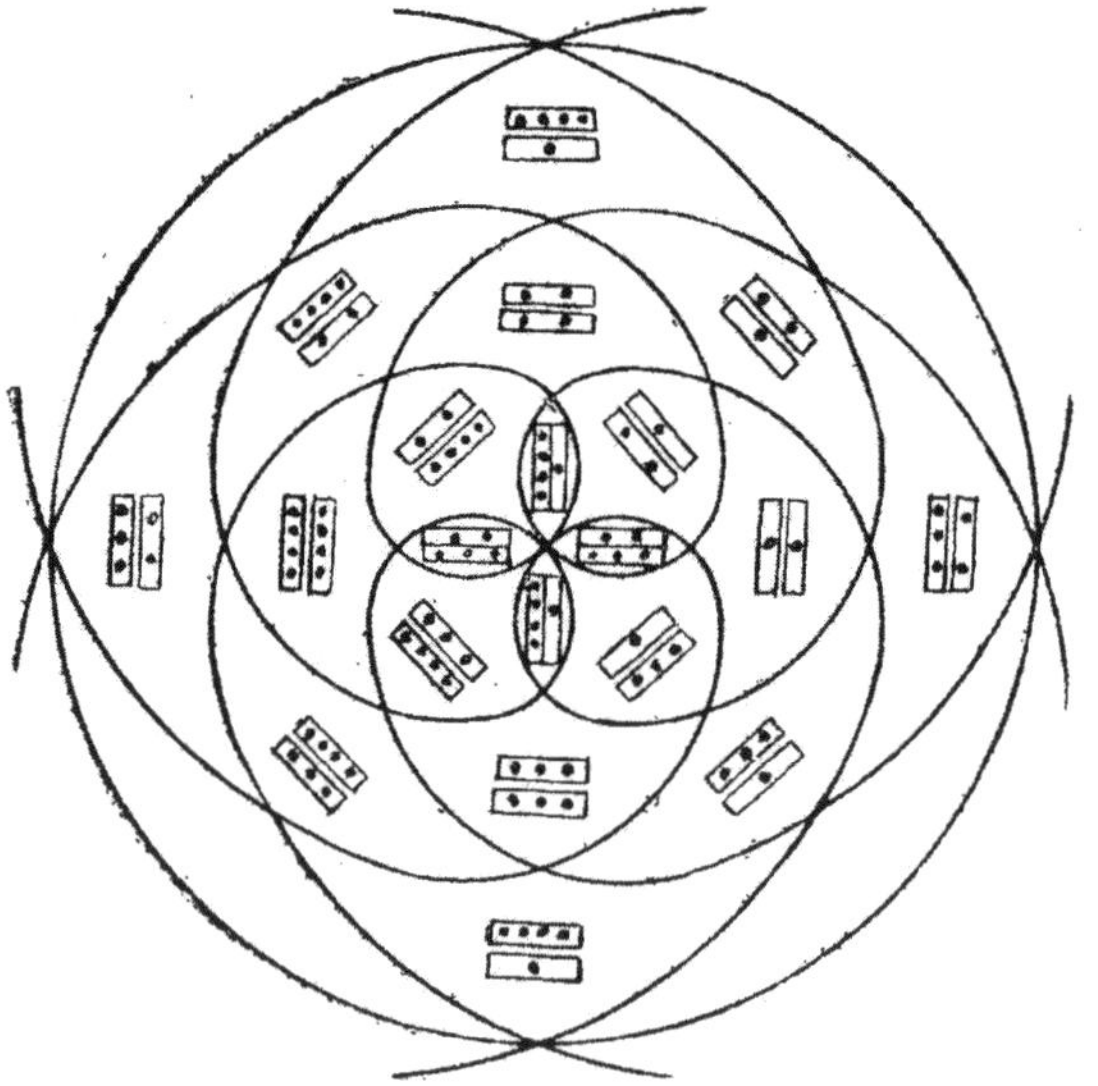

雲状配列

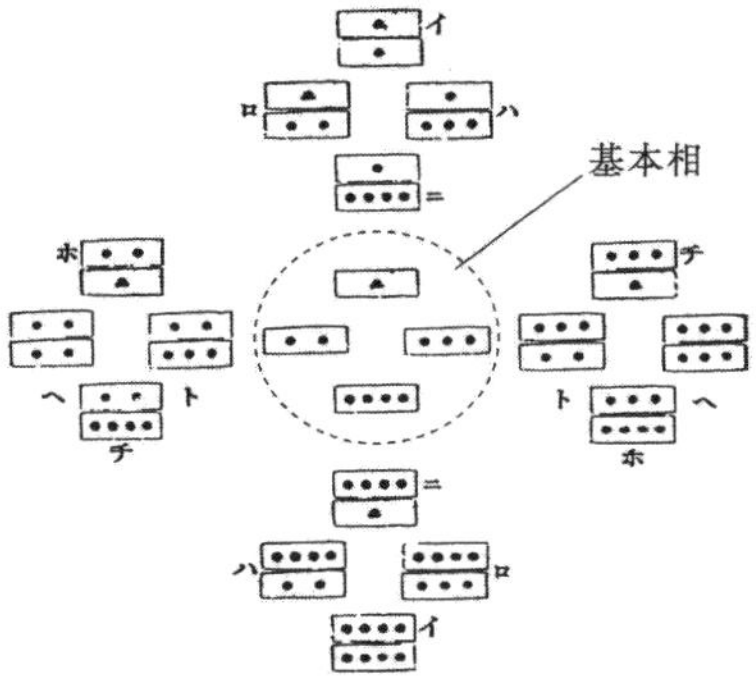

段階配列

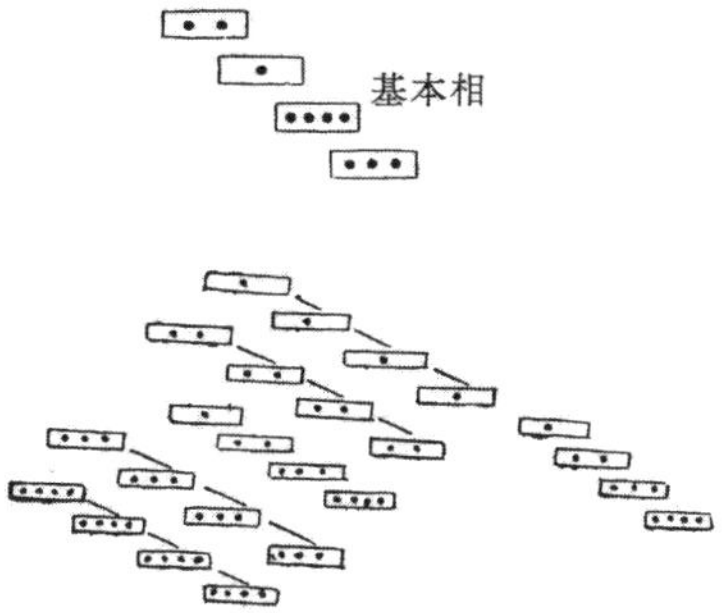

円輪配列

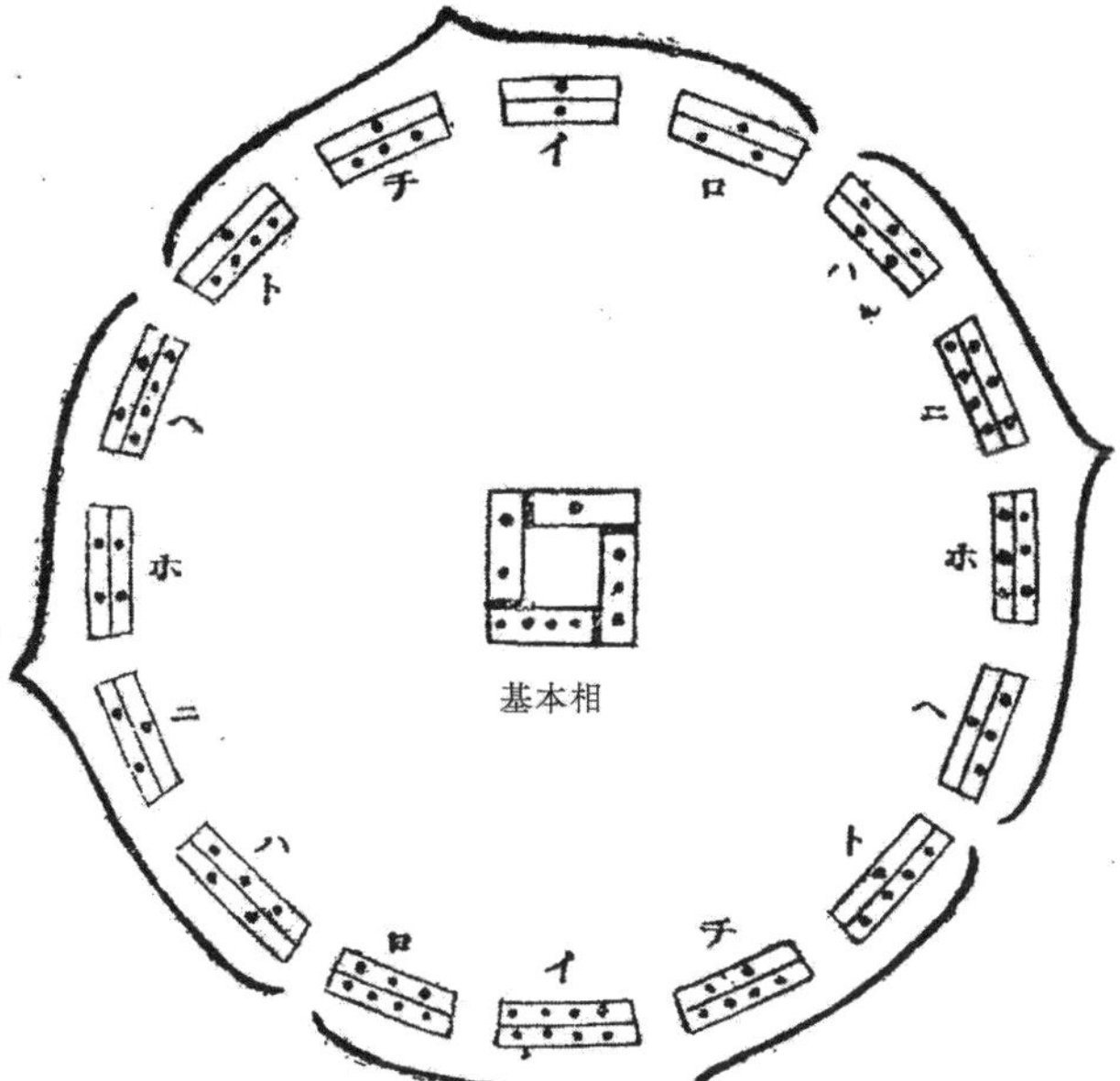

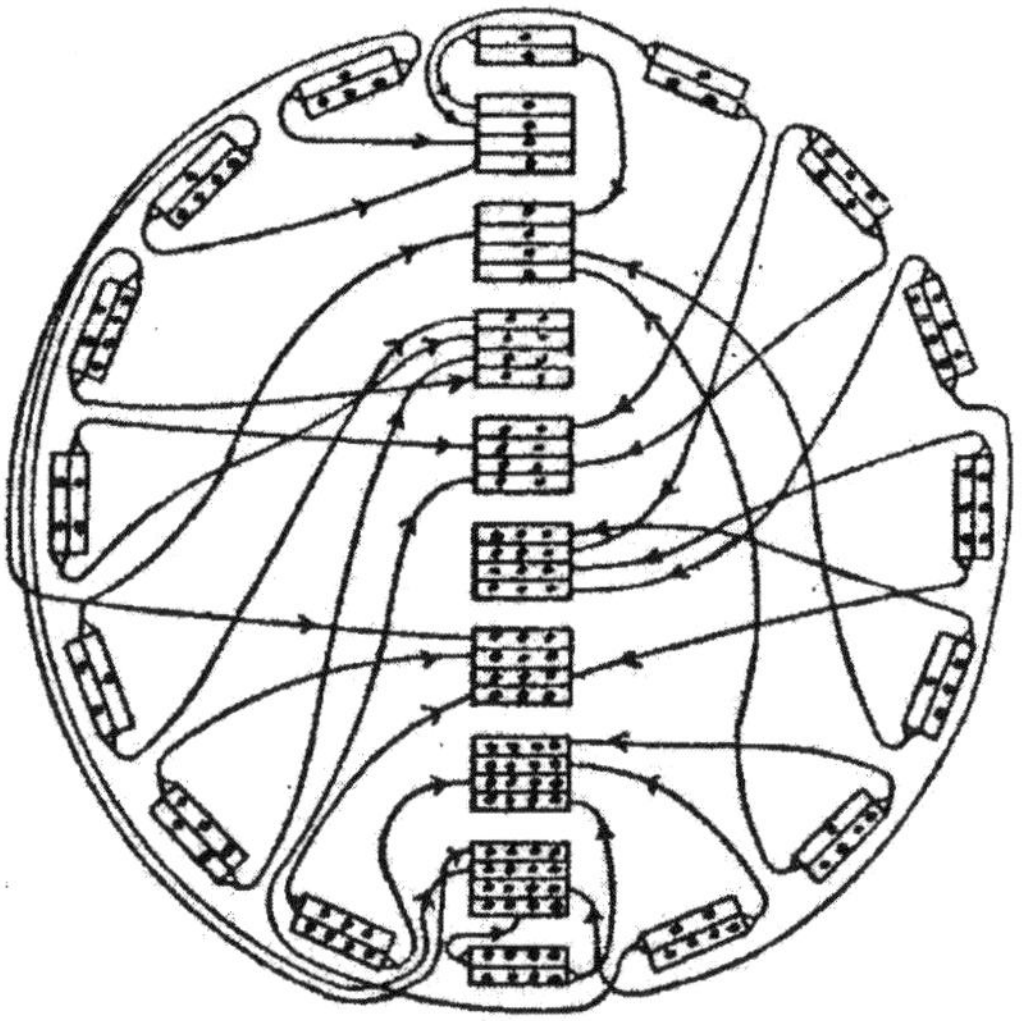

円輪配列から蛇状配列へ運転変化する図。

自らの一身の中へ乾坤《けんこん》ことごとくを集め来るとの思いをなし、大我発揮の修行としてこれを至誠に行わなければならない。

また逆に、蛇状配列から円輪配列に運転変化する場合には、わが身を無限に伸長して全大におよばしめる作法であるから、その心持ちを以て行わなければならないのである。

天津金木の葦船に乗って自己の身体を天底まで伸展せしめ、さらに全宇宙を呑吐《どんと》して、これを自己の腹中に集め来るのである。これは「天鳥船《あめのとりふね》の作法」と名付けられ、わが身に宇宙一切を包蔵せしめる行法とされている。このように、天津金木と自己とが一体となり不即不離の観想に成功すれば、天津金木の霊応によって一切が分明となってくるのである。

つまり、この観想法に徹底すると終いには自然に無念無想の天津金木三昧《ざんまい》の境地に入り、理屈ではなく各種の境涯を純粋体験として経験するようになるのだ。

こうした体験を通じて読者は、自らが造化神である天之御中主神の一霊をうけた小天之御中主神であることを霊悟するようになる。そうなれば、天地乾坤いかなるところに起こる事柄も、これを感知し、これを直観することも可能になってくるのである。

　この観想法に習熟することは、これから説明する天津金木の秘占法においても、『古事記』解釈においても重要である。もし読者が観想法に習熟しないままならば、いかに素晴らしい天津金木であっても画竜点睛《がりょうてんせい》を欠くというものだ。

　まずは一柱の金木観想から始めることである。その神業に励むならば、読者は自ずと次の段階への理解が芽生えてくるのを感得できるだろう。

天津金木秘占法

「天児屋根命《あめのこやねのみこと》は神事《かみごと》の宗源《もと》を主《つか》さどる者なり。かれ太占《ふとまに》の卜事《うらごと》を以《も》て仕え奉らしむ」

と『日本書紀』に明記されていることからも分明なように、古神道において占いは幽邃蒼《ゆうすいそう》古《こ》、神さびたる存在である。

　もっとも、占いといっても種類は多い。亀の甲を火に炙《あぶ》って生じるひび割れによって吉凶を占う亀卜《きぼく》神事をはじめとして、釜鳴《かまなり》神事、粥《かゆ》占《うら》神事、弓射《きゅうしゃ》神事などなどだ。

　その中でも神と我、我と万有との媒介物として神聖視される天津金木を用いる占法は、形相を以て宇宙の玄兆を明示するとされ、古神道の世界において非常に重視されるところの秘法なのだ。

　さて、本来は蓍萩《めどはぎ》の枯れ茎などを用いて象《きさ》(易でいう卦《け》にあたる)を出し、天津金木を何本も組み合わせて占うのであるが、それを簡略化して、ここでは切り取った四種類の色紙を用いた、金木二柱（二枚）組と四柱（四枚）組の占い方を紹介しよう。本式の作法は、先ほども記した『古事記大講』を参照してほしい。

金木二柱組の占法（簡易天津金木秘占法）

まず、金木の大きさに切った色紙三十二枚（各色八枚ずつ、三十二柱）を自分の前の机の上に置く。そして占いたいことを念じたあと、次の神名を一柱ずつ唱えていく。

天之御中主神《あめのみなかぬしのかみ》
高御産霊神《たかみむすひのかみ》、神産霊神《かみむすひのかみ》
天之常立神《あめのとこたちのかみ》、宇麻志阿斯訶備比古遅神《うましあしかびひこじのかみ》
豊雲野神《とよくもぬのかみ》、国之常立神《くにのとこたちのかみ》
宇比智邇神《うひじにのかみ》、妹須比地邇神《いもすひじにのかみ》
角杙神《つのぐいのかみ》、妹活杙神《いもいくぐいのかみ》
意富斗乃智神《おおとのじのかみ》、妹大斗乃弁神《いもおおとのべのかみ》
淤母陀琉神《おもだるのかみ》、妹阿夜訶斯古泥神《いもあやかしこねのかみ》

右の神名を唱え終わったならば、左の手（手のひらを下に向ける）を上にし、右の手（手のひらを上に向ける）を下にして色紙の金木三十二枚を両手に持ち、瞑目《めいもく》して、伊邪那岐神《いざなぎのかみ》、伊邪那美神《いざなみのかみ》を念じて額の前に金木を戴《いただ》くのである。そして、

「アナニ」と軽く、なごやかに親しみのこもった声で唱え、

「ヤシ」と強く唱えて両手に力を入れ、

「エ」と一刀両断の勢いで、戴いた金木を中央で二つに分け、左右の手にそれぞれ収める。

次には

「ヲトメヲ」と唱えつつ左手を左方横に開き

（このとき伊邪那岐神を念じる）、

「ヲトコヲ」と唱えつつ右手を右方横に開き

（このとき伊邪那美神を念じる）、

そして、両手の色紙の金木を机の上に置く。

次に、左手に切り分けた金木のほうの山から、一番下の金木を一枚取り出し、机に置く。また、右手に切り分けた金木は、一番上のものを取り出して、前に取り出した金木の下に並べるのである。あとは、この二枚（二柱）の金木の組み

金木二柱組占法の例

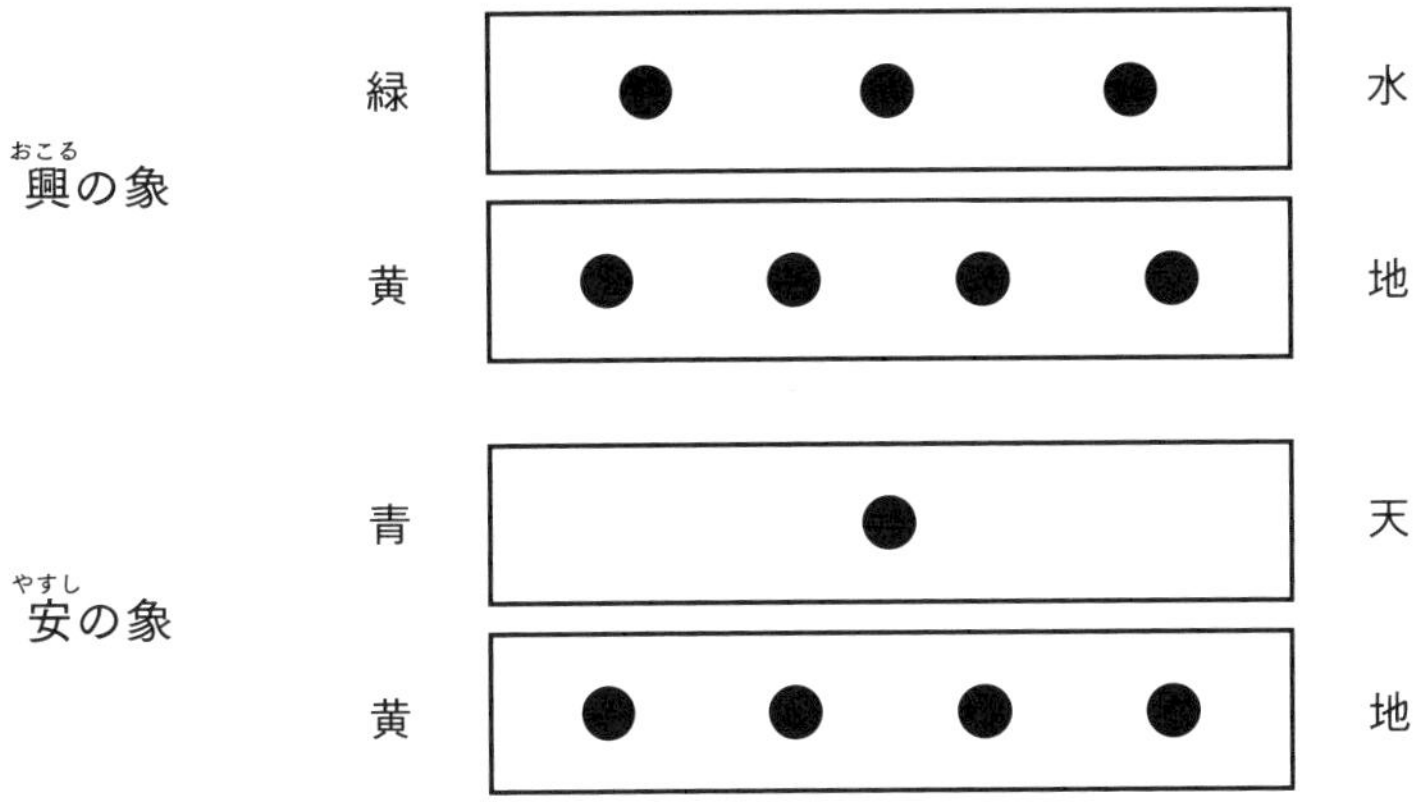

初め（左手）に緑の金木が出て、次（右手）に黄色の金木が出れば、「水地—興の象」ということになる。また、初めに青の金木が出て、次に黄色の金木が出れば、「天地—安の象」ということになる。

合わせによって、別記した「象意の解釈」（268ページ以下参照）を見て吉凶を判断するだけだ。

ここで注意したいのは、最初に出たものを上にし、次に出たものを下にするということだ。たとえば、初めに緑の金木が出て、次に黄色の金木が出れば、それは「水地—興《おこる》の象」ということになり、初めに青の金木が出て、次に黄色の金木が出れば「天地—安《やすし》の象」ということになる。

占断の基本となる四象

本来は観想法に習熟するにつれ、天津金木をその形に置き並べて見つめているうちに、その象が暗示するさまざまな意味が少しずつひらめいてくるようになる。ぜひ自分で置き並べたものを観想し、その玄意を読み取られることをお勧めするが、とりあえず、その研究の〝よすが〟として、天・火・水・地の四象の持つ意義の片鱗を述べることとする。

神道においては邦家経綸《ほうかけいりん》を以て本位とするので、次のように国家の構成要素である君《きみ》、大臣《おおみ》、小臣《をみ》、民《たみ》の四つを四象にあてはめて考えることが基本となる。

［・］

〔君＝天〕君は極身《きみ》であり、統を継ぎ、極を垂れたまう最上位の存在ということで、天に属する。

［・・］

〔大臣＝火〕大臣は大身《おおみ》であり、多数の部下を率いて、君徳をあまねく光被せしむるところから火に属する。

［・・・］

〔小臣＝水〕小臣は小身《をみ》で地方官であり、大臣の命を報じて、さらに一般にあまねく君徳の偉大さを伝え、遵奉《じゅんぽう》せしむる役目であるので、水に属する。

［・・・・］

〔民＝地〕民は手身《たみ》であり、大地に根づき、手足を労働して各々の使命を遂行する人々をいうので、地に属する。

右のことをベースとして金木を見てゆくとその持つ意味が非常にわかりやすいので、まずこれだけは覚えておく必要がある。また単に吉凶のみを見るならば、下の金木よりも点「・」の多い金木が上にあるときは凶と判断して大体は間違いはなかろう（こうした象を逆位という）。ともあれ、金木二本組の吉凶については次の象意解釈を参考にしてほしい。

象意の解釈

ここでは、天津金木の占示を略解したが、天津金木の真髄は、文字を読むだけでわかるようなものではない。配列したり、変転させたり、かつまた観想し、天津金木三昧に入ったときに初めて悟得《ごとく》されるものである。冷暖自知、自ら天津金木を造作し、運用して、その醍醐味を体験されることをお願いしておきたい。

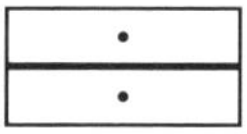

【天天―栄《さかぁ》の象】上天下天の最も熾烈な状態である。上にも下にも君威が一貫し、他に何も認むべきものはない象で、必ず栄えの来る暗示がある。

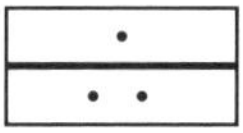

【天火―治《おさめる》の象】上天下火の状態で、君徳上に栄え、あるいは君威上に輝き、下に大臣が君命を奉じ、下に照り渡っている象で、物事の治まる兆しがある。

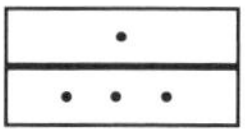

【天水―存《たもつ》の象】上天下水である。君徳上に栄え、小臣が君命を奉載し、下に輔《ほ》翼《よく》の実《じつ》ある相で、つつがなく、物事が存続する意味がある。

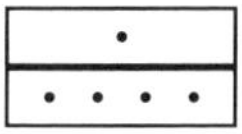

【天地―安《やすし》の象】上天下地である。君徳上に栄え、国民下に楽しむ相であり、あるいは君の下に民がその業に安んじている象で、何事も安泰の意味がある。

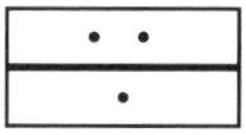

【火天―廃《すたる》の象】上火下天である。大臣が威をほしいままにし、君が圧せられている相。あるいは風が火を消さんとしている姿で、頽廃《たいはい》の暗示がある。

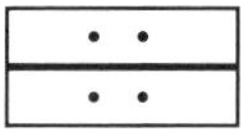

【火火―盛《さかん》の象】上火下火である。大臣の威が上下に輝いている象である。あるいは火気旺盛の相で、万事勢いの盛んなる暗示がある。

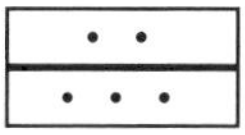

【火水―閑《おだやか》の象】上火下水である。大臣上に照り、政道に励み、下に小臣よく従い、道を広めている象で、閑安《かんあん》なる意が存在する。

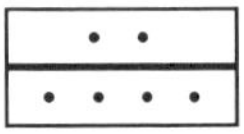

【火地—得《うる》の象】上火下地で上に大臣がその任を果たし、下に民が努力している象で、太陽の輝きが大地に恵みをもたらしている相で収得多き意味がある。

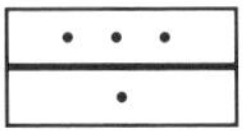

【水天—失《うしなう》の象】上水下天で、小臣上に跋扈《ばっこ》して、君威をないがしろにしている象で、失態続出あるいは物を失う暗示がある。

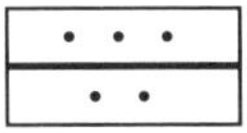

【水火—争《あらそう》の象】上水下火で小臣上にあって大臣を抑えようとしている象。あるいは雷鳴の相で、争闘を招く暗示がある。

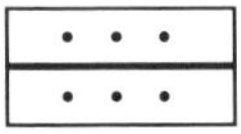

【水水—衰《おとろう》の象】上水下水で小臣が上下に威をほしいままにしている象。水があらゆるものを侵し、衰微《すいび》を免れがたい暗示がある。

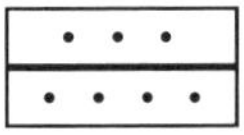

【水地—興《おこる》の象】上水下地である。水が大地にしみ込むように、小臣の威を民が奉じている象で、これから物事の復興してゆく意がある。

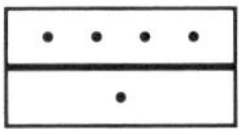

【地天—危《あやうし》の象】上地下天である。民上にあって君を圧迫している象。天地逆転した相で、じつに危険で、あやうい暗示がある。

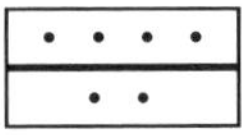

【地火—亡《ほろぶ》の象】上地下火で、火が滅する相である。また大臣が下におり、民に圧せられている象で、国家、家などの滅亡を暗示する。

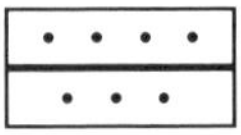

【地水—乱《みだる》の象】上地下水で水は隠れて、そのままでは役に立たぬ相。また民上にあって小臣を圧伏している象で、そこから擾乱《じょうらん》を招く意味がある。

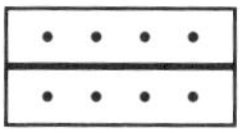

【地地—枯《かれる》の象】上地下地である。民のみがその威をほしいままにし、君徳枯れるの相で、ゆえに枯死枯渇を意味する。

金木四柱組の占法

天津金木は本来二柱、三柱、四柱と組み合わせてゆくことによって、より詳密に一切のことが明らかになってゆくものなのである。だが、紙幅の関係で、その組み合わせの占法すべてをここに書きつくすことはできない。よって、比較的わかりやすいと思われる四柱組による占法をいくつか紹介し、読者の参考に供しよう。
　まず四柱組を得る方法だが、「簡易天津金木秘占法（二柱組の占法）」と同様の方法で二柱（二枚）の金木を取り出し並べたあと、右手の金木の束を取り、伊邪那岐、伊邪那美の神を念じて、同じく「アナニ」「ヤシ」「エ」「ヲトメヲ」「ヲトコヲ」と唱えて左右に分け二柱を取り出し、先の二柱の下に左手の金木から並べるのである。すると当然のことであるが、四柱が縦に並ぶことになる。それが求められた象となる。

【占例1】

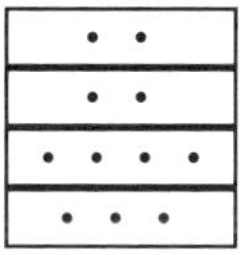

　ここでは上記のような象が得られたとする。これによって、まず病気の有無を判定する法を説明しよう。
　これには大八州《おおやしま》相の中心になる大倭豊秋津《おおやまととよあきつ》島《しま》といわれる四柱の形が基準になる（273ページ図イ参照）。
　第一位（天座）は頭、第二位（火座）は胸、第三位（水座）は上腹、第四位（地座）は下腹と定めて置く。

そのうえで、得た象を基本相である大倭豊秋津島の相と比べて判定するのである。判定の要概は次の通り。

①天が第一位にあり、火が第二位にあり、水が第三位にあり、地が第四位にあるのを、本位に本位があるという。

②本位が本位にあれば心身が健全であると判断する。

③本位に近いもの、遠いものを考慮し、本位に遠いものがあれば異常ありと考える。

この場合、本位に近いとか遠いというのを表示すると図ロのようになる。

そこで、得られた四柱の結合と基本相を比べてみる。

まず第一位は天のところに火があるが、気にする必要はない。

第二位は本位に本位がある。したがって、まったく問題なし。

さて、第三位と第四位は、本位に本位がなく、近いものが入っているが、逆位（上の点「・」が下より多い）になっていることに注目しなければならない。

地の金木が第四位の本位にあれば身体は健全である。ところが上腹の位置にあるので、地は汚物と見て、上腹には汚物が溜まっていると判断する。

また第四位には、本位は地のはずであるのに今は水がある。そこで下腹は下痢の状態にあると判断するのである。

ここで注意しておくと、判定の概要の追加として次の判断ができる。

④金木の二柱組の場合の吉凶同様に、原則として、下の金木よりも点「・」の多いものが上になっているとき（逆位）は凶と見て、不健康と判断する。

図イ　大倭豊秋津島の相（金木四柱組の基本相）

第一位（天座＝青）	●	頭	知性・理性
第二位（火座＝赤）	●　●	胸	感情
第三位（水座＝緑）	●　●　●	上腹	
第四位（地座＝黄）	●　●　●　●	下腹	意志

図ロ　本位との遠近表

	第一位	第二位	第三位	第四位
本位	•	•　•	•　•　•	•　•　•　•
近いもの	•　•	•	•　•　•　•	•　•　•
遠いもの	•　•　•	•　•　•　•	•	•　•
まったく遠いもの	•　•　•　•	•　•　•	•　•	•

図ハ
人体の各所に配当される
天津金木

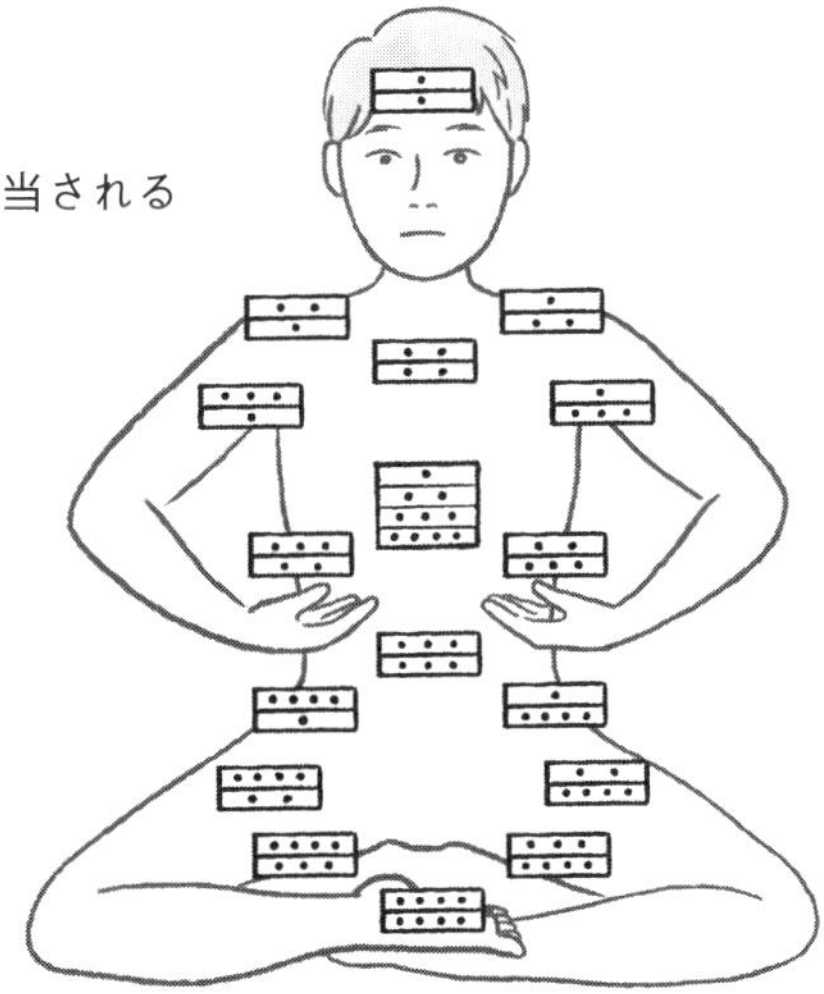

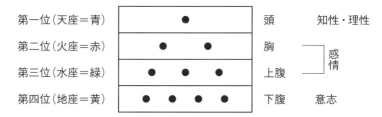

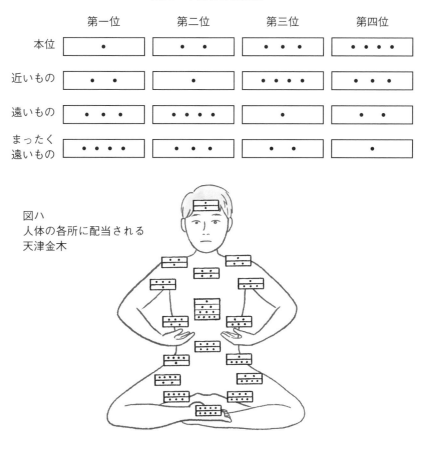

この場合、第三位と第四位が問題になった。ただし、第一位と第二位は、第一位に火があっても、下の二位も火であり、点「・」は多くないので、気にする必要はないのだ。

さらに概要に次の判断を追加する。

⑤一般的に、第四位に水があれば下痢、火があれば体中に熱があると見る。天があるときは風気（風邪）と判断するとよい。

【占例2】

病占をもう一例見てみよう。ある病人を判断して、次のように天津金木の配列を得たとする。

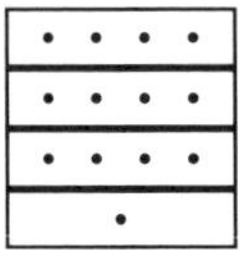

この場合はほとんどが本位に遠く、しかも逆位になっているから、ひどい病気であると判断する。身体全部が悪いのだ。

身体全部が悪いといっても、どこかに病源がないことはない。金木の判断においては、下位に逆位のものがある場合には、そこを病源と見る。この場合は第四位に天があるので、風気であると判断するのである。

そして、この病人は風気がもとで頭が重く、胸部も板のように硬化し、胃腸も悪く食欲が進まず、身体が衰弱していると判定するのである。

もっとも、右のような占法だけでは、身体の細かい様子は判断できない。本来は図ハのように、身体の各所には天津金木が配当されており、そうしたことも踏まえて判断がなされるべきなのだ。

金木による人物占断法

次に、簡単に相手の性質を判断する法を紹介しておこう。

金木の占法では、人の性質を「知」「情」「意」の三つに分けて判断する。さきほど示した基本相の第一位（天座）は知性・理性を、第二位（火座）と第三位（水座）は感情、第四位（地座）は意志を知るところと定まっている（図イ参照）。

そして相手を占って次のような金木結合を得たとする。

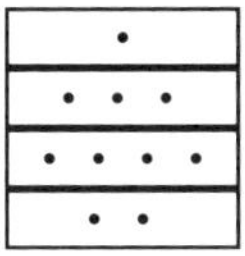

第一位は、天の座に天があるので何ら問題はない。その人は知性の点おいては明断であると判定してよい。

第二位は火の座であるが、ここには水があり、先に示した図ロでもわかるように、もっとも本位に遠いのである。そこで感情の点においては冷淡な人物であると判断できる。

しかも第三位には、意志を表現する地が入っている。そこで、この感情はきわめて固定的で融通のないもの、との判断が追加される。

そして意志を知る第四位には、感情を象徴する火が入っている。地に地がある場合は意志強固な人であるが、そこに火があるということは、勢い感情に流されやすく意志薄弱であると思われる。

総合的に判断すれば、理性的な人物であるが、極めて感情が冷淡で、意志薄弱な人物であるということになる。

まだまだ、いろいろな実例をあげて金木占法を説明したいのだが、天津金木の判定は本来、固定的なものではなく、その事件に応じて無限にある。そうしたことのすべては、残念ながら紙幅の関係で書きつくすことができない。

また金木を自在に運転活用操作することによって、運命を変える秘義などもあるのであるが、これまた記すスペースがない。だが観想法に習熟してくると、そうしたことも自ずからわかってくるものであるから、各自観想法に励み、創意工夫していただきたいものだ。

天津金木神事法

天津金木の秘占法により、自分や第三者の運命を観ることができるのは前述した通りだ。だが吉凶を占うことは、天津金木占法においては第二義的なものなのだ。また天津金木の占法を私利私欲のために使用することは、一層、神器である天津金木の本来の目的から外れてしまうので注意が肝心だ。

この秘術においては、俗間の占いとは違い、天地の玄理を解明し、人間の真性を知り、その惟神《かむながら》に定められた使命を霊悟し、それに邁進することが第一義なのである。

その目的のためには、天津金木によって『古事記』を解読することが捷径《しょうけい》である。天津金木と『古事記』との関係は、楽器と楽譜の関係にたとえることができよう。名人が持てば、良い楽器はそれだけで妙音を発するであろうが、優れた楽譜があれば、より一層の名曲を奏でることができ、その真価を発揮できる。

同じように古神道の神器である天津金木も、名人が使えば自在に宇宙の真理をそこに開顕してくれるが、『古事記』をもととすれば、より一層の妙験を顕してくれるのだ。

ここに天津金木による神典解釈の全部を掲載することは、残念ながらスペースの関係でできないが、「象意解釈」に示した金木二柱組による十六組の結合について、少しばかり触れておこう。

これは天津金木学においては神典の伊邪那岐、伊邪那美二柱の神の「国生みの神事」に対応するものとされている。たとえば、「ミコ　アハヂノホノサワケノシマ　ウミタマフ」とある

図二　金木と国生み神事の図(大八州の相)

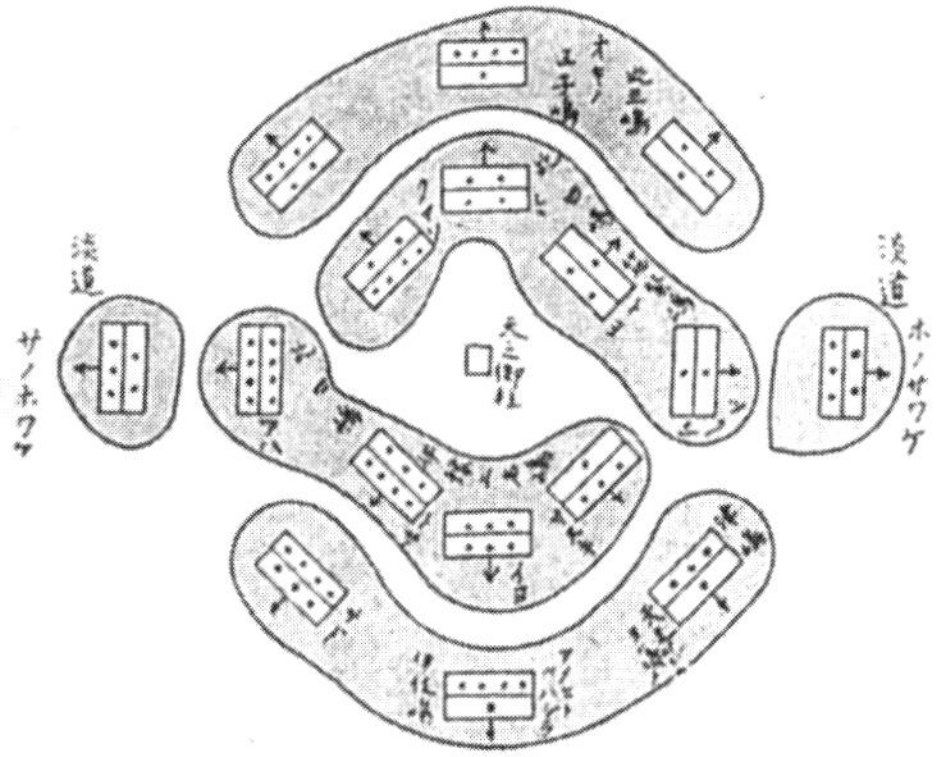

図ホ　金木八対の形相(大八州の相の基本相)

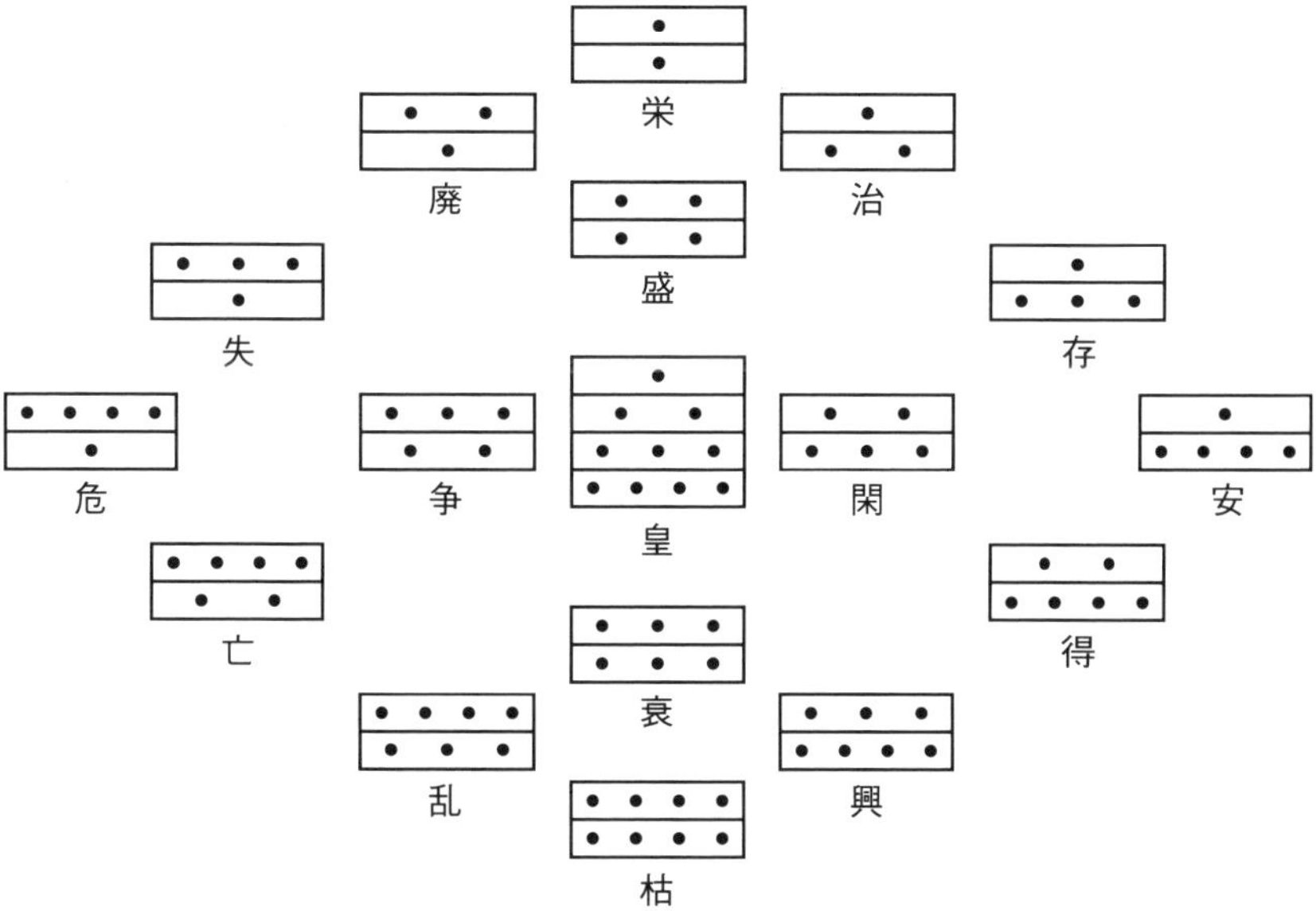

中で、「ホノサワケ」のホは火であり、サは水である。ホノサワケは火と水が結合して成立した島であって、金木においては上火下水の「閑《おだやか》」があてられる。

同様な方法で生み出された島々を金木で見てみると、図ニのようになる。これが岐美二神の生みなした大八洲《おおやしま》の相とされる。

我々は、大八洲を我が国の島だと思っているが、それは一面的な解釈で、八とは八対の意味であり、洲とは、呉服類の「縞《しま》」であって模様である。つまり宇宙間の組織紋理《もんり》である。

これが、1栄・枯、2盛・衰、3治・乱、4興・廃、5安・危、6閑・争、7存・亡、8得・失と八対の島（図ホ）を成就するために、これを「大八島国」と唱えるのである。

天地間一切の事象において、栄枯盛衰が起こる根本原因は、この理にもとづくのであり、この組織紋理の錯綜、無限の交渉が吉凶、禍福のことごとくを産霊《むすひ》なすのである。

あらゆる神業、人事、万象の変転も、一切この金木八対の形相の他には出ず、この相が万神、万生、万有の上に起こるところの一切の因となり、果となり、縁となり、報となり、変転応現する一切の根源力となっているのだ。

人類破局を回避する神鍵

最後に、『古事記』と天津金木の関係、そして山本秀道や大石凝真素美ら神道オカルティストたちがなぜ天の岩戸開きを真摯に追求したのか、今一層明らかにして奥伝《おくでん》編のペンを置くことにしよう。

「現存する我が国最古の書」である『古事記』が著された年代は和銅五年（七一二）で、『古事記』成立以前の帝紀《ていき》や旧辞《きゅうじ》、また数多くの口伝えなどをもとに、この『古事記』は成立したとされている。

しかし、驚くべきことを真素美がその弟子、水谷清に語っている。それは、『大日本史』に記された天皇を使役し奉った山本家の遠祖は、じつは天武天皇を山本家にひそかに引き寄せて、『古事記』を伝えたというのである。そして、時来たって『古事記』の秘義を探ろうとする人のために、その真の解読のための神器を御神体として家に残した。それが天津金木であり、山本秀道の家に代々伝わったものだったというのだ。

真素美やその弟子、出口王仁三郎などによれば、神典『古事記』には歴史の書、倫理の書、言霊の書、天津金木の書、予言の書として幾通りもの読解の方法があるとされる。ちなみに現在、予言の書として『古事記』が再解読され、過去・現在・未来にいたる時代の趨勢《すうせい》さえも完全に把握し、近い未来における全人類の破局をも同様に予言していることが指摘されている。

大石凝真素美も『古事記』と天津金木を通して世の中の終局を見た。それは物質文明の果ての地球上における生命体の滅亡、全生命体のほとんどが滅び去る大破局であった。『古事記』において、一切が暗黒となる天の岩戸隠れに象徴される絶滅の悲劇が、再び繰り返されようとしているのだ。

生成、発展そして消滅……。自然に定められた輪廻《りんね》の空間に、一筋の灯明《とうみょう》が見いだせないものなのか。

確かに『古事記』には、人類の破局の予言がある。しかし、いかにして回避し得るか、どうしたら生き残れるか。それをも啓示しているのだ。そこにある深秘の扉を開けうる唯一の鍵が「天津金木」なのだった。

真素美は、神示や天津金木を用いた『古事記』の解読から、物質文明の果てにおけるその破局を見通した。そして、それを防ぐためには霊的文化の開顕しかないことを悟ったのだ。その開顕のために三大皇学の発揚に努めたのである。そして、霊的文化の開花を後世に託したのである。

天津金木学は第一歩を机上の研究に始め、やや研究が進んだならば、これを神典の読解に応用し、さらに進んだならばこれを心身に体験し、天地に参じてこれを行い、最後に活現しつつあるこの永遠の本舞台に登場して、神格者として、その使命を果たすべきものとされている。「天津金木」という秘術に触れたあなたは、神定めにより霊的文化を開花させ、世界を救うという使命を担わされた神格者の一人かもしれないのだ。

第四章
霊術霊符秘法

1 霊符の作法

秘符を開眼する

霊術における霊符とは

霊符《れいふ》は、呪符・神符・護符・御符・御札・タリズマンなどと呼び名はさまざまだが、いずれも紙や木などに文字や絵、あるいは記号のようなものを書きつけた呪力あるお札である。使用法は、身につける、どこかに貼る、あるいは呑み込むというように非常に簡単であるため、広く世界中で利用されてきた。霊符の用途も多岐にわたり、願いの数だけ霊符があるといっても過言ではない。

大きく分けて、東洋系と西洋系の霊符があるが、我々日本人が見慣れているのは、東洋系のものだ。多種多様さにおいては、中国の道教《どうきょう》のものが群を抜いているが、日本でも神道をはじめ、密教、修験道《しゅげんどう》、陰陽道《おんみょうどう》ほかの宗教でも数多くの霊符が伝えられている。ただし、霊符は道教を中心にして相互に影響しあっているので、明確にどの宗教とは区別できないものもある。そして、霊術の世界においても霊符は重んじられてきたのである。

霊符が効力を発揮する理由は何だろうか。

道教では、霊符の起源を神仙が天地自然の真象を写しとったものとしている。すなわち、霊符は一つの宇宙観を表現したものであって、その形にはとても深遠な意味が込められているのだ。そして、霊符という宇宙の真象を凝縮して描いた神秘的図形に対して天地が共鳴し、神秘的な力を作用させるのである。

さて本章では、霊術で用いられる霊符のうち、効験著しく、また珍しいものを厳選して紹介することにしよう。

ただし、霊符の霊験を発揮させるためには、正しい書写法と開眼法、さらには具体的な使用法を知っておく必要がある。まずは、そのことについて触れておこう。

略式霊符書写作法

霊符の書き方はいろいろとあるが、煩雑なものが多い。人によっては大変で、簡単には実行できないとあきらめてしまう人もいたかもしれない。

だが、あきらめるのはまだ早い。実際のことをいえば、独自の系統の特別な符で、特別な謹製法が定められているものの他は、細かい作法にこだわらずとも、誠心誠意を込めて書写すれば必ずそれなりに効験はあるものである。

正式な法がなかなかに実行困難と思われる人のために、簡易にして、しかも正式な法に負けず劣らずの霊験を期待できる書写の秘伝をここに公開する。

なお霊符を書写する場合、格別の指定がないかぎり、墨や朱のにじまない、白紙（和紙）や黄紙に書写する。

書写具を清める神咒

墨を磨るための水、霊符を書写する紙、霊符書写に用いる硯《すずり》、硯で磨る墨、書写用の筆などを咒《まじな》うための呪文は数多く存在するが、それぞれが結構に長く、暗記して実行することはなかなか面倒なことだ。基本的には、それぞれを清めて霊化することが大事なのであって、簡単な略呪があるのでそれを左に紹介する。

〈神火清明《しんかせいめい》、神水清明《しんすいせいめい》、神風清明《しんぷうせいめい》〉

右の呪文を微声で口中にて唱え、息吹《いぶき》によって一切の穢《けが》れを吹き祓《はら》うつもりで、口から「プーッ、プーッ、プーッ」と勢いよく息を吹き出し、清めようとするものに三回吹き掛けるとよい。

原則としては水、紙、硯、墨、筆それぞれ別々に清めるが、時間がないときには一緒に清めても差し支えない。

符に気を注入する観想法

霊符に気を注入して書写する方法としては、古来さまざまな観想法が伝えられている。ここではその代表的な方法を一つ紹介しておく。

①自分の心身は五色の霊玉《れいぎょく》であると観想する。すなわち、春期（立春から立夏以前）であるならば青色の霊玉、夏期（立夏から立秋以前）であるならば赤色の霊玉、秋期（立秋から立冬以前）であるならば白色の霊玉、冬期（立冬から立春以前）であるならば黒色の霊玉、四季の土用の日であれば黄色の霊玉、であると観想する。今の季節がいつであるかは、運勢暦などに書いてあるので、参考にするとよいだろう。

②次に心願の内容を凝念して（この場合、腹式呼吸法を用いると気魂の集中に役立つ）、空中より金色の光が舞い降りてくることを想像し、それを呑み込みこむ。

③次に筆墨から金色の光がほとばしり、その光で霊符を書くことを想像して、一気呵成《いっきかせい》、一息に霊符を書写する。霊符の字体が多く、一息に書写しがたいときには、二息または三息という具合に定めて、一気呵成の威力をふるって書写する。

そのとき、筆墨をもって符を書くと考えてはならない。自己に通霊した宇宙の大いなる気をもって、符を書くものと思わねばならないのである。

符を書くにあたっては、「オン、アボギヤ、べイロシヤナウ……」とか、「天円地方《てんえんちほう》。律令《りつれい》九《きゅう》章《しょう》。吾今下筆《ごこんかひつ》。万鬼伏蔵《ばんきふくぞう》。急々如律令《きゅうきゅうにょりつれい》」とか、いろいろな唱え言が存するが、次の咒《じゅ》が簡にして、しかもかなり霊符の符気を強化してくれる。

〈福寿光無量《ふくじゅこうむりょう》〉

霊符を書写するにあたっては、筆をもって書写の間、右の咒文を唱え続けているようにするのである。唱えるにあたっては、心中で唱えるようにする。ただし筆を下ろす前の筆先から金色の光がほとばしり出ていることを観想するときは、そばに人がいても何という言葉を唱えているかわからないような微声で唱えてもよい。

また「福寿光無量」の咒は、墨を磨っている間にも唱えるようにすると、一層の効験が期待できるようだ。

ここに記した書写法は簡略ではあるが、よく熟読し、実行されれば必ずや大きな霊験を得られることと確信する。

霊符の開眼法

このようにして神気をこめて謹書したものであれば、開眼法を修する必要もないが、霊符から一層の効果を得ようとしたり、またコピーした霊符などを用いる場合は、次のようにするとよい。

言霊の祓い

時間がなければ省いてもかまわないが、開眼法を修する前に、できれば言霊《ことだま》で祓《はら》いをする。

まず、手を洗い、口をすすぐ。そして、使用しようと思う霊符を神棚あるいは机の上に置き、二拝してから次の禊祓詞《みそぎはらえのことば》（天津祝詞《あまつのりと》）を奏上する。

高天原《たかまのはら》に神留《かむずま》り坐《ま》す
神漏岐《かむろぎ》神漏美之命《かむろみのみこと》以《も》ちて
皇御祖神《すめみおやかむ》伊邪那岐之命《いざなぎのみこと》
筑紫日向《つくしひむか》の橘《たちばな》の小門之阿波岐原《おどのあわぎはら》に
身滌祓《みそぎはら》い給《たま》う時《とき》に生坐《あれませ》る
祓戸之大神等《はらえどのおおかみたち》諸々禍事罪穢《もろもろまがことつみけがれ》を
祓《はら》え給《たま》い清《きよ》め給《たま》えと白《もう》す事《こと》の由《よし》を
天津神地津神《あまつかみくにつかみ》
八百万之神等共《やおよろづのかみたちとも》に
天《あめ》の斑駒《ふちこま》の耳振立《みみふりたて》て聞食《きこしめせ》と畏《かしこ》み畏《かしこ》みも白《もう》す

二拝二拍手一拝して終わる。

奏上は、一句一句正確に真心を込めて行うこと。

略式開眼法

霊符の効験は、開眼法によって符に気をこめることによって生まれる。神社やお寺の御札も開眼法を修したうえで、授けられている。しかし、正式な開眼法は煩雑で難しいため、ここでは簡単で効験豊かな「大宮式開眼法」を紹介しよう。

①手を洗い、口をすすぐ（「言霊の祓い」を行った場合は省く）。

②熱を感じるようになるまで、両手のひらをよく擦り合わせる。

③両手の間に、開眼して霊あらしめようとする霊符をはさんで、眼前で合掌する。

④そして、「天地の玄気を受けて福寿光無量」と七回唱える。

これによって天地に充満する神気が霊符にこもり、玄妙なる宇宙に共鳴し、神霊と感応する霊符となる。

霊符の使用法

最後に霊符の使用法（符法）である。基本的な使用法としては、佩帯《はいたい》符法、貼懸《てんけん》符法、祭祀符法などがある。

①佩帯符法

腰につけるなど、身に帯びる（佩帯）方法。一般的には男性は身体の左側、女性は右側につけると、いっそう効験があるとされている。お守り袋などに入れるのが望ましいが、バッグや定期入れ、財布などに入れて所持する際は、汚れないようにポチ袋などに入れる。

また、霊符はできるだけ折らないほうがよい。ただし大きくて入らない場合は、丁寧に折るように注意する。

②貼懸符法

室内や門柱、魑魅魍魎《ちみもうりょう》が出そうなところに貼ったり、掛けたりする（貼懸）方法。通常は白紙に包むか、袋などに入れて糊《のり》、セロテープ、両面テープなどで貼ればよいが、ベタベタ貼って霊符を汚さないように気をつける。また画鋲《がびょう》で直接霊符をとめるのはよくない。霊符に傷がつく恐れがあるからだ。

③祭祀符法

神棚に祀《まつ》るか、神棚がない場合は、目の高さより高い清浄な場所に安置し、祀って日々祈るようにする。

霊符の書写や秘訣を会得したところで、いよいよ次ページから、霊術関係の書にみられる霊符を厳選して紹介することにしよう。これらの霊符は、現世利益の効験が期待できるだけでなく、自らを霊的に高めることにも役立つはずである。

2

厳選・霊術秘伝霊符

願望成就の神図

願望符《がんぼうふ》

願い事があるときに用いると吉。

吉祥符

きっしょうふ

携帯することで、
万事に吉運がもたらされる。

強運符

きょううんふ

運に恵まれない人は、この霊符を持つことにより運をよくすることができる。正月元日、五月五日に朱にて書いて吉。

祈願符《きがんふ》

神仏などへの祈願の際に身につけると、効験が期待できる。

男女和合符

だんじょわごうふ

恋愛・結婚の成就、
夫婦円満の霊符。

中吉符

なかよしふ

人間関係のトラブルが解消され、人との関係を円滑に保つことができる霊符。

除一切不浄符

じょいっさいふじょうふ

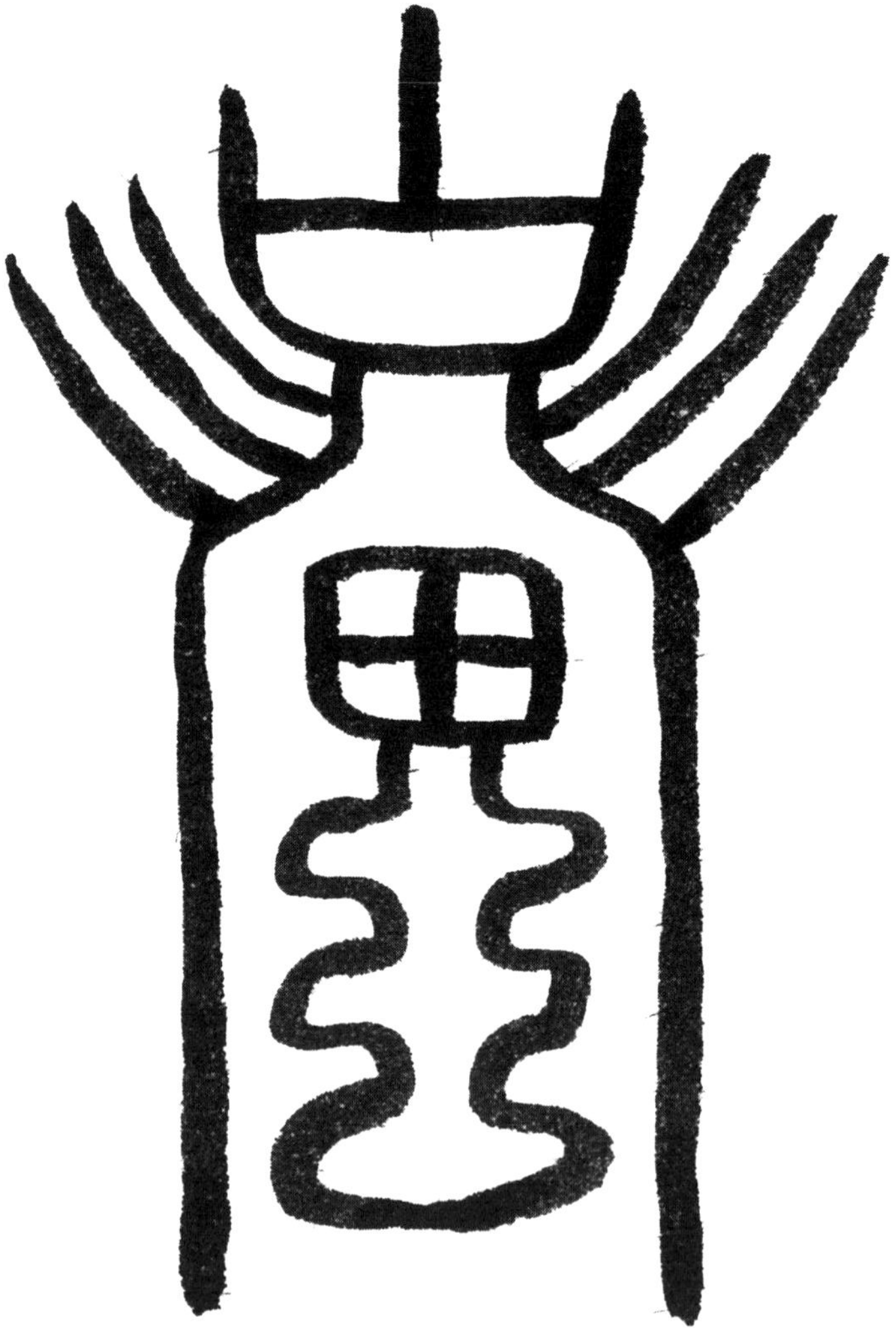

さまざまな不浄が存在するが、不浄の気が漂っていると悪いことを引き起こしやすい。その悪い気を除く霊符。

諸病平癒神符《しょびょうへいゆしんふ》

諸々の病が治るという神符である。病人の枕の下、あるいは枕元に置くか、身に付けさせる。

病気平癒符《びょうきへいゆふ》

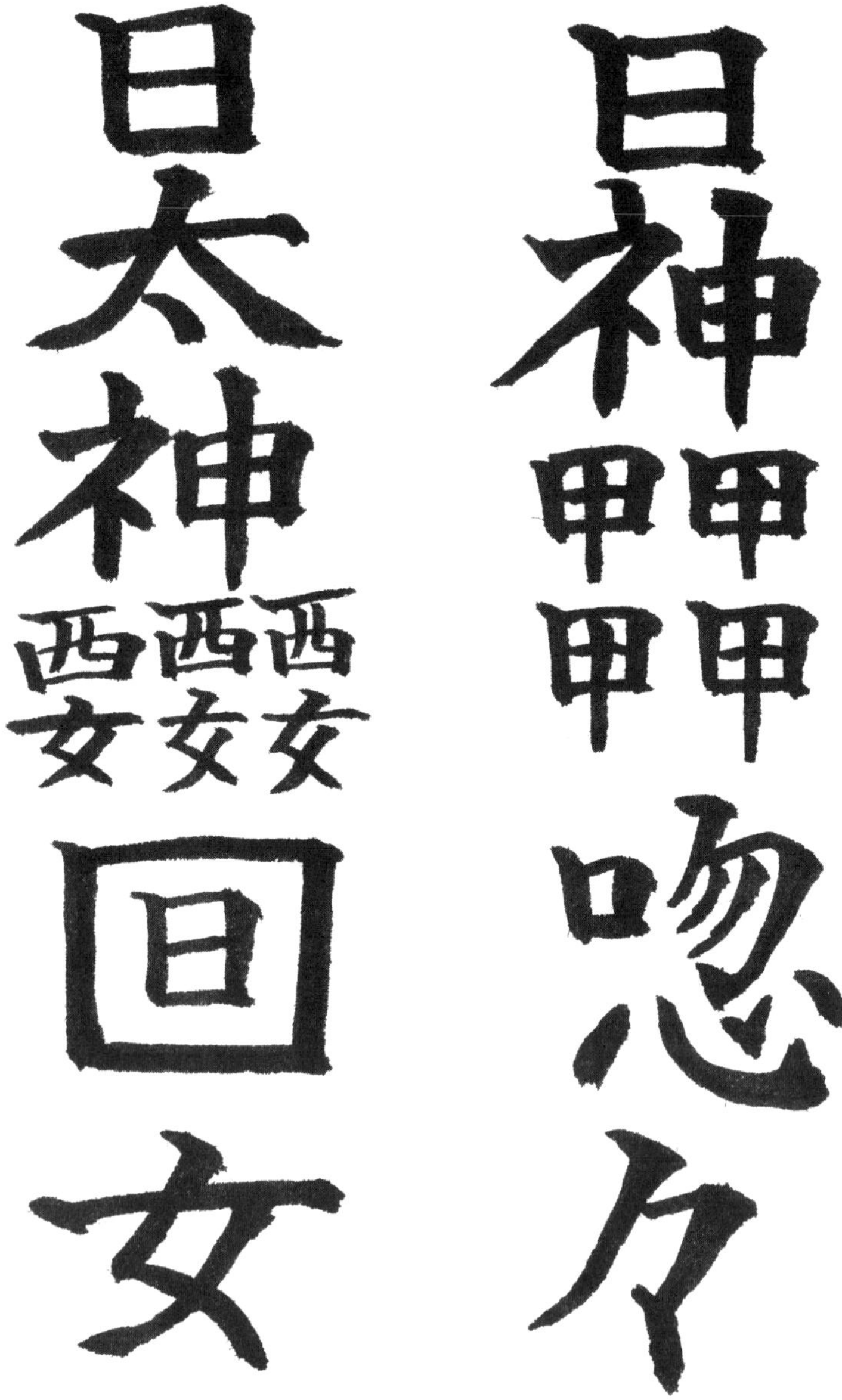

とくに胸の病気に効験《こうけん》がある霊符。
右が男性用、左が女性用。

延寿符《えんじゅふ》

この符を大切に所持することにより寿命を延ばし、長寿することができる。

勝事吉祥符

しょうじきっしょうふ

勝負事や賭け事に吉をもたらす。

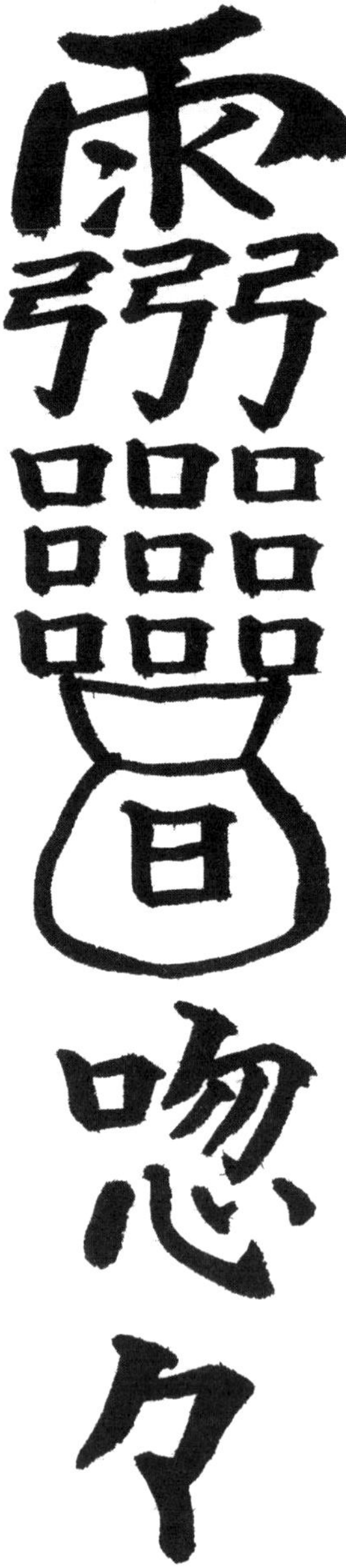

商売繁盛符《しょうばいはんじょうふ》

商売繁盛、ビジネスの好転をもたらす。

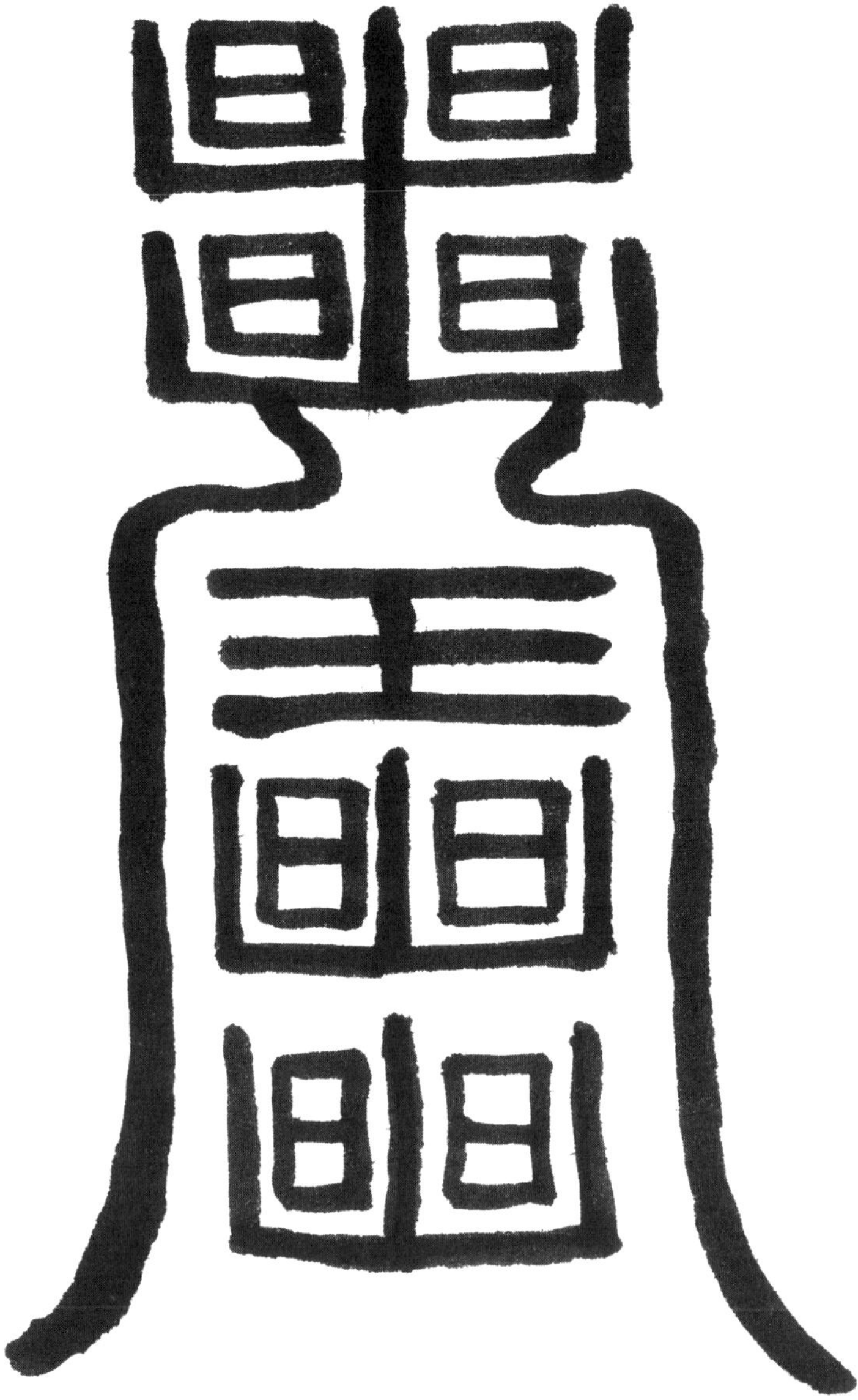

除邪夢符

じょじゃむふ

悪夢を祓い除けて、
安眠を得ることができる。

悪夢を吉夢に転ずる符

あくむをきちむにてんずるふ

悪い夢を見たときにこの霊符を書写し、所持すれば、悪夢を転じて吉夢とすることができる。

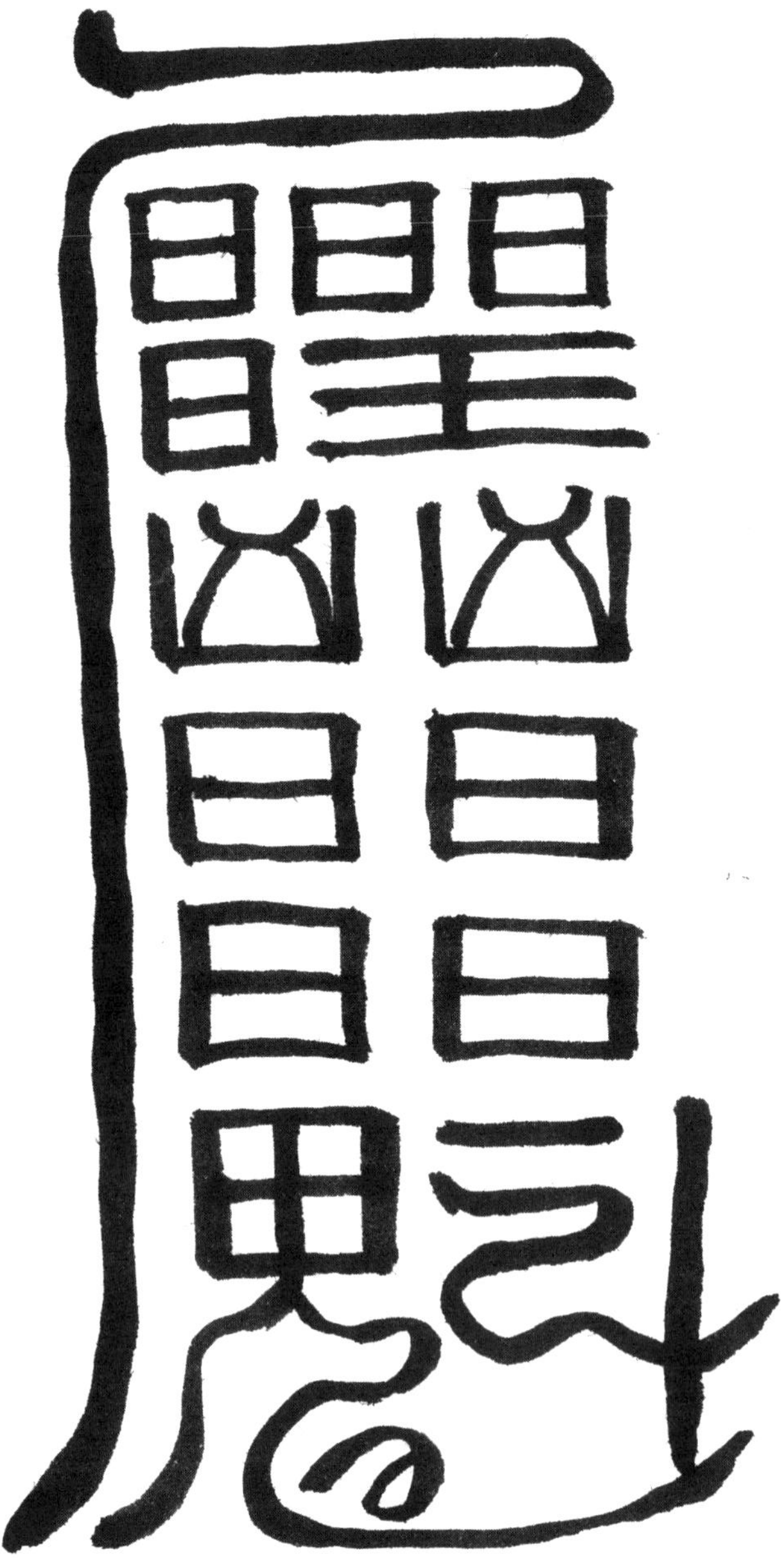

解呪詛符

げじゅそふ

人から呪い（呪詛）を受けていると感じるときに用いる。

除生霊符《じょいきりょうふ》

生霊から受ける災いを除去し、祓うことができる。

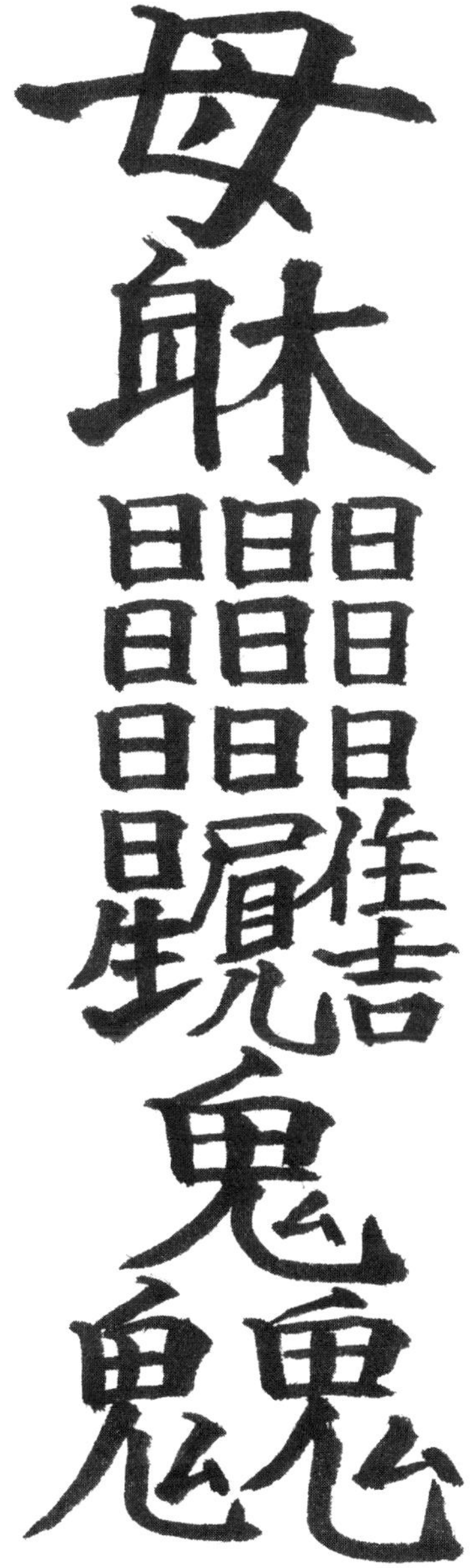

祟り除け符

たたりよけふ

百鬼百霊がもたらす、さまざまな祟りを祓い去る。

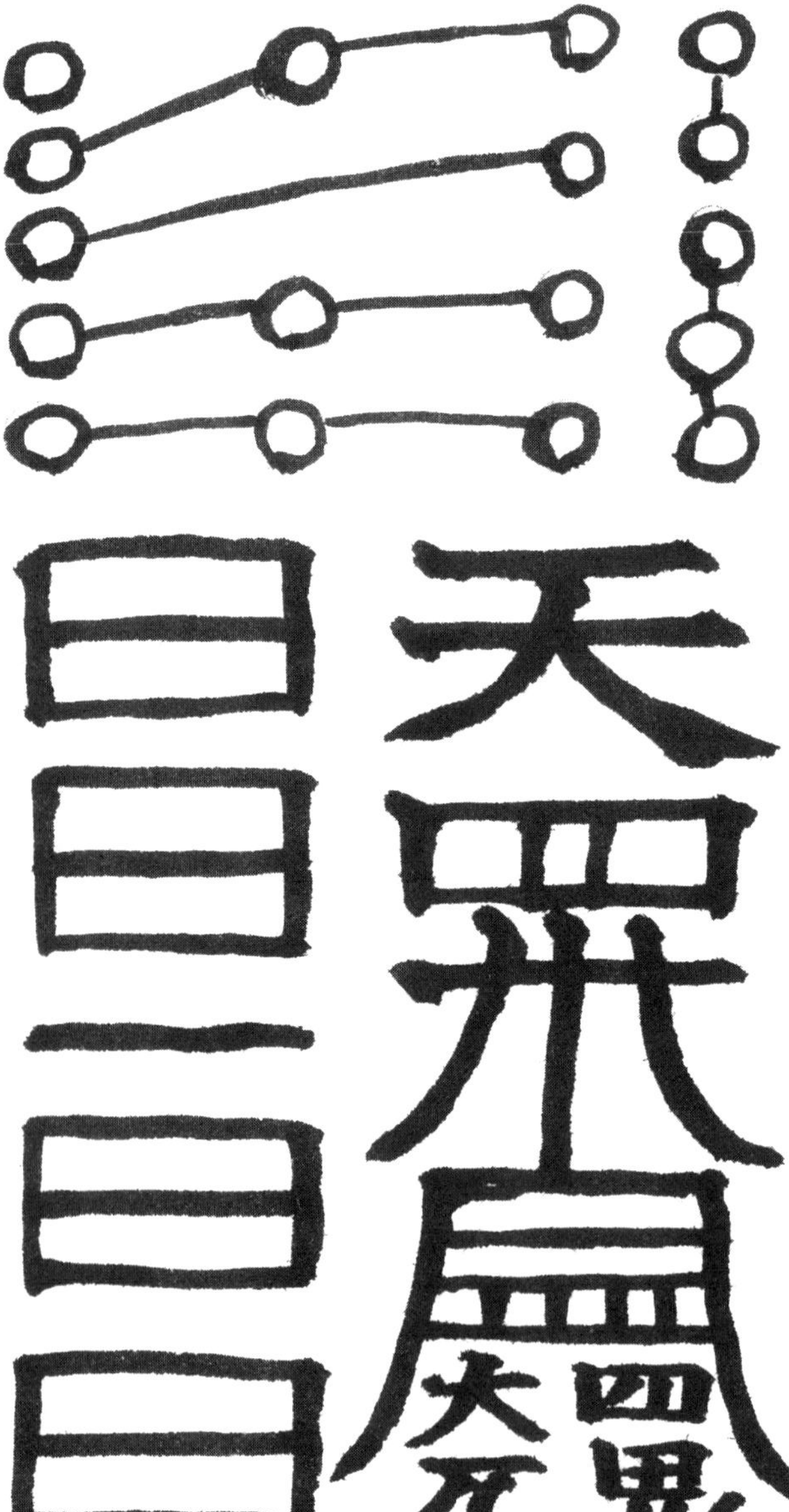

屋敷祟り除け符

やしきたたりよけふ

家や建物に取り憑く悪霊を祓い去る。

除仏罰符

じょぶつばちふ

先祖の霊による祟りを鎮め、安穏《あんのん》をもたらす。

気弱の人に用いる符

きよわのひとにもちいるふ

心の持ち方が弱い人がこの符を用いれば徐々に強い人になれる霊符。

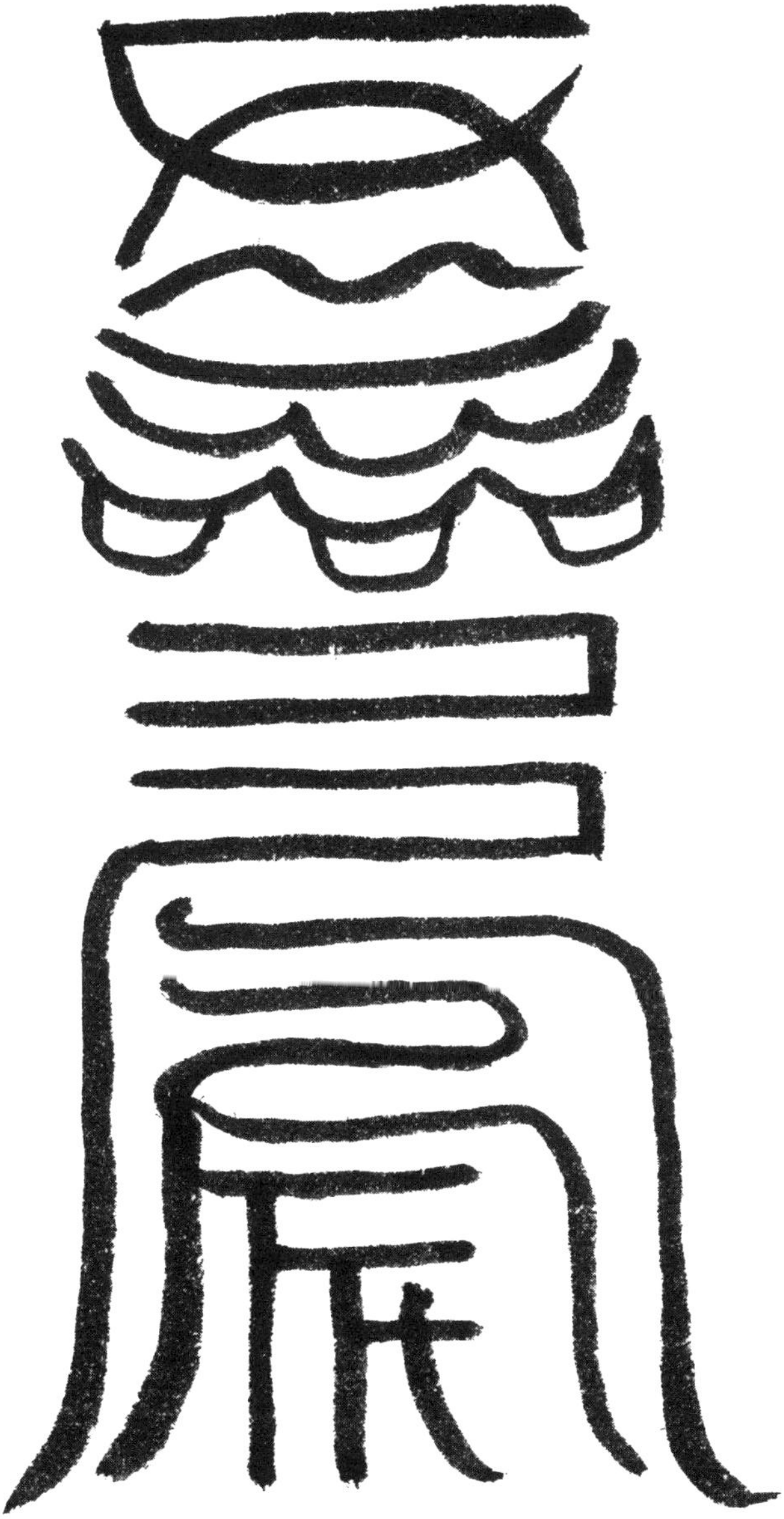

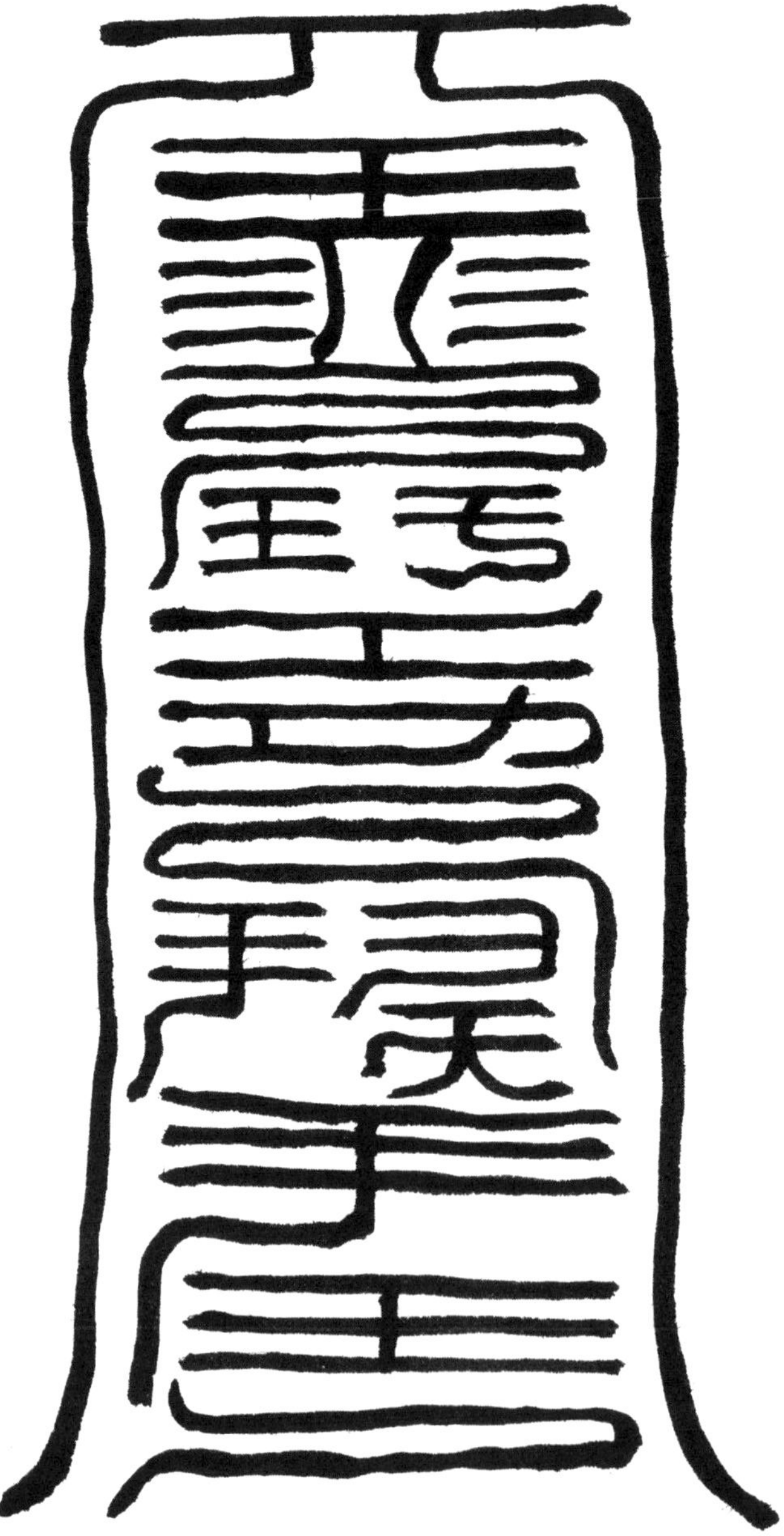

霊悟符

れいごふ

自身の霊性を高め、
悟りを得るための霊符。

求仙縁符

ぐせんえんふ

某神仙が現界に伝えた霊符で、神仙道などを志す人が仙縁を得ることができる霊符。

第五章

龍鳳神字

霊的天才・宮地水位が現界にもたらした神字

本書の最後に、正真の神仙界出伝の「龍鳳神字《りゅうほうしんじ》」を紹介する。

その筆の運び、勢い、神気漂う格調の高さは比類ない。座右に置いて、その神気を日々受ければ神徳はあらたかであり、神字に思いを凝らし、あるいは一字一字を書して習得すれば、その人の霊格の向上は疑うべからず、と神仙界においていわれているものだ。

この神聖なる文字を現界に伝えたのは、肉身のまま神仙界に出入りしたとされる不世出の霊的天才・宮地水位《みやじすいい》である。もともと水位は神仙界で仙職の官位を得ていたが、掟に触れて人間界に落とされ、嘉永五年（一八五二）、謫仙《たくせん》としてこの世に生まれた。水位という名は、少彦那神《すくなひこなのかみ》から与えられたいわゆる道号で、水位星という星の名にちなんだものである。

後に水位は多くの神々の啓導を受けるのだが、その端緒となり、水位の霊的覚醒に大きな影響を与えたのは、潮江《うしおえ》天満宮（高知県）の神主を務めた父常磐《ときわ》である。「我れ父の行ひの有状を見るに雪の夜などは庭前の石上に坐して祭服にふりかかる雪は氷となり、之を握れば服と共に氷りたり」と、水位がその霊的著書『異境備忘録』（大宮司朗監修／八幡書店）に記すがごとく、常磐は寒冷霜雪の間も休むことなく求道《ぐどう》を続け、ついに大山祇神《おおやまつみのかみ》に感応し、その導きにより四国の霊山・手箱山《てばこやま》を開き、その頂上に大山祇神社を建立した。

水位は十歳の頃から、厳父・常磐の使いとして、脱魂《だっこん》法によって手箱山の神境に遣わされるようになる。また諸般の事情から、わずか十二歳で父親の後を継いで潮江天満宮の神主となり、神明奉仕ならびに一切の社務を担う。これがいっそう神界と水位との間の霊的気線を強化する機縁ともなったのであろ

宮地常盤が開山した手箱山に立つ大山祇神社の鳥居。

手箱山山頂に鎮座する大山祇神社

う、道を得た者を神界に取り次ぐ高級神・玄丹大霊寿眞人《げんたんたいれいじゅしんじん》、少彦名神の代命であり、海宮《わだつみ》神界の神仙である龍飛太上仙君《りゅうひたいじょうせんくん》、龍徳太上仙君、天狗小僧として知られる寅吉の師匠・杉山僧正《そうしょう》などの啓導をも頻繁に受け、最高神界（北極紫微宮《ほっきょくしびきゅう》、日界、神集岳《しんしゅうがく》、萬霊神界《ばんれいしんかい》）にまで出入りを許されたばかりか、幽真界《ゆうしんかい》の神物《しんもつ》、たとえば五岳真形図《ごがくしんぎょうず》をはじめとする各種の真形図、霊符、人界に漏れたことのない神界の様相、秘呪、神法などを現界にもたらすようになる。

そうした神界の秘事を知ろうとする人は多く、水位在世中の門下は約三〇〇〇人といわれ、その門人帳には、国学者・平田篤胤《あつたね》の学統の大物で、帰幽《きゆう》に際してあらかじめ訃報を発して親類縁者を宴に招き、酒杯をあげて談笑しつつ、端座したままで悠然と帰幽した矢野玄道《はるみち》、明治の易聖《えきせい》といわれた呑象《どんしょう》・高島嘉右衛門《かうえもん》なども名を連ねている。

神仙界の秘事を現界に漏洩した罪

水位は多芸多才、多趣味な人物で、和歌も作り、刀剣や書画骨董の鑑識にも相当なものがあった。酒も大好きで、一日一升は飲んでいたが、明治三十二年、四十八歳で重い病気に罹《かか》り、その後は一日一合程度しか嗜《たしな》まなくなった。そして大患後、帰天する明治三十七年（一九〇四）の春までは、ほとんど病床にあった。

しかし、やはり水位が凡人と違うところは、このような病気の最中においても熱心に神祇《じんぎ》に祈り、修法を怠らなかった点であろう。さらには霊的現象に悩み、あるいは病気平癒を依頼してくる人があれば、事情の許す限りそれを快諾し、神界出伝の秘文や神法を用いて祈祷《きとう》し、多くの人々を救ったのである。

ここで読者の中には次のような疑問を持つ人もいることだろう。生身のままで最高神界にさえ出入するという破格の立場を許され、しかも不世出の神法道術の達人であった水位が、晩年五年もの間、病床で苦しみ、わずか五十三歳という若さでなぜ道山に帰ったのだと。

これにはいくつもの理由があるが、そのひとつは水位が仙界での過ちを償うために人界に生まれた謫仙であったことだ。流謫《るたく》の期限を終え、肉体を脱して帰山するに当たり、罪科消滅の清算を急いだ。それが難治の病気による心身の禊《みそぎ》であった。

また、北極紫微宮、神集岳、萬霊神界などの最高神界の消息をはじめとして、数々の神仙界の秘事を後学の者のためにと、自らの責任のもとに現界に漏洩した。そのことによって真摯なる求道者を覚醒せしめたという功もあるが、神界の秘事は本来、俗界の者にたやすく知らしめてはならないという厳律がある。

結果的には、謗法《ほうぼう》、売法《まいほう》の徒にそうした貴重な秘事が洩れてしまった罪もあり、その修祓《しゅばつ》の意味などもあったかと思われる。

ともかくも水位は明治三十七年三月二日、肉身生活五十三歳をもって尸《し》を解いた。帰幽の祭儀において、その柩《ひつぎ》より一大音響とともに閃々たる電光が発せられたため、通夜に集った人々は春雷かと驚き呆れた。また、その柩を運ぶにあたって、運んだ人はあまりの軽さに不思議だと首をかしげたと伝えられている。

こうしたことから、水位は神仙道において道を得た人が行うといわれている尸解《しかい》の法をもって瞬時に肉体を跡形もなく消散させ、霊的な身体である玄胎《げんたい》に移って仙去したものと、斯道《しどう》の人々は固く信じている。

水位自身の筆による『異界備忘録』の表紙。

ところで、宮地水位の代表的な著作のひとつは、先に引用した『異境備忘録』だ。同書によれば、現実界と並行して存在する「異境」には、神仙界、仏仙界、天狗界、悪魔界など、さまざまな世界が存在するという。また、それまではほとんど語られることのなかった高級神仙界についても詳しく記されており、ある界においては、現界と同じように山野もあれば河川もあり、宮殿、神社、民家などの建築物もあり、人間界と同様に文字も存在する。その文字こそが、ここで紹介する龍鳳神字なのだ。

数ある龍鳳神字の中から厳選した十二字を公開

龍鳳神字は明治二十三年（一八九〇）、水位が門人・多田勝太郎の屋敷（阿波国小松島）に滞在中、同人に請われて書いたものだ。多田勝太郎の父宗太郎は勤皇家《きんのうか》で、新田開発や海防の功労者として徳島藩藩公にも賞せられたほどで、著名な人物であった。その父君が、医者も見放すほどの大病に罹ったときに、縁あって水位に治病の修法を頼み、その効あって見事に快復した。それに感激した息子の勝太郎は水位の弟子となり、熱心に修行し、水位の道業の発展のために金銭などを惜しむことなく援助した。そこで水位も、その熱意と恩義に報いる意味で頼みに応じたものと思われる。

水位は執筆に当たり、座右に一冊の資料も置くことなく、一気呵成《いっきかせい》に認めていったと、そばにいて執筆の様子を眺めていたという人物が語っている。こうしてできあがったのが、龍鳳神字などの文字が記された『鴻濛字典《こうもうじてん》』である。

この秘書の存在は長らく世に知られていなかったが、ある古神道系統の霊能者が宮地神仙道の清水南岳に、徳島県小松島の多田家に所蔵されていることを告げる。その情報によりこの書を入手した南岳は、これを修道の士に必須のものと考え、印刷して自分が主宰する神仙道の道士に渡そうとしたが、事情があって果たせなかった。だが現在は、『幽真界神字集纂』（大宮司朗編／八幡書店）に収録され、神縁のある人は見ることができるようになった。

この書は神代文字と幽真界文字に関する一大宝典ともいうべきものであるが、普通の漢和辞典のように索引が付けられているわけではない。そのため、漢字に対応する龍鳳神字を捜すのがいささか大変であったことから、読者諸氏から索引増補などの要望を受けていた。そこで龍鳳神字を検索しやすいように再編し、索引を付した『龍鳳神字秘典』（大宮司朗監修／八幡書店）を出版するに至ったのである。

本書では、『龍鳳神字秘典』に収録した約一二〇〇文字の中から「富《ふ》」「榮《えい》」「奇《き》」「増《ぞう》」「神《しん》」「縁《えん》」「勝《しょう》」「運《うん》」「壽《じゅ》」「福《ふく》」「靈《れい》」「発《はつ》」の十二文字を選び、「富榮」「奇増」「神縁」「勝運」「壽福」「靈発」という六つの単語とし、その効果について解説する。

「富榮」

金運向上と繁栄

「富榮」という語は、神仙道において瑞祥《ずいしょう》盛運を呼び寄せるための秘呪としても用いられている。文字どおり、富み、栄えたい人に役立つ。この神字を活用すれば金運が上昇してお金が入り、貯金なども貯まるようになるだろう。また商売繁盛、会社を発展・繁栄させたいと願う人なども、この神字を用いて吉となる。

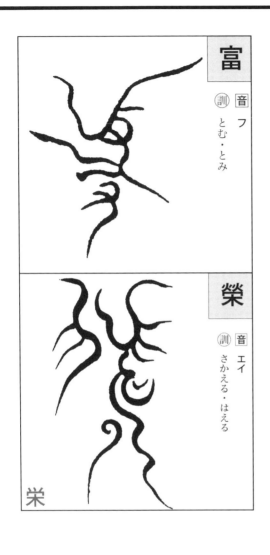

富

音 フ

訓 とむ・とみ

榮

音 エイ

訓 さかえる・はえる

栄

「奇増」

思いがけない利益や金運

この語も先の「富榮」と同じく、瑞祥盛運を呼び寄せる秘呪として用いられている術語である。文字のごとくに不思議に増えるわけで、富榮の神字と同様な用途に用いることもできるが、富榮のように堅実にやっていて金運に恵まれるというよりは、意外なことで儲かるという要素が強いので、日常生活の中で運よく、思いがけなく貴重な品物や金銭が入ってくることだろう。また宝くじなどを購入する際に用いて、不思議な応験を得ることも期待できるだろう。

奇

音　キ
訓　あやしい・くし

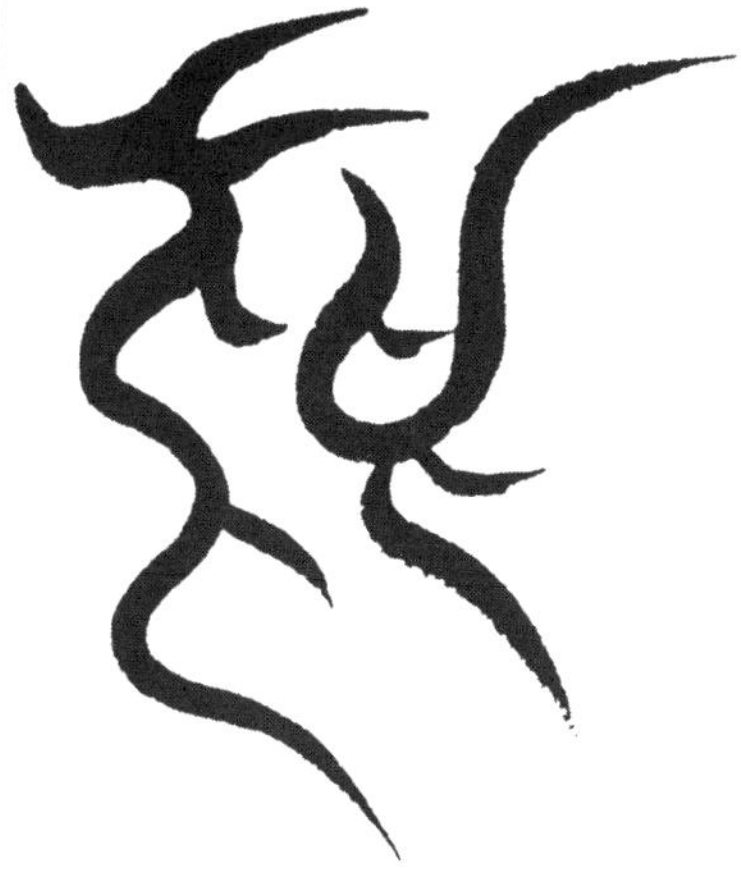

増

音　ゾウ
訓　ます・ふえる

「神縁」

縁結び・縁切り

神縁とは、第一義的には文字どおり、神との縁のことである。人は神とのよい縁を結ぶことでよい人生を送ることができる。第二義的には、神には「不思議な」とか「霊妙な」などという意味もあり、人と人との縁にかかわることに用いても、よい結果を得る。男女の仲において縁を結びたい、切りたいなどの願いだけではなく、有力な人物などと縁を結びたいときにも、また逆に嫌な人物との縁を切りたいときにも、この神字を用いれば大きな霊応を得ることができるだろう。

神

音 シン・ジン

訓 かみ・こう・かん

縁

音 エン

訓 ふち・えにし

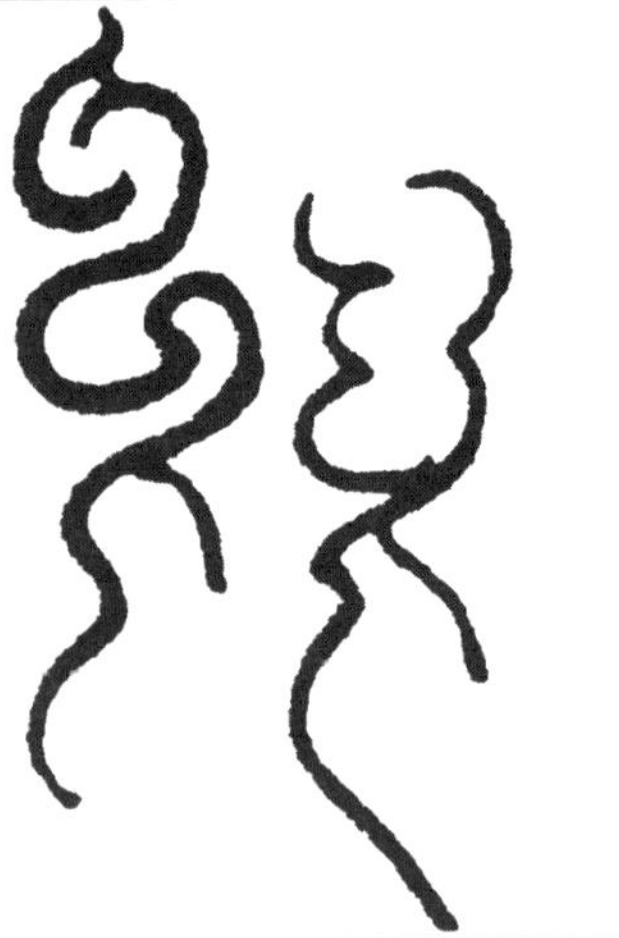

「勝運」

勝負運向上

勝ち運をもたらしてくれる神字である。ギャンブルをはじめとして、運の要素が強いことを行う場合に所持して、予想外の勝利を得るのはもちろんのこと、実力で勝ち負けを決めるようなスポーツなどであっても、これだけは勝ちたいといったときに用いると思わぬ勝利を得ることができることだろう。この神字を用いることで、訴訟などにおいても勝つことを得たり、交渉や取引なども自分に有利に運ぶことだろう。

勝

音　ショウ
訓　かつ・すぐれる・まさる

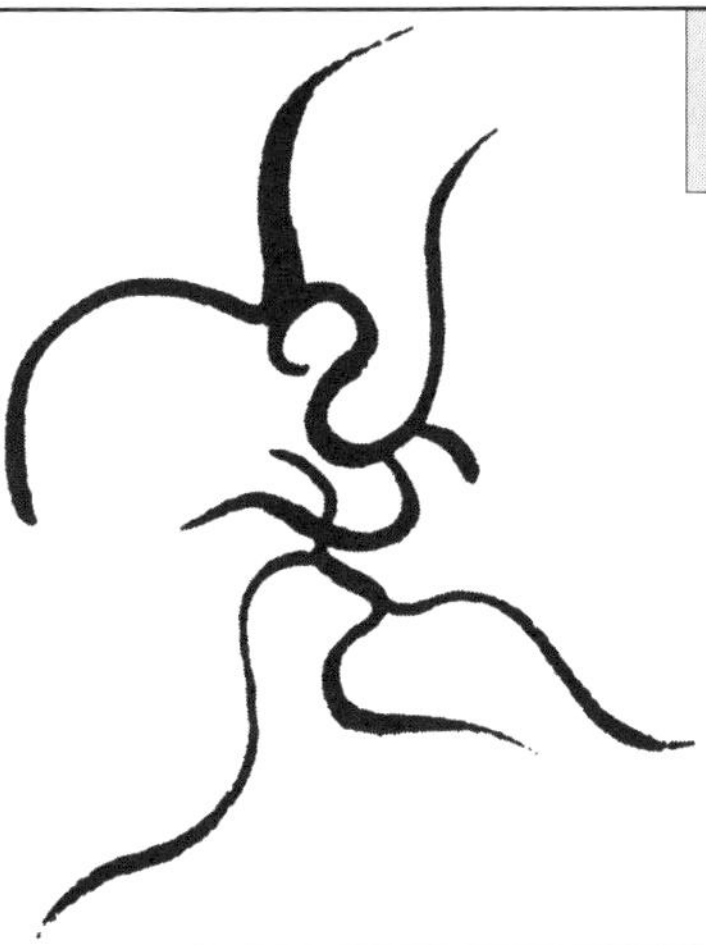

運

音　ウン
訓　はこぶ・めぐる

「壽福」

健康長寿と幸福

文字どおり、長生きで幸福なことである。幸福な人生であってもあまりに短命では、やはり情けないし、また逆に長生きしても苦労だけの人生では、これまた感心できない。人はあまりいろいろと欲張るべきではないと思うが、幸多くして長く生きられれば、とりあえずはいうことはなかろう。そうしたことを望む人のための神字である。

壽

音 ジュ

訓 ことぶき・ことほぐ・とし

寿

福

音 フク

訓 さいわい

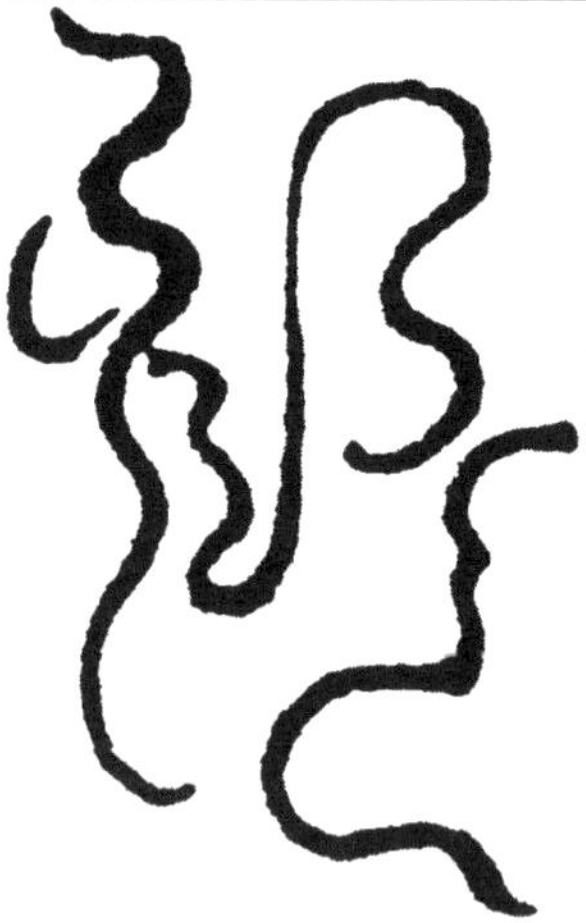

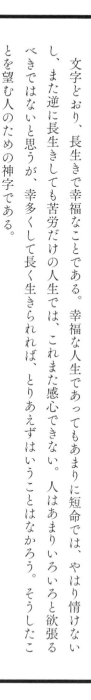

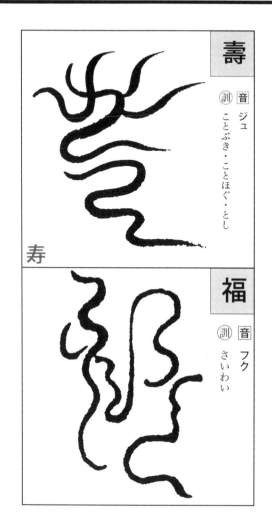

「靈発」

才能発揮と霊的覚醒

この神字は、秘めたる才能を霊妙に発揮するのに役立つ。そればかりではなく、新しい発想を得たいときや受験勉強をするときなどにおいて、この神字を利用することによって、意外の結果を得ることができるはずだ。さらには、そうした俗的なことばかりではなく、高い霊的な世界に対応する神智、霊智の開発にも貢献することだろう。

靈

音　レイ・リョウ
訓　たま

霊

発

音　ハツ・ホツ
訓　はなつ・あばく・たつ・おこる・ひらく

龍鳳神字の霊験をより大きくする方法

神字にはもともと神気が宿っており、これを謹書、浄書した「開運符」を所持することでしだいにその神気の影響を受けて運命が回転し、それぞれの神字が持つ効果を期待できるわけではあるが、よりいっそう霊験を大きなものとする方法がある。それをこれから、いくつか紹介する。

清祓法

紙に神字を浄書した開運符から本来の神聖な気が発現するように清める。これにより、いっそうの霊験が期待できる。これは鏡が汚れていると鏡面にはっきりと外界を映しだすことができないが、汚れを落とすことによって清明に外界を映しだすことができるのと同じ理である。なんらかの穢《けが》れによって、本来の神気を発現していないかもしれない開運符を清め、十全の神気を発現させようというわけである。以下に、そのための方法を紹介する。

①清めようとする開運符を両手で持ち、眼前に掲げ、「神火清明《しんかせいめい》、神水清明《しんすい》、神風清明《しんぷう》」と、微声で口中にて唱える。

②息吹きによって一切の穢れを吹き祓うつもりで、口から「プーッ、プーッ、プーッ」と三回勢いよく息を吹きだし、その息を開運符に吹きかける。

この所作によって、祓い串で祓い、火打ち石、火切り金、あるいは神水で清めるのと同様に、開運符の穢れが祓われるわけなのである。あまり手数をかけずに開運符を用いてみたいならば、これで準備は完了である。あとは財布や定期入れなどに納めて、つねに所持するか、小さい額縁にでも入れて机の前に置き、その霊応がいかなるものかを試していただきたい。

開眼法

開眼法は霊符などに用いる手法であり、今回の開運符は霊符ではないので、必ずしも行う必要はないのだが、どういうわけか開眼法を行ったうえで所持するほうが効果が大きいという声を聞くので、その方法をここに記しておく。

①手を洗い、口をすすいだ後、熱を感じるようになるまで手をよく擦《す》り合わせる。
②開眼しようとする開運符（先に清祓法を行っておく）を両手に挟んで眼前で合掌し、「天地の玄気《げんき》を受けて、福寿光無量《ふくじゅこうむりょう》」という呪を七回唱える。

これにより天地に充満する神気がいっそう開運符にこもり、霊なるものとなる。人によっては気の感通がわかり、開運符を持つ手がピリピリしたり、不思議な圧力や風のようなものを感じることもあるはずだ。

吸気法

この法は、神秘な独特の形象を描いた真形図《しんぎょうず》などの図気を吸収して、図の持つ力を自分のものとする神仙道の術法のひとつなのであるが、同じことがこの開運符においても可能である。

①開運符を目の正面、見やすい位置に貼るか置くかして、その前に正座、もしくは正しい姿勢で椅子に座る。

②両手を左手の親指が上になるようにして、体の後ろで組み合わせ、指で手の甲を押さえるようにして握り、目を閉じる（本来は、ある特殊な鎮心秘印を組むのであるが、残念ながら、いまだ公開の時機を得ない）。

③首と上体を後ろに三度そらせる。そらせるにつれて、組み合わせた手を下方に伸ばすようにする。二度目までは息を軽く止めたまま行い、三度目は上体をそらせたまま、口より気息を空中に十分に吐きつくす。

④気息を吐きつくしたならば、そったままの姿勢で目を開き、前方にある開運符の神字を見つめつつ、その神気を吸うと観念して、鼻から息をゆっくりと吸いつつ自然の姿勢に戻り、それと同時に下方に伸ばしていた両手を自然と腰のあたりに戻す。

毎朝起きたら、食事前にでも実行されると自らの心身が神気に感応して、何事も今まで以上にうまくいくようになるだろう。回数には定めがないので、適宜の回数を行ってけっこうである。人によっては神字のまわりに神光を見たり、神気の波動を肌に感じられたりすることと思う。

心をこめて墨を擦り、自分の願望に一致した龍鳳神字を書写するのも、その神気を感得し、霊応を得る一つの方法である。書写するごとに神気の感応が顕著になり、願望が成就に向かうことだろう。

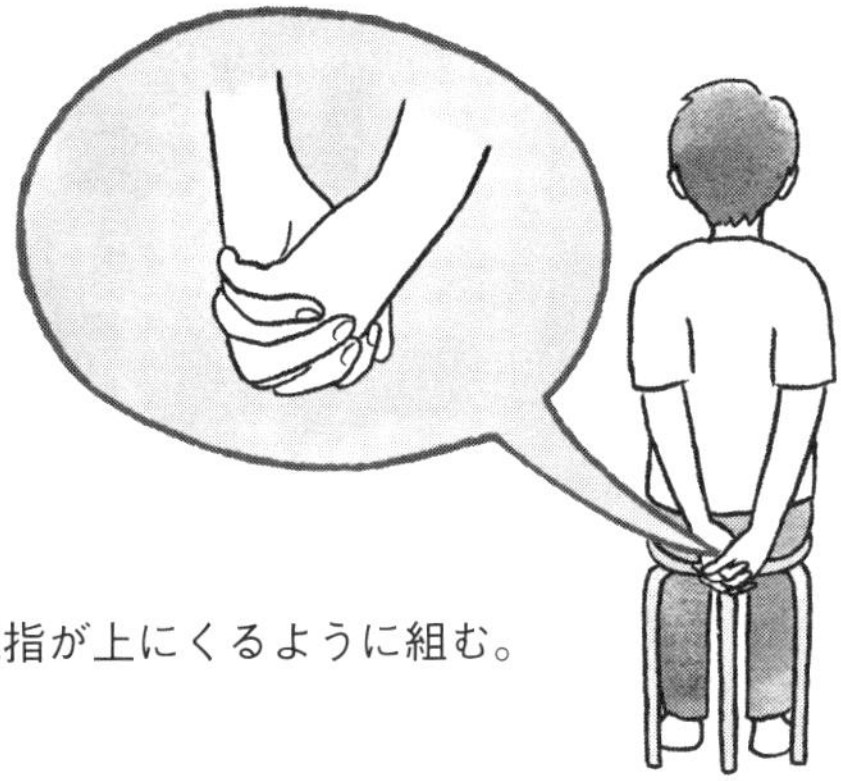

左手の親指が上にくるように組む。

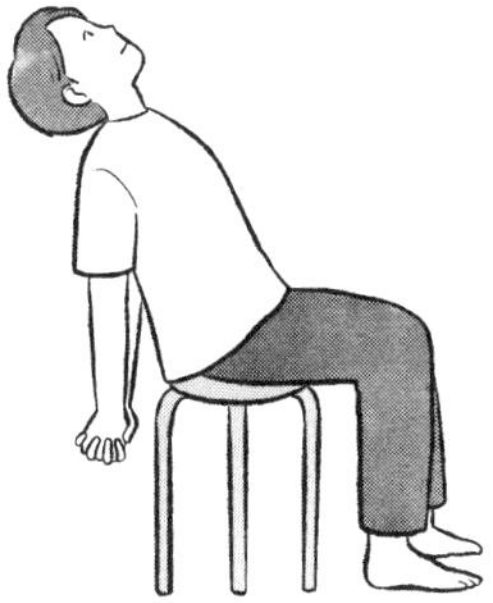

首と上体を後ろに反らせ、組み合わせた手を下方に伸ばすようにする。

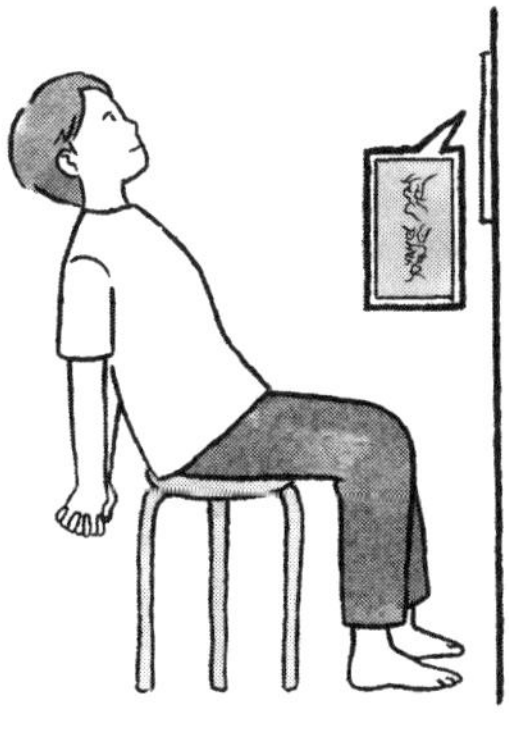

反ったままの姿勢で、目の前に置いた龍鳳神字を見つめながら、神気を吸うと観念しつつ、自然の姿に戻る。

神字謹書の霊応を体験した人も数多い。ある人は、瞑想用の蝋燭《ろうそく》を灯して書写していたら、炎が今まで見たことのない輝きを発して驚いたと語っている。またある人は、自分に風当たりの強かった上司が急に左遷されたとか、これまで取り引きがなかったところから新規のが持ちこまれたという。ちなみに、龍鳳神字で「福寿光」と謹書し、それを所持することで運気が好転したという人が大勢おられる。

謹書法については、本書の第四章 霊術霊府秘法を参照してほしい。詳細をお知りになりたい場合は『古神道 玄秘修法奥伝』(大宮司朗著、八幡書店)などを参考にしていただければ幸いである。

できれば、より多くの神字に触れ、神界との気線をつなぎ、神徳を受けられることを願うしだいである。そして、自分の好みで「光明」「玄気」などの言葉を謹書して、机の前に置く、壁に貼る、所持するなどして神々のご加護を得て、宇宙波動の息吹《いぶき》を享受されたい。

あとがき

本書は、二〇一四年に学研パブリッシングより刊行されたものであるが、太玄社（ナチュラルスピリットの姉妹会社）社長の今井博樹氏の熱意と、編集者の廣瀬智一氏の尽力によって増補改訂されて、装いも新たに今回再び刊行される運びとなった。

今井氏とは、畏友・不二龍彦氏が仲立ちとなって知り合った。以後、何度も飲食を供にし、その折々に私の本を是非、太玄社から刊行したいとの要望があった。だが、大東流合気柔術（合気道の源流）の教伝とか、玄学の探求などでそれなりに時間に追われている自分には、新たに一冊を書き下ろす時間がないので断っていたのであるが、「それならば、しばらく再版がされていない『霊術伝授』を当社から刊行させてもらえないか」との要望があった。

それはできないこともないのではあるが、そうするにあたっては、やはりそれなりの手間暇がかかることを思い、やはり断り続けていたのであるが、お会いするたびに請われるその熱意に負けて、到頭、太玄社から再び刊行することとなった。

ちなみに今回、『増補改訂版　霊術伝授』を刊行するにあたっては霊符をいくつか差し替え、またいくつか増やし、さらには符格を正し、写真なども少し違ったものを使うようにしたりした。それだけではなく、松原皎月に関しては『霊術伝授』初版を刊行した以後、新しい発見などもあり、かなり加筆した。

とはいえ、それだけではすでに初版の『霊術伝授』を購入した方にとっては、さほど魅力がない。もう少し加えたいと思い、前回は紙幅の関係などもあり、まったく省いてしまった俗霊術（「百人力法」「断縄法」「二指大力法」「軽重変換法」「小指鉄曲術」「棒寄棒開術」「身体屈倒術」「鉄身硬直術」「柔軟不随術」「水月受身術」「絞首抵抗法」「咽喉鉄曲術」「刺針術」「口中点火術」など）を簡略にでも記して増補するようにしたら、いささか高度過ぎて余程の研究者でもないと、とっつきづらい感じがあった『霊術伝授』も、「霊術というのは、単に意識を変え、少しコツを知るだけで、こんな不思議なこともできるのか」と、もう少し一般の人にも読まれるようになるのではないかと思い、そのつもりで初めは本の増補を進める予定であった。

だが、これに対して霊的な方面に真摯に携わっている廣瀬氏より、「どうして高級な霊術を集めた本に、そんな手品に類する低俗な霊術を付加する必要があるのですか？」と、そんなことをしたら、本の価値が却って下がってしまうのではないかといった趣旨の疑問が発せられた。「いやいや、戦前に霊術といえば一般的には俗霊術が大半で、高級な霊術を主とする霊術家というのは極少数だったのですよ」とは答えたが、確かに本のコンセプトが大分、変容してしまうのは事実である。

いわれてみれば、折角、高級霊術でまとめた本に俗霊術を加えるというのも、確かにいいことではないようにも思われる。では、どうしたものかと思っていると、廣瀬氏から「龍鳳神字を掲載することはできないでしょうか？」との提案があった。龍鳳神字は、宮地水位という明治時代に肉身を以て幽真界に出入した神仙がもたらした神界出自の玄妙な文字で、正神界と霊縁を結ぶよすがとなり、少し霊的な人などは、その神字の発する波動に感嘆している霊字で、本来的にいえば『神仙秘書』といったものにでも入れるべきものではある。

とはいえ、本書では霊符を施行することをも広い意味での霊術の一部として紹介しているわけであるから、決して悪いわけではない。それは確かに読者にとって益あることになるはずだということで私はそれを了承し、「龍鳳神字」の施行法を増補して、本書は新たに生まれ変わって誕生することになった。

本書を初見の方は勿論、すでに初版の『霊術伝授』を購入している方も、新たな気持ちで本書に接していただきたいと願う次第である。

二〇二四年二月吉日

大宮司朗

［著者略歴］

大宮司朗（おおみやしろう）

霊学・古神道・道術の研究家であり、日本における玄学の第一人者。幼き頃より日本文化に通底する神秘思想を独自に研究し続け、失われた古伝秘術の復興に力を注いでいる。玄学修道会、大東流玄修会主宰。大東流合氣武道の伝授も行なっている。『古神道玄秘修法奥伝』『真伝合気口訣奥秘』『言霊玄修秘伝』『神法道術秘伝』『太古真法玄義』（以上、八幡書店）、『新版 霊符全書』（学研）、『霊術講座』（ＢＡＢジャパン）、『呪術・霊符の秘儀秘伝』（ビイング・ネット・プレス）、『古武術と身体』（原書房）、『開祖 植芝盛平の合気道』（柏書房）など著書多数。

霊術伝授　増補改訂版

2024年3月18日　初版発行
2024年8月31日　第2刷発行

著　者　　大宮司朗

霊符謹書　日暈 鸞
装　幀　　福田和雄(FUKUDA DESIGN)
イラスト　さとうりさ
折図作成　Malpu Design(佐野佳子)
編　集　　廣瀬智一
D T P　　細谷 毅
資料・写真協力　八幡書店

発行者　今井博樹
発行所　株式会社太玄社
電話：03-6427-9268　FAX：03-6450-5978
E-mail：info@taigensha.com　HP：https://www.taigensha.com/
発売所　株式会社ナチュラルスピリット
〒101-0051　東京都千代田区神田神保町3-2　高橋ビル2階
電話：03-6450-5938　FAX：03-6450-5978
印　刷　モリモト印刷株式会社

ISBN 978-4-906724-95-6 C0014